Vampire
Eine Reise in die Schattenwelt

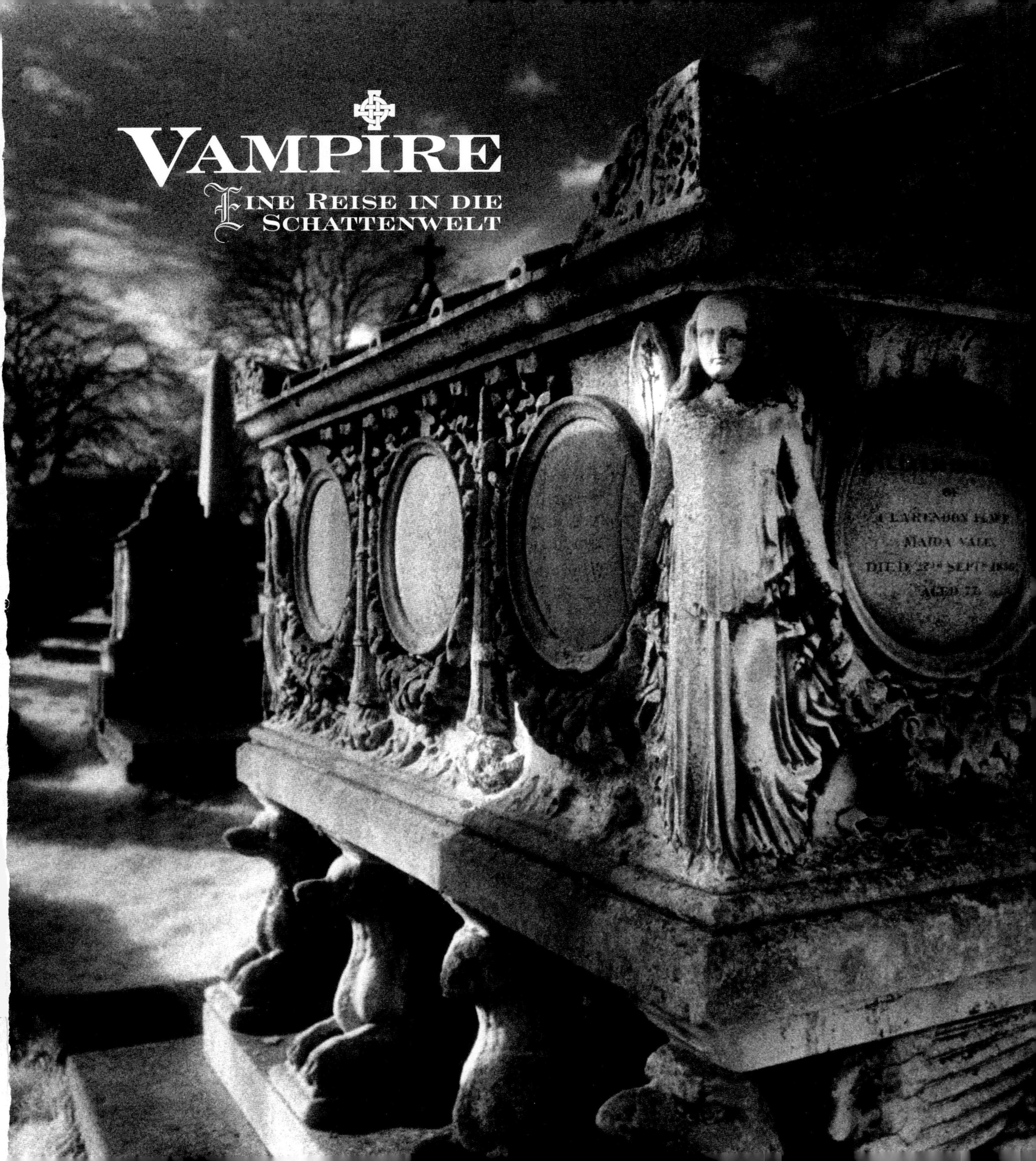

SIR SIMON MARSDEN

Vampire
Eine Reise in die Schattenwelt

KNESEBECK

Titel der Originalausgabe: *Vampires: The Twilight World*
Erschienen bei Palazzo Editions Ltd., Bath 2011
Copyright © Palazzo Editions Ltd., Bath, Großbritannien
Copyright © Sir Simon Marsden

Deutsche Erstausgabe
Copyright © 2011 von dem Knesebeck GmbH & Co. Verlag KG, München
Ein Unternehmen der La Martinière Groupe

Umschlaggestaltung: Leonore Höfer, Knesebeck Verlag
Lektorat, Satz und Herstellung: VerlagsService Dr. Helmut Neuberger &
Karl Schaumann GmbH, Heimstetten
Druck: Imago Productions Pte Ltd
Printed in China

ISBN 978-3-86873-372-3

Alle Rechte vorbehalten, auch auszugsweise.

www.knesebeck-verlag.de

SEITE 1 *Die Gruft des William Holland auf dem Kensal-Green-Friedhof, London, England*
SEITEN 2–3 *Killua Castle, Grafschaft Westmeath, Irland*

Inhalt

Einführung · 7

Das Land der Untoten – Rumänien · 21

Ein Scheusal wird geboren – Transsilvanien · 27

Draculas Palast des Schreckens – Walachei · 30

Die Schwarze Burg – Transsilvanien · 36

Das Draculaschloss – Walachei · 43

Des Dämons letzte Ruhestätte? – Walachei · 47

Die Vampirprinzessin – Südböhmen · 54

Die Blutgräfin – Karpathen, Slowakei · 60

Der Herr der Untoten – Nottinghamshire · 66

Montague Summers:
Der Vampir und seine Verwandten · 77

Der Vampir von Croglin Grange – Cumbria · 81

Der Horror steigt herab – North Yorkshire · 86

Das Wesen aus dem Grab – Northumberland · 90

Montague Rhodes James:
Ibi cubavit Lamia · 95

Der Vampirmönch – Schottische Borders · 96

Die Sage vom »Redcap« – Roxburghshire · 100

Robert Louis Stevenson: *Olalla* · 103

Der Fluch des Eskimos – Aberdeenshire · 104

Das trauernde Geistermädchen –
Grafschaft Tipperary · 108

Das Haus des Schreckens – Grafschaft Waterford · 111

Joseph Sheridan Le Fanu: *Carmilla* · 115

Die Zelle der schwarzen Hexe –
Grafschaft Limerick · 119

Das Versteck der Vampire – Provence · 123

Dom Augustin Calmet: *Über Geistererscheinungen* · 124

Der satanische Vampir – Vendée · 127

Das Reich der Vampire – Paris · 131

Guy de Maupassant: *Der Horla* · 137

Die Insel des Todes – Poveglia, Venedig · 138

Francis Marion Crawford:
Denn das Blut ist das Leben · 146

Vampire mit Geschichte – Toskana · 150

Der nackte Ritter – Brandenburg · 154

Blutdurst – Sachsen · 158

E.T.A Hoffmann: *Aurelie* · 161

Dr. Philip Rohr: *Dissertatio Historico* · 162

Der irre Mönch – St. Petersburg · 166

Alexei Konstantinowitsch Graf Tolstoi:
Die Familie des Vampirs · 169

Das Geistergrab – Kaluga-Distrikt · 174

Die Chronik der Vampire –
New Orleans, Louisiana · 178

Edgar Allan Poe: *Berenice* · 182

Die Schattenwelt – Der Vampir bei den Indianern · 186

Literatur · 190

Einführung

Unter den allerdunkelsten Erscheinungen unheilvoller, übernatürlicher Kräfte gibt es wohl keine schrecklichere als die des Vampirs, der selbst unter den Dämonen ein Aussätziger ist.
The Vampire, His Kith and Kin, Montague Summers (1880–1948)

DER VAMPIR, EIN HALBMENSCH UMGEBEN VON DUNKLEN GEHEIMNISSEN, SPUKT SEIT URZEITEN IN DEN KÖPFEN DER MENSCHEN.

Schon die alten Griechen, Römer, Ägypter und Chinesen erzählten sich Geschichten von Dämonen und blutsaugenden Geistern, die als Vorläufer der Vampire gelten. Diese Ängste wuchsen im Mittelalter, als die Pest wütete und Sagen von dunklen, aufgedunsenen Körpern die Runde machten, die aus ihren Gräbern stiegen und sich am Blut ihrer unschuldigen Opfer ergötzten – kein Vergleich mit den eleganten, aristokratischen Bluttrinkern der späteren Literatur. Anfang des 18. Jahrhunderts nahm in den slawischen Ländern der Glaube an diese Sagen derart überhand, dass er bisweilen zu Massenhysterien ausartete. So kam es, dass man häufig die Leichen derer schändete, die man für Untote hielt. Diese Regionen – Rumänien, Ungarn, Serbien, Schlesien, Mähren, Böhmen und Russland – wurden bald vom Westen als »Land der Dunkelheit« betrachtet. Die bekanntesten Vampirgestalten wie Vlad Tepes, das Vorbild für Bram Stokers *Graf Dracula*, und die sadistische Elisabeth Báthory, die Blutgräfin, nährten dieses Bild des übernatürlichen Grauens. Diese Mythen wurden noch von den Überlieferungen der geheimnisvollen Roma verstärkt, die im Mittelalter, aus Indien kommend, in diese Regionen einwanderten. Auch Indien ist ein Land mit großen Vampirtraditionen, zu denen die bluttrinkende Göttin Kali gehört, die wie ein Vampir mit der Suche nach dem ewigen Leben in Verbindung gebracht wird. ❖ In unserer zivilisierten Welt fällt uns die Vorstellung eher schwer, dass unsere Vorfahren vor diesen unheiligen blutsaugenden Gestalten Todesangst hatten. Sie schrieben ihnen den Ausbruch von Seuchen zu und fürchteten sogar, selbst in Vampire verwandelt zu werden. Es war eine Zeit, in der die medizinische Forschung noch in den Kinderschuhen steckte und schwer erklärliche Erscheinungen Ängste und Aberglauben auslösten. Kaum einer unter den heutigen Liebhabern von Vampirgeschichten, denen dieses Genre seine phänomenalen Erfolge in Literatur, Film und Fernsehen verdankt, vermag die Angst nachzuempfinden, die das Bild eines Vampirs in jenen dunklen Zeiten hervorrief. ❖ *Das Barmherzigste auf der Welt ist meines Erachtens die Unfähigkeit des menschlichen Gehirns, die Fülle seiner Inhalte in Relation zu setzen. Wir leben auf einer ruhigen Insel der Unwissenheit inmitten der schwarzen Meere der Unendlichkeit und sollten gar nicht weit reisen.* H. P. Lovecraft, *Cthulhu* (1890–1937) ❖ In den letzten 30 Jahren habe ich eine Reihe von Büchern über das Übernatürliche veröffentlicht. Während dieser Zeit habe ich eine beson-

LINKE SEITE *Statue von Matthias Bernard Braun (1684–1738), Hospital Kuks, Tschechische Republik*

dere Faszination für Vampire entwickelt. Dieses Thema ist so umfassend, dass es unmöglich in einem Buch behandelt werden kann. Ich wollte ein Buch zusammenstellen, das meine persönliche Auswahl von überlieferten Vampirgeschichten, literarischen Auszügen und kritischen Stimmen enthält. Auf meinen Reisen nach Osteuropa und anderen Regionen habe ich viele der Orte besucht und fotografiert, die mit den lebenden Toten in Verbindung gebracht werden. Auch wenn es sehr viele inspirierende moderne Romanvorlagen gibt, habe ich bei der Auswahl der literarischen Auszüge die Meister der Horrorgeschichten des 19. Jahrhunderts – Le Fanu, Stoker und Poe – bevorzugt. Deren Geschichten waren noch von einer echten Angst vor Vampiren getragen, und sie wirken daher noch authentischer. ❖ *Wenn es auf dieser Welt Beweise für eine Geschichte gibt, dann ist es die der Vampire. Nichts fehlt: Prozesse mit Geständnissen, Aussagen von Honoratioren, Ärzten, Priestern, Magistraten. Der juristische Beweis ist meistens vollständig. Wer glaubt bei all dem an Vampire? Sollen wir alle verdammt sein, weil wir nicht glauben?* ❖ Jean-Jacques Rousseau, Brief an Christophe de Beaumont, Erzbischof von Paris, 1763 ❖ Zu Beginn des 18. Jahrhunderts, als die Aufklärung sich in Westeuropa ausbreitete, wurde viel überliefertes Brauch-

tum unterdrückt, doch die Angst vor Vampiren wuchs. Die Panik begann mit einigen berühmten Fällen, von denen nunmehr erstmals einer offiziell behördlich untersucht und dokumentiert wurde. Für besonderes Aufsehen sorgte der Fall des serbischen Bauern Peter Plogojowitz, der mit 62 Jahren starb. In den Wochen nach seinem Begräbnis machte man ihn für den Tod von neun Dorfbewohnern verantwortlich, die einhellig auf dem Totenbett schworen, dass er sie in der Nacht, bevor sie schwer erkrankten, besucht habe. Montague Summers schildert, dass österreichische Offiziere und Ärzte anwesend waren, als sein Grab geöffnet wurde und sie ... ❖ *ihn fanden, als wäre er in Trance. Er atmete kaum, seine Augen waren weit geöffnet und starr, seine Gesichtsfarbe war gerötet, sein Fleisch drall. Seine Haare und Nägel waren gewachsen und unter der Oberhaut wuchs neue, gesunde nach. Sein Mund war ganz befleckt mit frischem Blut. Sofort schlossen sie daraus, dass er der Vampir sein musste, der die Gegend unsicher gemacht hatte. Es war notwendig, seinem Treiben sofort ein Ende zu setzen, damit er nicht das ganze Dorf ansteckte. Der Scharfrichter trieb mit einem schweren Fäustel einen spitzen Pfahl in sein Herz, so dass das Grab mit dem Blut, das aus der Wunde, aus Nase, Ohren und jeder Körperöffnung entströmte, überschwemmt wurde.* ❖

Oben *Detail einer Urne, Belvoir Castle, Leicestershire, England*
Rechte Seite *Überwucherte Treppe, Charleville Forest, County Offaly, Irland*

Damals war der Streit über die Existenz von Vampiren auf seinem Höhepunkt. Viele anerkannte Gelehrte führten solche Sensationsberichte auf zu frühe Begräbnisse oder Tollwut zurück, andere – wie der renommierte französische Theologe Dom Augustine Calmet, der eine umfangreiche Abhandlung über Vampirismus schrieb – hatten weniger Zweifel. Doch selbst Calmet wagte kein endgültiges Urteil über Existenz oder Nichtexistenz von Vampiren zu fällen aus Angst, dass dies seinen Glauben in Frage stellen könnte. Der Streit wurde erst beigelegt, als die österreichische Kaiserin Maria Theresia ihren Leibarzt, Gerard von Swieten, aussandte, um einige konkrete Fälle von Vampirismus zu untersuchen. Er kam zu dem Schluss, dass Vampire nicht existierten, und so erließ die Kaiserin Gesetze, die das Öffnen von Gräbern und die Schändung der Leichen verboten. Doch die Gerüchte hielten sich hartnäckig. ❖ Der Vampir lechzt nach Blut als einer kostbaren »Lebensquelle«. Es gibt jedoch auch Krankheiten, die vampirismusartige Symptome aufweisen, etwa das Verlangen nach Blut. Die bekannteste, größtenteils erbliche Krankheit ist die Porphyrie. Diese Bezeichnung kommt von dem griechischen Wort für »purpur«, weil sie durch die Überproduktion von Häm, dem Ausgangsstoff für Hämoglobin und Chlorophyll, ausgelöst wird. Die Kranken reagieren sehr empfindlich auf Sonnenlicht, das selbst in ganz geringen Mengen zu schlimmen Entstellungen führen kann. Die Gesichtshaut neigt zu Narbenbildung, Lippen und Zahnfleisch sind so stark gespannt, dass die Zähne wie Reißzähne vorstehen. Daher konnten Menschen mit starker Porphyrie, wie Vampire, nur nachts nach draußen gehen. Heute wird die Krankheit mit Bluttransfusionen behandelt, doch vor einigen Jahrhunderten versuchten die Kranken, sich zu heilen, indem sie das Blut anderer tranken. Zwei bekannte Fälle von Porphyrie waren König George III. von England und seine Großmutter Maria Stuart, Königin von Schottland. Sie soll diese Krankheit von ihrem Vater König Jakob V. geerbt haben. ❖ Eine andere Form des Vampirismus, die ohne das Verlangen nach Blut auftritt, ist der Seelenvampir. Es gibt Menschen, die aus unbekannten Gründen nur beschränkt fähig sind, »Lebenskraft« zu entwickeln. Sie müssen daher ihre Energie aus anderen Menschen ziehen, um zu überleben und ihre Jugend und Vitalität zu erhalten. In Gegenwart dieser sehr emotionalen und beunruhigenden Wesen fühlen sich ihre Opfer ausgelaugt, unkonzentriert und de-

Oben *Statue, Burg Hornberg in Baden-Württemberg*
Rechte Seite *Statue, Brompton-Friedhof, London*
Folgende Doppelseite *Griffin, Knebworth House, Hertfordshire, England*

primiert. Der Seelenvampirismus spielt in der Mythologie vieler Kulturen, insbesondere in Asien, Afrika und Südamerika, eine Rolle und ist in diesem Buch mit Auszügen aus Geschichten von Edgar Allan Poe und Guy de Maupassant repräsentiert. ❖ Vampire wurden in frühesten Überlieferungen als teuflische Kreaturen dargestellt, als Untote, die in ihrer unstillbaren Lust nach Blut gnadenlos den Lebenden nachjagten. Dieses schreckliche Bild wurde im Mittelalter vertieft, als die Angst vor Krankheiten und Seuchen die menschliche Fantasie beherrschte. Erst im 19. Jahrhundert änderten sich diese Vorstellungen von den Untoten, vor allem durch die Veröffentlichung von John Polidoris *Der Vampyr* im Jahre 1819, dessen Hauptfigur Lord Ruthven sich angeblich an seinem engen Freund, dem romantischen Lyriker Lord Byron, orientierte. Dies war das erste literarische Auftreten eines neuen Typus des gefallenen Adeligen, der dazu verdammt war, seine weiblichen Opfer zuerst zu verführen und dann auf der Suche nach dem höchsten Ziel, dem ewigen Leben, deren Blut zu trinken. Der romantische Reiz des Vampirs als eines schaurigen Helden liegt in dessen vollkommener Isolation von der Welt. Er ist die tragische Schönheit, der gefallene Engel, der Verfluchte, der Verdammte. Er hat unvorstellbare Macht, doch seine Schwäche macht ihn extrem verletzlich. Sein weibliches Opfer erkennt immer Spuren des Guten in ihm, die ihn erlösen könnten. In diesen Geschichten steckt auch ein starkes sexuelles Element, insbesondere das der männlichen oder weiblichen Dominanz. Dies wird besonders deutlich in dem folgenden Auszug aus Bram Stokers *Dracula* (1897), in dem Jonathan Harker eine passive Rolle angesichts der nahenden weiblichen Vampire annimmt:

❖ *Ich hatte Angst, meine Lider zu öffnen, ich blinzelte vorsichtig und sah durch meine Wimpern hindurch. Das schöne Mädchen kniete nieder, beugte sich über mich und betrachtete mich verzückt. Eine Sinnlichkeit, die gleichsam erregend wie abstoßend war, ging von ihr aus, und als sie ihren Nacken beugte, leckte sie sich ihre Lippen wie ein Tier, so dass ich im Mondenschein die Feuchte auf ihren scharlachroten Lippen und auf ihrer roten Zunge schimmern sah, die die scharfen, weißen Zähne umhüllten. Sie beugte sich immer tiefer zu mir herab, und ihre Lippen streiften meinen Mund und mein Kinn und schienen sich an meiner Kehle festzuklammern. Sie hielt inne, und ich hörte das saugende Geräusch ihrer Zunge, als sie sich über Lippen und Zähne leckte, und konnte ihren heißen Atem auf meiner Kehle spüren. Meine Haut prickelte und ich hatte das eigentümliche Gefühl, das man hat, wenn*

OBEN *Detail einer Urne, Battle Abbey, Sussex, England*
RECHTE SEITE *Burg Beckov, Nové Mesto, Slowakei*

sich einem eine Hand nähert, die einen kitzeln will. Ich fühlte die süße Weichheit ihrer Lippen auf der überempfindlichen Haut meiner Kehle und dann die harten Spitzen zweier scharfer Zähne, die mich nur berührten und innehielten. Ich schloss die Augen und wartete – mit bangem Herzen. ❖ Bram Stoker (1847–1912). *Jonathan Harkers Tagebuch, Dracula* ❖ In den letzten zehn Jahren hat dieses Genre eine neue romantische Wende genommen. Am beliebtesten ist wohl Stephenie Meyers *Twilight Saga*, deren Vampire deutlich von der traditionellen Sicht der Untoten abweichen. Sie haben Moral und Gewissen, widerstehen häufig ihren Trieben und zeigen Mitgefühl und Fürsorge. Sie schlafen nicht und brauchen keinen Sarg; sie verwandeln sich nicht in Fledermäuse, und es wachsen ihnen keine Reißzähne. Sie zeigen sich nicht im Sonnenlicht, weil sie »funkeln«. Tageslicht ist kein Problem für sie, solange sie in Gebäuden oder im Schatten bleiben. Sex ist eine zentrale moralische Frage, und Edward, die Hauptperson, möchte nicht von seiner Freundin Bella verführt werden. ❖ In jener Zeit, bevor er Vampir wurde, wurden Frauen mit Respekt behandelt. So sind Stephenie Meyers Vampire »menschlicher« als deren Vorgänger in den Überlieferungen. Die »guten« Vampire sind eher eine Art Superhelden, die ständig durch ihr Verlangen nach menschlichem Blut auf die Probe gestellt werden – und fast immer überwinden sie dieses dunklere und beunruhigende Element ihres Wesens. ❖ *Edward im Sonnenlicht war schockierend. Ich konnte mich nicht daran gewöhnen, obwohl ich ihn schon den ganzen Nachmittag anstarrte. Seine Haut, weiß trotz des leichten Rots vom gestrigen Jagdausflug, funkelte im wahrsten Sinne des Wortes, als wären tausende kleiner Diamanten in die Oberfläche eingelassen … Eine perfekte Statue, aus irgendeinem unbekannten Stein gehauen, glatt wie Marmor, glitzernd wie Kristall.* ❖ Stephenie Meyer *Bis(s) zum Morgengrauen* ❖ Die heutige sterilere, sicherere Welt zeichnet ihre Vampire also als Wesen, die offen unter uns leben, als seien sie von unserer fortschrittlichen, liberalen Gesellschaft akzeptiert, solange sie unsere Regeln respektieren – was für ein Unterschied zu ihren Vorgängern, die wir wirklich gefürchtet haben und deren Ziel es war, uns unsere Lebenskraft zu entziehen. Es ist, als hätte die Wissenschaft sie auf bequeme Weise mit Erklärungen aus dem Weg geräumt. Im Mittelalter gab es nur sehr wenige Bilder, und so hatten die, die der Mensch sah, eine starke Wirkung auf seine Fantasie. Was wir in unserer technisierten Welt an einem Tag sehen, sah er vielleicht im ganzen Leben. Uns steht heute eine Unmenge an Informationen zur Verfügung. Es fällt uns daher leicht zu glauben, dass damals die Welt voller Aberglauben war, voller Geister und Vampire. Heute ist dies weit weg und lange vergangen – ein Teil der Vergangenheit. Doch stimmt das wirklich? Die Nächte sind noch immer dunkel, die Winter noch immer kalt, und die Zukunft ist nach wie vor unbekannt …

»Der Vampir lebt weiter«, schreibt Bram Stoker, »und kann nicht sterben, nur weil die Zeit vergeht.«

LINKE SEITE *Statue im Garten der Villa Torrigiano in Camigliano, Toskana*
FOLGENDE DOPPELSEITE *St Andrew's Church, Sausthorpe, Lincolnshire, England*

*Vampire · Eine Reise in die Schattenwelt*

Das Land der Untoten

Rumänien – Auf der Suche nach Dracula

Wir sind in Transsilvanien und nicht in England. Hier gehen die Uhren anders, und viele Dinge werden Ihnen sonderbar vorkommen.
Bram Stoker (1847–1912), *Jonathan Harkers Tagebuch, Dracula*

BEVOR ICH NACH RUMÄNIEN FUHR, WARNTE MICH EIN MEDIUM VOR DIESER REISE. ER SORGE SICH, MEINTE ER, NICHT SO SEHR UM DAS, WAS MIR DORT PASSIEREN KÖNNE, SONDERN VIELMEHR DARUM, WELCHES UNHEIL ICH MÖGLICHERWEISE ZURÜCKBRÄCHTE.

Ich maß dem keine Beachtung bei, aber jetzt glaube ich zu verstehen, was er mit dem Wort »Unheil« meinte. Die dämonische Figur des Dracula oder Vlad Tepes aus dem 15. Jahrhundert wirft noch heute einen dunklen Schatten über dieses schöne, wilde Land. Draculas Vater, Vlad Dracul, war ein Nachfahre der mächtigen Basarab-Dynastie, und das Wort Dracul bedeutet »Teufel« oder »Drache«. Seit meiner Ankunft in Bukarest und später, während ich die Orte besuchte, die eine Verbindung zu Dracula hatten – seine Geburtsstätte, sein Schloss und zu guter Letzt sein Grab auf der Klosterinsel bei Snagov –, blieb alles in diesem wilden Land im Ungewissen. Alles war doppeldeutig, überall gab es Anzeichen des Übernatürlichen. Auch die Fahrt durch Rumänien war teils deprimierend. Die Städte waren nicht nur durch die Umweltverschmutzung entstellt, sondern auch durch die riesigen, leer stehenden Plattenbauten, in die der Diktator, Nicolae Ceaușescu, seine Landsleute hatte sperren wollen. Von diesem modernen Tyrannen heißt es, dass er christliche Symbole verabscheute, insbesondere das Kruzifix. Vlad Dracul war für ihn dagegen ein Nationalheld, und während seiner 25-jährigen Herrschaft versuchte er, die Hauptstadt Rumäniens von Bukarest nach Târgoviste (Tergowisch) – also in die ehemalige Residenzstadt Draculas – zu verlegen. Hierher flüchteten Ceaușescu und seine Frau dann auch während der Revolution von 1989, und hier wurden sie nach einem Schauprozess hingerichtet. ❖ Ungeachtet dieser modernen Horrorgeschichten fühlt man sich durch die Schönheit der wilden Berglandschaft ebenso wie durch deren Bevölkerung, die nomadisierenden Roma mit ihrem geheimen Wissen, wieder versöhnt. Beim Anblick der vielen einst zum Schutz vor bösen Geistern errichteten Wegkreuze, wird man dann plötzlich wieder an die Gefahren des Reisens erinnert, und wenn die Nacht hereinbricht, ertönt das Geheul der Wölfe. ❖ *Ich habe gelesen, dass jeder Aberglaube dieser Welt hier am Fuße der Karpaten zu Hause ist, als sei es das Zentrum eines fantastischen Strudels.* ❖ Jonathan Harkers Tagebuch ❖ Kein Land der Welt wird häufiger mit Vampiren in Verbindung gebracht als Rumänien, und obwohl die Rumänen über diese Sagengestalt ähnlich wie ihre slawischen Nachbarn denken, so weichen manche Vorstellungen doch voneinander ab. Die Rumänen stammen von den Dakern und den Römern ab und der *strigoi* – das rumänische Wort für Vampir – kommt vom italienischen strega, was Hexe bedeutet. Strigoi, Kreaturen, die weder tot noch lebendig

LINKE SEITE *Dorffriedhof in den Karpaten, Transsilvanien, Rumänien*
FOLGENDE DOPPELSEITE *Kapelle an der Zufahrt zum* Rotenturm-Pass, *Transsilvanien, Rumänien*

sind, haben die Fähigkeit, sich in Tiere zu verwandeln, unsichtbar zu werden und das Blut ihrer Opfer zu trinken, um Unsterblichkeit zu erlangen. Man kann sich gut vorstellen, wie diese bösen Geister durch die wilde Landschaft und die mittelalterlichen Dörfer und Städte streifen, von denen viele heute wie Relikte aus einem Märchen wirken. ❈ Jahrhundertelang war es in Rumänien üblich, die Gräber der Verstorbenen zu öffnen – drei Jahre nach dem Tod eines Kindes, vier Jahre nach dem Tod eines Jugendlichen und sieben Jahre nach dem Tod eines Erwachsenen. Wenn man lediglich ein Skelett fand, wusch man es und legte es wieder ins Grab zurück. Wenn der Leichnam nicht zerfallen war, galt er als Vampir. Ein Pflock wurde durch den Körper getrieben und entweder der Kopf abgetrennt und der Mund mit Knoblauch gestopft oder das Herz herausgeschnitten und vor der erneuten Bestattung verbrannt. Der Anteil der deutschen Bevölkerung war schon immer hoch in Rumänien, und durch die Schreckensgeschichten, die die deutschen Händler verbreiteten, die im 15. Jahrhundert das Land bereisten, erfuhr die Welt erstmals von den Taten Draculas und seinem angeblichen Vampirismus. Die Vampirerzählung von Bram Stoker war dagegen eine meisterhafte Erfindung, vor allem weil Stoker selbst nie in Rumänien war. Der echte Dracula ist für die Rumänen ein Volksheld, der ihr Land vor den eindringenden Türken bewahrte, und sie ärgern sich daher über Stokers Hochstapler. ❈ Zu keiner Zeit haben die Einheimischen, mit denen ich gesprochen habe, die Existenz von Vampiren geleugnet, und viele der Orte, die ich besuchte, waren sehr furchterregend. Die Reise, wenn auch noch so fesselnd, war größtenteils ein Albtraum, den ich hoffentlich eines Tages vergessen haben werde. ❈ *Als ich die Postkutsche bestieg, war der Postillion noch in ein Gespräch mit der Wirtin vertieft. Scheinbar drehte sich das Gespräch um mich, denn hin und wieder schauten sie zu mir. Auch andere Leute, die auf der Bank vor dem Haus saßen, lauschten dem Gespräch und sahen mitleidig zu mir herüber. Ich hörte, dass sich einige Wörter wiederholten, unverständliche, da die Leute verschiedene Sprachen sprachen. Ich zog rasch mein Polyglott-Wörterbuch hervor und schlug sie nach. Was ich fand, war nicht erfreulich. Es waren Wörter wie »Ordog« – Satan, »Pokol« – Hölle, »Stregoica« – Hexe sowie »vrolok« oder »vlkoslak«, die slowakischen und serbischen Worte für Werwolf oder Vampir.* ❈ *Jonathan Harkers Tagebuch.*

OBEN *Statue Basarabs I. (1310–1352), Fürst der Walachei, Curtea de Argeș, Transsilvanien, Rumänien*
RECHTE SEITE *Barocke Statue, Cluj-Napoca, Transsilvanien, Rumänien*

Ein Scheusal wird geboren

Draculas Geburtsort, Sighișoara (Schässburg), Transsilvanien (Siebenbürgen)

Der »Nosferatu« stirbt nicht wie die Biene nach einem Stich. Er wird mit jedem Mal stärker und erlangt noch mehr Kraft, Böses zu tun. Dieser Vampir, der unter uns weilt, hat die Kraft von zwanzig Männern. Er ist schlau, doch unsterblich, und seine Schlauheit wächst, je älter er wird. Er besitzt die Gabe der Weissagung durch die Beschwörung der Geister der Toten. Und er hat Macht über alle Toten in seiner Nähe. Er ist überaus grausam, gefühllos und kaltherzig. Er kann, wo er erscheint, über die Elemente gebieten – Sturm, Nebel und Donner. Er hat auch Macht über niedere Wesen, über Ratten, Eulen, Fledermäuse, Nachtfalter, Füchse und Wölfe. Er kann groß und klein werden, sich unsichtbar machen und aus dem Gedächtnis verschwinden. Wie kann es uns gelingen, ihn unschädlich zu machen?
Bram Stoker (1847–1912), *Mina Harkers Tagebuch, Dracula*

Schässburg ist eine der am besten erhaltenen mittelalterlichen Burganlagen Europas. Die Stadt wurde von deutschen Handwerkern und Kaufleuten im 12. Jahrhundert gegründet.

Doch über dem märchenhaften Bild aus Türmen, Kirchen, Kopfsteinpflaster und bunten Häusern liegt ein dunkles Geheimnis: Es ist der Geburtsort Draculas, der schrecklichsten Gestalt der rumänischen Sage. Draculas Vater, Vlad II. oder Vlad Dracul, residierte 1430 in Schäßburg als Befehlshaber der Truppen, die die transsilvanisch-walachische Grenze gegen die Türken verteidigten. Er war Mitglied des Drachenordens, eines Geheimbunds von Rittern, die dem römischen Kaiser Sigismund die Treue geschworen hatten und das Christentum vor dem Osmanischen Reich schützen wollten. ❖ Das Gebäude, in dem Dracula 1431 geboren wurde, war ein typisches Kaufmannshaus. Es steht in der Nähe des berühmten Stundturms, in dem sich heute ein Restaurant befindet. Auch wenn die Zeit an dieser Stadt größtenteils spurlos vorbeigegangen ist, konnte ich nichts Düsteres finden, das mich an Draculas Schreckensherrschaft erinnert hätte. ❖ Nachdem mir der Fremdenführer die wichtigsten Gebäude der Burganlage gezeigt hatte, schlug er mir den Besuch der berühmten gotischen Kirche und des Friedhofs vor. Beide liegen auf einem Hügel oberhalb der Stadt und wurden auf den Überresten eines römischen Kastells errichtet. Während wir die schmale Straße zur Kirche hinaufstiegen, öffneten die Bewohner der angrenzenden Häuser ihre Fenster und sprachen uns auf Deutsch an. Der Fremdenführer erklärte, dass sie mich wohl aufgrund meines Aussehens für einen Deutschen hielten. Während des Zweiten Weltkriegs sei eine Division der Waffen-SS fast ausschließlich aus Freiwilligen der Stadt Schäßburg rekrutiert worden. Am Ende des Weges betraten wir ein hölzernes Stiegenhaus, indem wir im Halbdunkel die letzten 175 Stufen bis zur Kirche hinaufstiegen. ❖ Nachdem ich den Friedhof fotografiert hatte, blickte ich auf die mittelalterliche Stadt herab. Es begann zu schneien. Ein kalter Wind blies, und ich fühlte mich ausgesprochen unwohl zwischen so vielen zerfallenden Grabsteinen. Es war, als sei ich unwissentlich in eine Gespensterwelt geraten, aus der ich aus eigener Kraft nicht zu entkommen vermochte.

Linke Seite *Vlad Tepes oder Vlad der Pfähler (1431–1476)*
Folgende Doppelseite *Friedhof in Schäßburg (Sighișoara), Transsilvanien, Rumänien*

Draculas Palast des Schreckens

Der Fürstenhof in Tergowisch (Târgoviște) in der Walachei

1462 bereitete das Heer des türkischen Sultans Mehmed II. einen Feldzug gegen Tergowisch, die Hauptstadt der Walachei am Fusse der Karpaten vor.

Die Autoren Florescu und McNally zitieren in ihrer anerkannten Biografie *Auf Draculas Spuren* den griechischen Chronisten Chalkondyles: ✤ *Als sie etwa sechzig Meilen nördlich der Zitadelle waren, berichteten ihre Späher von einem schauerlichen Anblick – später während Draculas Schreckensherrschaft wurde dies als »Der Wald der Gepfählten« bekannt. In einem riesigen Halbkreis von etwa einer Meile standen aneinandergereiht tausende Pfähle verschiedenster Höhen mit den Überresten von 20 000 türkischen Gefangenen, deren Körper in der Sommerhitze bereits vollständig verwest waren. Raben und andere Vögel hatten die Leichen entstellt, viele hatten ihre Nester in den Schädeln und Skeletten der Opfer gebaut. Die zerrissenen Überreste ihrer bunten Kleider flatterten im Abendhimmel. Über allem lag der Gestank des Todes – der Verwesung. Am nächsten Morgen befahl der Sultan seiner Armee den Rückzug.* ✤ Im 15. Jahrhundert herrschte Dracula während dreier unterschiedlicher Perioden als Woiwode der Walachei. Nähert man sich seinem heute verfallenen Palast, stößt man unweigerlich auf eine große und furchterregende Büste des Vlad Tepes, wie er bei seinen Landsleuten hieß. Als ich stehen blieb, um die Büste zu fotografieren, erschrak ich plötzlich durch eine Bewegung hinter mir. Ich drehte mich um und sah einen alten Mann, einen Bettler, der seinen Gehstock zum Himmel stieß. »Tepes! Tepes!«, rief er, und es bestand kein Zweifel, dass er damit Draculas bevorzugte Foltermethode nachahmte. Da wir uns nicht verständigen konnten, gab ich ihm gerne etwas Geld für das Foto, das ich von ihm machte. Er folgte mir noch bis zum Palasttor, war aber aus irgendeinem Grund nicht gewillt, einzutreten. ✤ Von dem stattlichen Gebäude ist nicht mehr viel zu sehen – zerfallene Mauern über dunklen Gewölben, in denen sich die Küchen, Weinkeller, Gefängnisse und Folterkammern befanden. Der massive Chindia-Turm, der auf Draculas Befehl gebaut wurde, beherrscht den Fürstenhof. Der Turm diente in erster Linie als Ausguck, war aber auch ein idealer Ort, von dem aus der Tyrann die Folterungen im darunter gelegenen Burghof beobachten konnte. Unser Fremdenführer beschrieb einige der Gräueltaten Draculas – neben seiner Vorliebe für Pfählungen soll er Männer, Frauen und Kinder

OBEN *Büste des Vlad Tepes, Tîrgoviște, Walachei, Rumänien*
RECHTE SEITE *Draculas Palast in Tîrgoviște, Walachei, Rumänien*
FOLGENDE DOPPELSEITE *Die Ruinen von Draculas Palast, Walachei, Rumänien*

geblendet, erdrosselt, gehängt, gehäutet, geröstet, zerhackt sowie lebendig begraben haben. Der Führer zeigte mir einige Stiche, die solche Taten darstellten. Auf einem davon sitzt Dracula an einem Tisch und speist inmitten von durchbohrten und verstümmelten Opfern. Aufgrund dieses besonders grausigen Geschehens, das sich in der Nähe von Brasov (Kronstadt) in Transsilvanien ereignete, schenkte man den Gerüchten, nach denen Dracula ein Kannibale und bluttrinkender Vampir sei, zunehmend Glauben. Der Führer berichtete zudem, dass Dracula über 100 000 Menschen auf dem Gewissen habe, was wohl einem Drittel der Bevölkerung der Walachei entsprach. ❖ Eines der abscheulichsten Verbrechen ereignete sich in der Zitadelle von Tergowisch. Dracula lud alle Kranken, Blinden, Armen sowie die Bettler der Region in den großen Speisesaal ein, wo ein großes Fest für sie ausgerichtet war. Nachdem sie sich gesättigt und reichlich Wein getrunken hatten, ließ er das Gebäude in Brand setzen. Keiner der Gäste überlebte das Feuer. Dracula ließ dann verkünden, dass die Walachei eine Großprovinz sei, da diese nicht mehr länger unwürdige und nutzlose Menschen beherberge. ❖ Später zeigte man mir noch einen Geheimgang, der früher vom Palast zur Fürstenkapelle führte. Die Kapelle ist noch heute ein gut erhaltenes, stimmungsvolles und reich verziertes Heiligtum – ein friedlicher Ort, an den sich das Scheusal häufig zurückzog, um Gott um Vergebung für seine Verbrechen zu bitten, die Dracula zum Wohl der Nation für gerechtfertigt hielt. Die Priester erteilten ihm natürlich die Absolution, um nicht dasselbe Schicksal wie seine Opfer zu erleiden. ❖ Mit dem Gefühl, nun genug gesehen und gehört zu haben, wanderte ich von den Überresten des Palastes zu einem nahe gelegenen Feld, wo ich neben einer alten Mauer auf zwei Steinkreuze stieß. Ich erinnerte mich an die bekannte Abneigung des Vampirs gegen ein Kreuz oder Kruzifix und beschloss, während meiner Reise durch Rumänien stets ein solches bei mir zu tragen.

Oben *Fürst Dracula wohnt speisend einer Massenhinrichtung bei.*
– Holzschnitt aus Straßburg um 1500
Linke Seite *Die Kapelle im Palast Draculas, Tîrgoviște, Walachei, Rumänien*

Die Schwarze Burg

Die Burg der Corviner, Hunedoara, Transsilvanien

VOR MIR STIEG AUS DEN GRAUVIOLETTEN RAUCHFAHNEN LANGSAM EINE VIELZAHL FANTASTISCHER TÜRME UND ERKER AUF, DIE MIT GROTESKEN WASSERSPEIERN VERZIERT WAREN.

Dies ist die größte Burg Rumäniens, die im 14. Jahrhundert von dem transsilvanischen Kriegsherrn Johann Hunyadi, dem »Weißen Ritter«, gegründet wurde. Die düstere Burg ist von den schlimmsten Auswüchsen einer verwahrlosten Industrie umgeben, und ich fühlte mich in die Schreckensvisionen eines Hieronymus Bosch zurückversetzt. ❖ Rund um das imposante Gebäude verläuft ein steil abfallender Burggraben, der mehr als dreißig Meter tief ist und in dem heute nur noch ein kleiner Bach verläuft, in dessen schmutzigem Wasser die Kinder plantschten. ❖ Um in die Burg zu gelangen, musste ich den Graben über eine schmale Holzbrücke überqueren, die von hohen, wenig Vertrauen erweckenden Steinsäulen getragen wurde. Glücklich, dies überlebt zu haben, schritt ich durch das hoch aufragende Tor und befand mich inmitten eines weitläufigen und bedrohlichen Burghofes, von dem ein Labyrinth aus Galerien, Wendeltreppen, gotischen Gewölben, tiefen Verliesen und dunklen Hallen seinen Ausgang nahm. Die Hallen waren mit dicken Säulen und verblassenden mittelalterlichen Wandteppichen ausgestattet. Aufgrund der Luftverschmutzung lag über allem ein entsetzlicher Gestank, und eine Staubschicht verstärkte noch die morbide Aura der Burg. ❖ Im beeindruckenden Rittersaal fiel zum ersten Mal der Name Dracula. Die Burgführerin beschrieb, wie sich der dämonische Held rumänischer Volkssagen mit Hunyadi in der Burg traf und einen brüchigen Frieden schloss. Der Kriegsherr hatte sich 1447 am Sturz von Draculas Vater, Vlad Dracul, beteiligt, und Dracula selbst wurde später einige Jahre lang von Hunyadis kriegerischem Sohn Matthias Corvinus in der Burg gefangen gehalten. ❖ Zahlreiche Geschichten über Horror und Folter ranken sich um die dicken Burgmauern. Meine Führerin zeigte auf eine der großen Marmorsäulen: Im 15. Jahrhundert hat man eine junge Frau aus dem Hofstaat nackt an diese Säule gebunden und ihr einen Nagel durch den Kopf getrieben, weil sie eine heimliche Liebelei mit einem einfachen Diener hatte. Als blutüberströmtes Gespenst soll sie im Hauptturm spuken, und die derzeitigen Wächter der Burg haben sie bereits bei verschiedenen Gelegenheiten gesehen. 1873 wurde während der Renovierungsarbeiten unter der Turmtreppe ein weibliches Skelett gefunden, dessen Schädel von einem rostigen Nagel gespalten war. ❖ Wir begaben uns wieder hinaus in den Burghof, wo wir zu einem scheinbar grundlosen Brunnen geführt wurden. Dieser, so die Führerin, sei von drei unglücklichen türkischen Gefangenen gegraben wor-

OBEN *Matthias Corvinus (1443–1490)*
RECHTE SEITE *Die große Halle der Schwarzen Burg, Eisenmarkt (Hunedoara), Transsilvanien, Rumänien*
FOLGENDE DOPPELSEITE *Die Schwarze Burg, Eisenmarkt (Hunedoara), Transsilvanien, Rumänien*

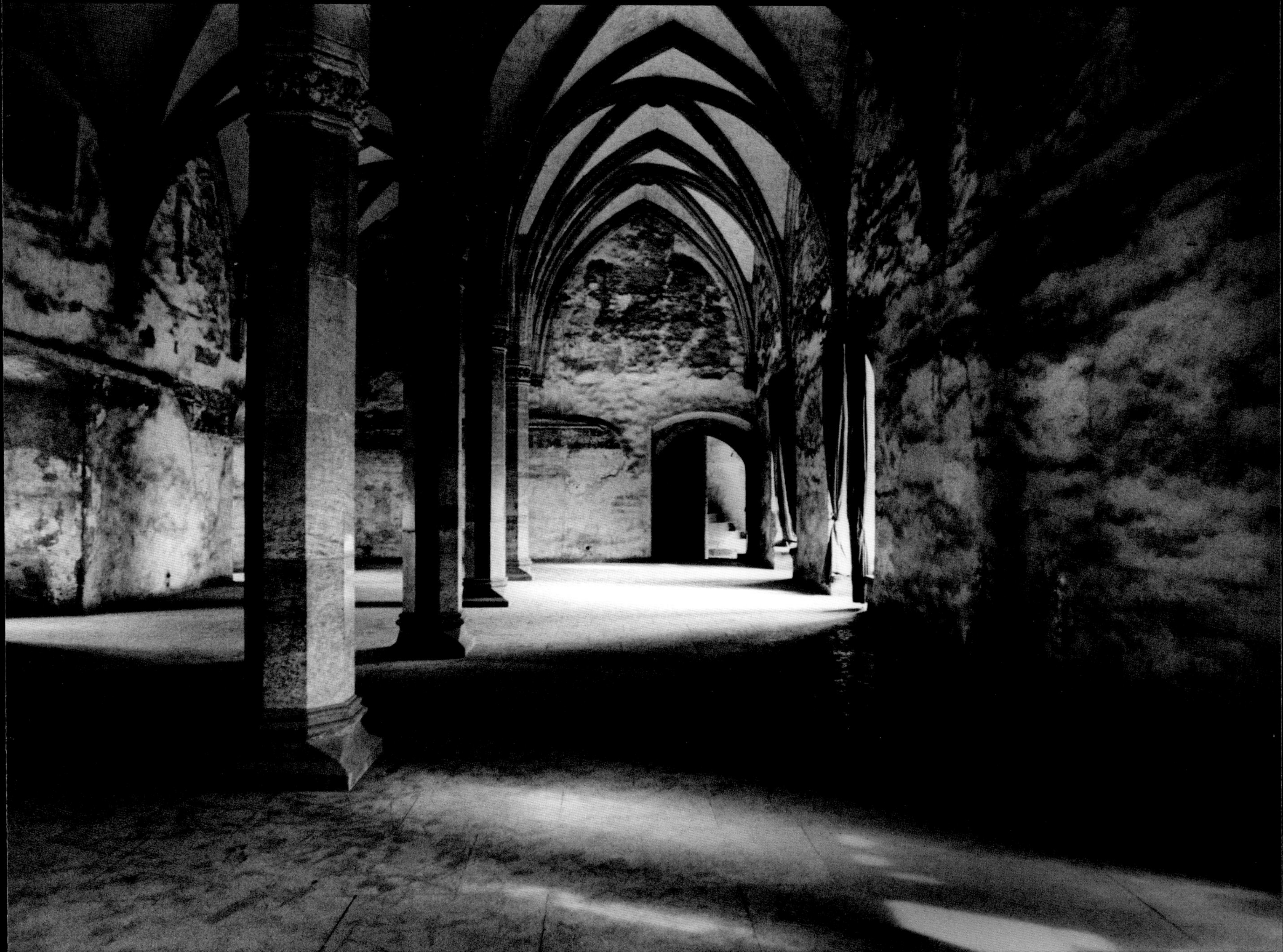

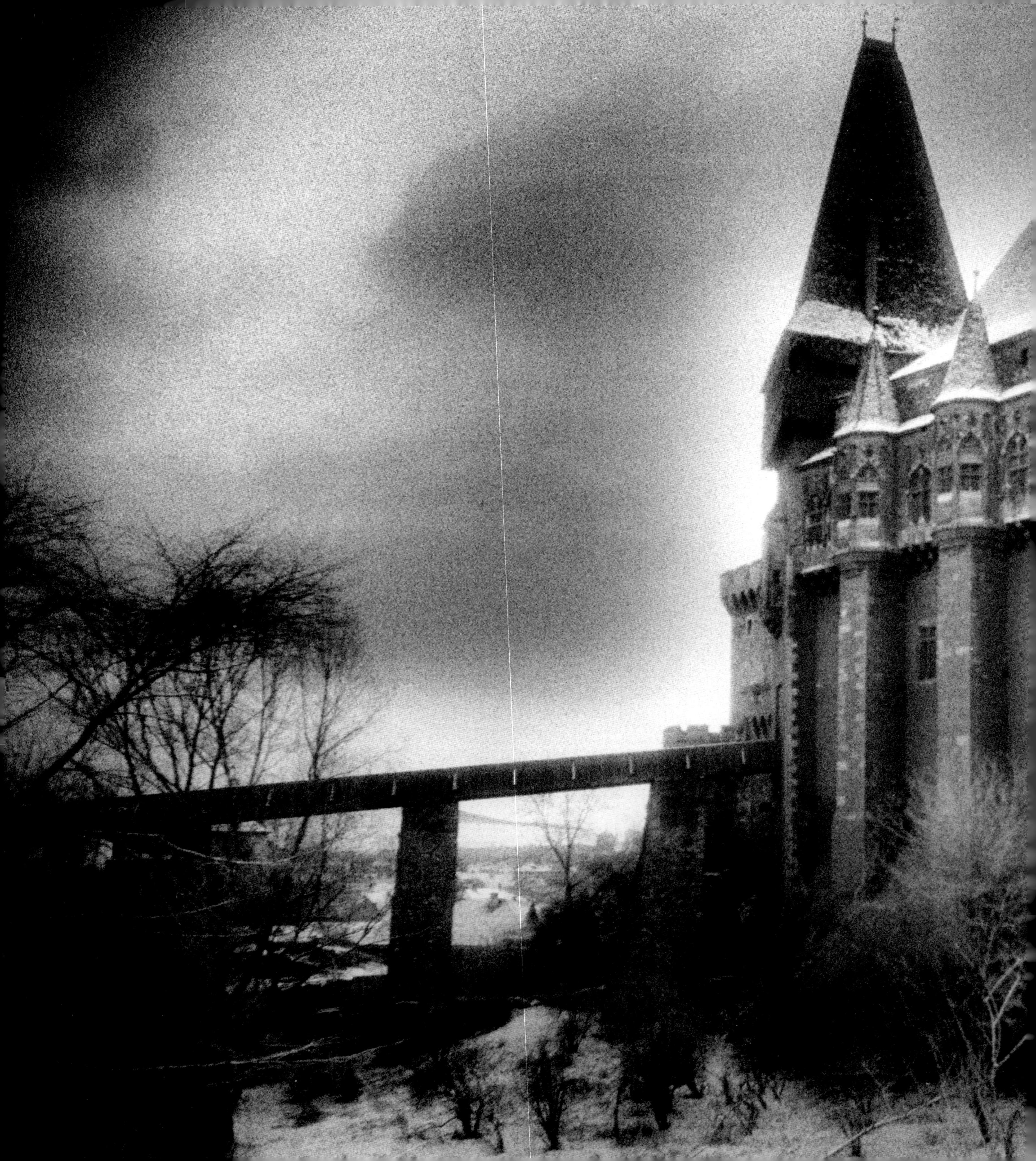

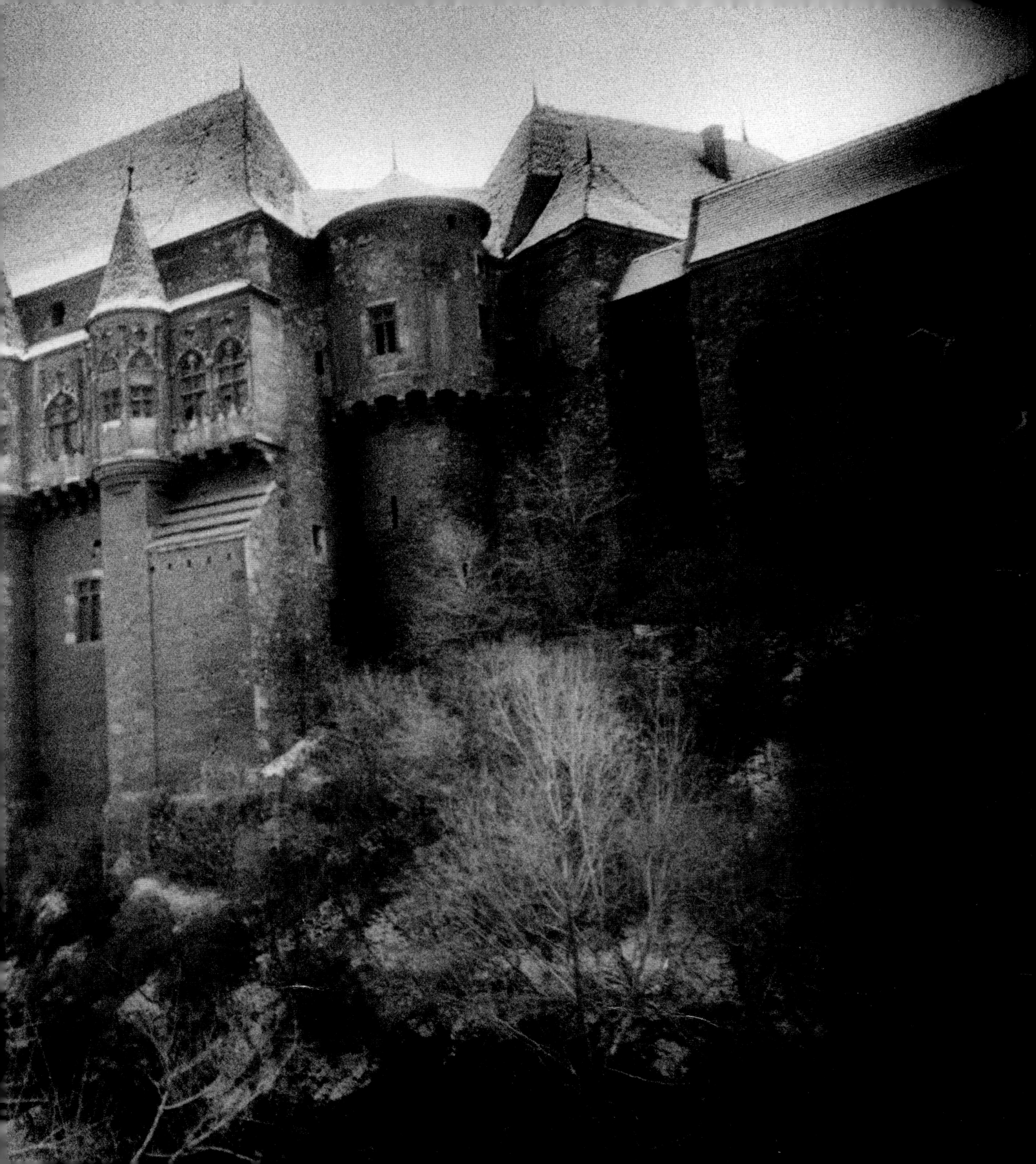

den. Sobald sie auf Wasser stießen, sollten sie freigelassen werden. Nachdem sie neun Jahre lang mit bloßen Händen bis auf eine Tiefe von 20 Metern gegraben hatten, waren sie endlich erfolgreich – doch Hunyadi war da bereits gestorben. Seine Nachfolger hielten sich nicht an die Abmachung, und die Unglücksraben wurden im Graben ertränkt. Eine Inschrift im Stein am Fuß des Brunnens erinnert an sie: »Du hast Wasser, aber keine Seele.« ✣ Danach ging es in den Teil der Burg, den man früher als Amphitheater nutzte und in dem die Gefangenen gegen Bären und Löwen kämpfen mussten. Das Gefängnis unter dem Hauptturm beherbergte einst ein tiefes Verlies, in dem über vierzig menschliche Skelette lagen. In einer angrenzenden Zelle gab es »schwingende Klingen«, die denen ähnelten, die Edgar Allan Poe in der Geschichte *Die Grube und das Pendel* beschrieb, in der er Folterungen schilderte, die ein Gefangener während der spanischen Inquisition erdulden musste. Dieses grausame Folterinstrument soll viele Gefangene in Stücke gerissen haben. ✣ *Zentimeter um Zentimeter – das Herabsinken war nur in Abständen, die wie eine Ewigkeit anmuteten, wahrzunehmen – senkte es sich herab. Tage vergingen, viele Tage vielleicht, bis es so dicht über mir schwang, dass ich seinen beißenden Atem spürte. Der Geruch des scharfen Stahls drang in meine Nase. Ich betete, unermüdlich rief ich Gott an, das Absenken zu beschleunigen. Ich war dem Wahnsinn nahe und mit aller Kraft versuchte ich mich dem schwingenden Säbel entgegenzuwerfen. Dann wurde ich plötzlich ruhig, lächelte erwartend den glanzvollen Tod an, wie ein Kind einen seltenen Tand.* ✣ Edgar Allan Poe (1809–1849) *Die Grube und das Pendel* ✣ Als ich die Führerin fragte, wieso die Burg so verfallen sei, erzählte sie, dass 1854, nachdem der letzte Corviner alle Möbel und Schätze verkauft hatte, um die Familienschulden zu bezahlen, das Gebäude vom Blitz getroffen wurde und abbrannte. Außer den Mauern blieb nur die massive Holztür zum Turmgefängnis verschont. Alles andere wurde von den Flammen zerstört, niemand von den Bewohnern überlebte. Die Burg blieb etwa zwanzig Jahre lang eine verlassene Ruine, bis der Wiederaufbau begann. ✣ Angesichts dieser schrecklichen Anblicke und schauderhaften Geschichten war meine Kehle trocken und rau vom Einatmen der Abgase. Und als ich die alte Brücke über den Burggraben überquerte, war ich erleichtert.

OBEN *Wasserspeier in der Schwarzen Burg, Eisenmarkt (Hunedoara), Transsilvanien, Rumänien*
RECHTE SEITE *Die Schwarze Burg, Eisenmarkt (Hunedoara), Transsilvanien, Rumänien*

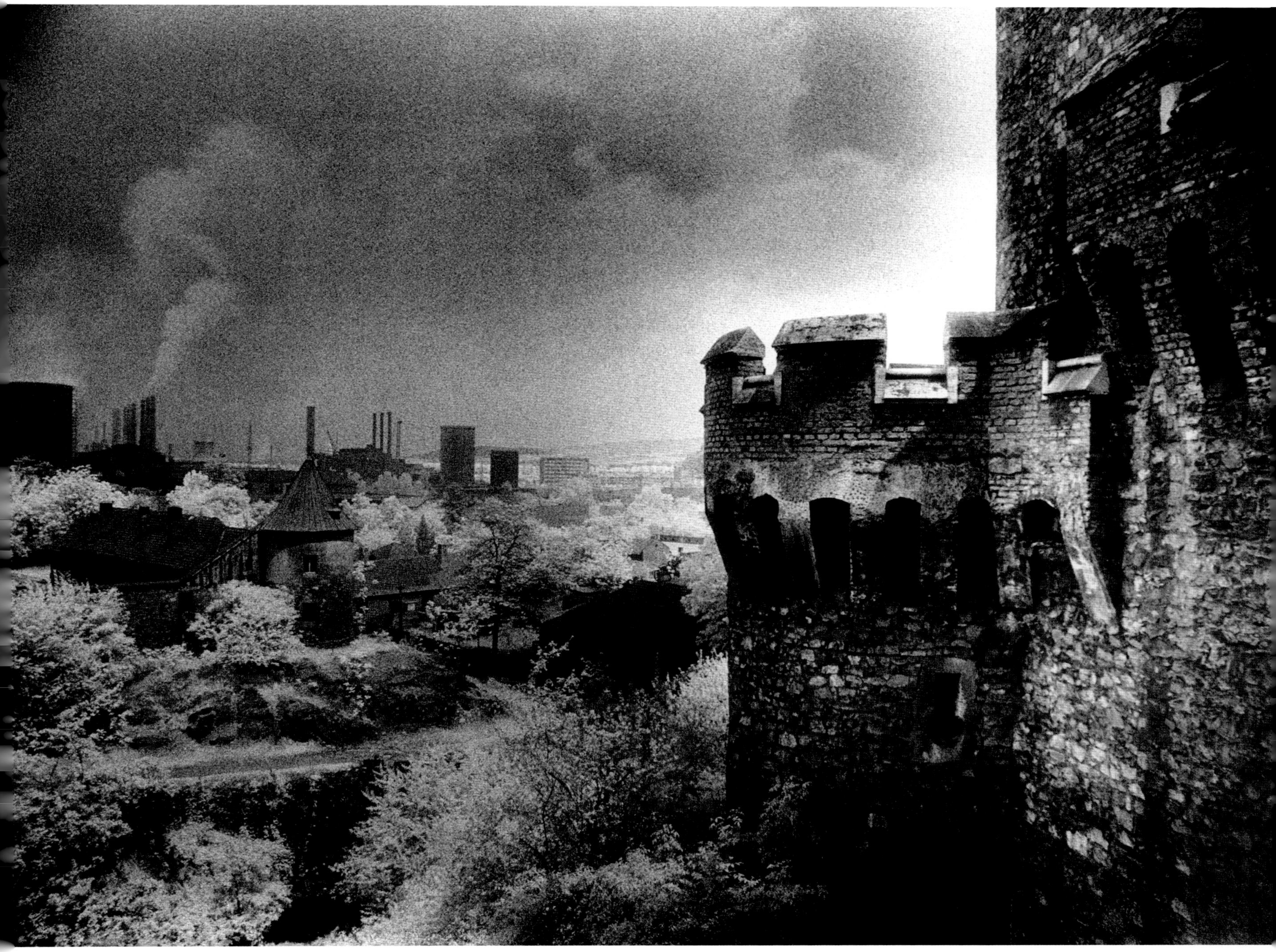

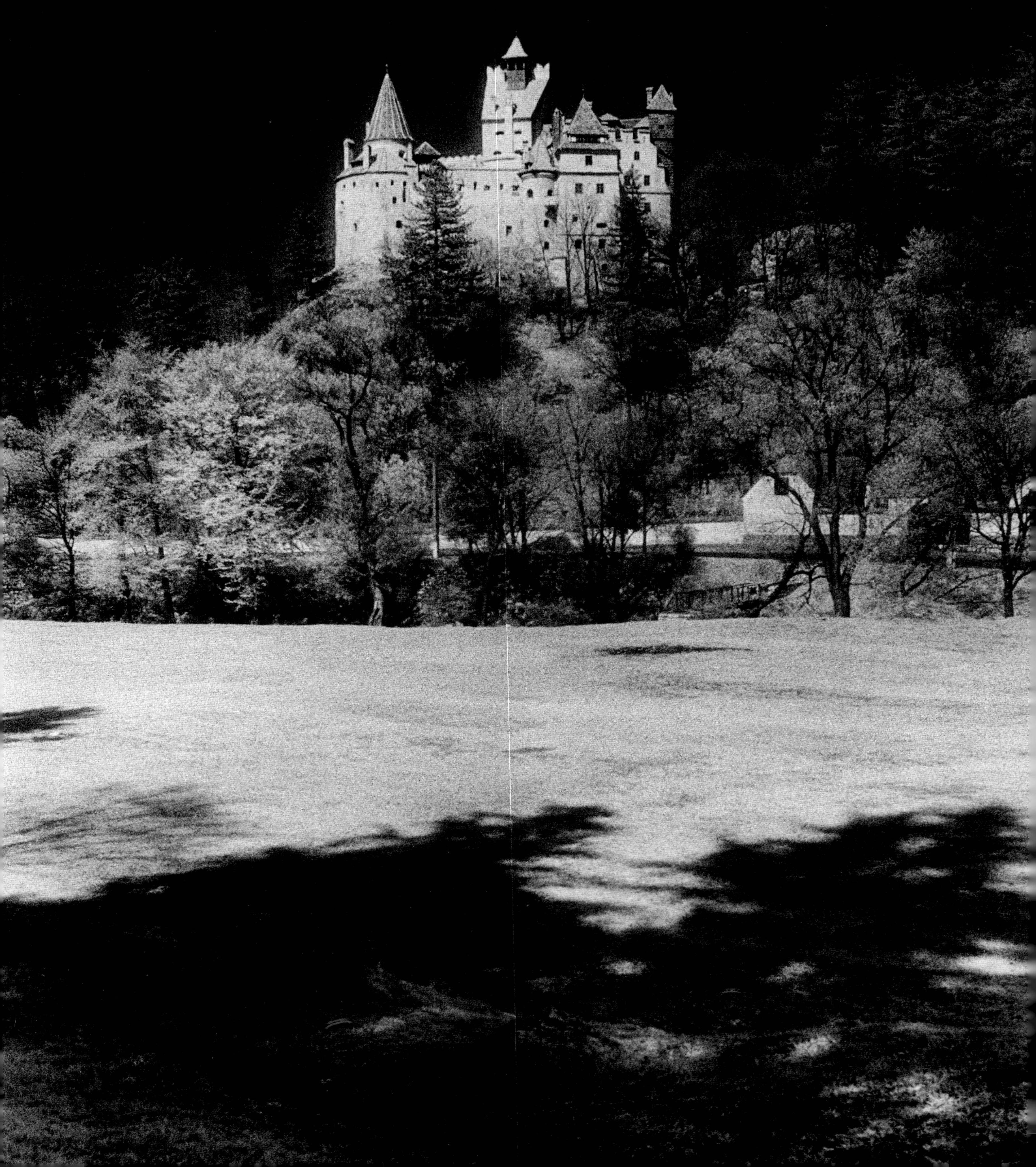

Das Draculaschloss

Burg Poienari, Arges-Tal, Walachei

Nachdem wir die alte Stadt Curtea de Arges auf unserem Weg zum Draculaschloss verlassen hatten, schien mein Fremdenführer noch angespannter als sonst zu sein.

Er rauchte viel und blickte ständig um sich, als fühle er sich verfolgt. Die schmale Straße verläuft entlang des Arges, der sich durch idyllische Täler zwischen schroffen Felsen windet. Dies war das Land Draculas, so wie ich es mir vorgestellt hatte, und ich fühlte mich wie der unglückselige Jonathan Harker in Bram Stokers Roman. Seit vielen Jahren wirbt das rumänische Fremdenverkehrsamt mit dem märchenhaften Schloss Bran (Törzburg) in Transsilvanien, dem Zufluchtsort Draculas. Tatsächlich gibt es aber nur eine lose Verbindung zwischen der Törzburg und dem Volkshelden, der die Burg 1459 zwar belagerte und einnahm, aber nie dort lebte. Der Führer erzählte, dass seine eigentliche Residenz – die Burg Poienari – wahrscheinlich im 14. Jahrhundert unter der Basarab-Dynastie errichtet wurde. Als Vlad Wojwode wurde, lag das Schloss in Trümmern, und die Geschichte des Wiederaufbaus ist ein Beweis seiner Grausamkeit. ✤ Dracula hatte lange an der Treue der Bojaren, des walachischen Adels, gezweifelt. Als er 1457 herausfand, dass sie einen seiner Brüder lebendig begraben hatten, übte er schreckliche Rache. Zweihundert Bojaren wurden mit ihren Familien nach dem Ostergottesdienst gefangen genommen. Zuerst wurden die alten Männer und deren Frauen an der Stadtmauer gepfählt. Die jüngeren, kräftigeren wurden aneinandergekettet und mussten den 100 Kilometer langen, beschwerlichen Marsch zu den Ruinen von Poienari antreten. Viele von ihnen starben auf dem Weg. Dort hatte man bereits Kalk- und Brennöfen errichtet, und die Gefangenen mussten unter Peitschenhieben eine Menschenkette bilden, um die Baumaterialien auf den Berg hinaufzutransportieren. Die Aufbauarbeiten auf dem Schloss dauerten zwei Monate, und nur sehr wenige der Gefangenen überlebten die Tortur. ✤ Als der Führer die Geschichte beendete, tauchten die beeindruckenden Überreste des Schlosses vor uns auf, das auf einer Felsenspitze etwa 365 Meter über der Straße aufragt. Obwohl nur zwei der fünf Türme erhalten sind (ein Drittel des Schlosses stürzte 1888 den Felsen hinab), ist der Anblick atemberaubend. Gerade als der Führer mir von den 1440 Stufen hinauf zur Burgfeste erzählte, zuckten wir unter dem lauten Krachen einer Detonation zusammen. Zwar war nur eine Mure gesprengt worden, die die Straße blockiert hatte, aber wir waren froh, unten geblieben zu sein, und ich fotografierte das Schloss vom Tal aus. ✤ Später sprachen wir mit verschiedenen Leuten im nahegelegenen Dorf Arefu, wo Gänse und Schweine um die baufälligen Holzhäuser liefen. Ein alter Mann erzählte uns die Geschichte von Draculas Flucht während der Belagerung des Schlosses durch die Türken. In der Nacht, bevor die Festung gestürmt wurde, schoss ein treuer Rumäne einen Pfeil mit einer Nachricht in den Turm, um ihn vor dem bevorstehenden Angriff zu warnen. Draculas Gemahlin fand die Nachricht und beschloss: »Lieber will ich hier verrotten und von den Fischen im Arges gefressen werden,

Linke Seite *Schloss Bran, Brașov, Transsilvanien, Rumänien*

als in die Hände der Türken zu fallen.« Daraufhin stürzte sie sich von den Zinnen in den Fluss. ❖ Draculas Abgang war weniger dramatisch. Er folgte seinen Spähern durch einen Geheimgang, der hinab zum Fluss führte. Von dort konnte er mithilfe der ansässigen Bauern nach Transsilvanien fliehen. Man erzählt sich, dass er seine Helfer belohnte, indem er ihnen Land versprach und dieses Geschenk mit seiner Unterschrift auf Tierhäuten besiegelte. Der alte Mann aus Arefu behauptete sogar, dass diese Häute noch immer im Besitz der Nachfahren dieser Männer seien. ❖ Als wir das Dorf verließen, stießen wir auf das Ende einer Trauerprozession. Der Leichenwagen wurde von vier schwarzen Pferden mit violettem Federschmuck gezogen; der Sarg war von geätztem Glas umschlossen. Der Tod schien in diesem Land allgegenwärtig zu sein.

OBEN *Statue des Vlad Tepes (Dracula) im Park von Tîrgoviște, Walachei, Rumänien*
RECHTE SEITE *Burg Poienari im Arges-Tal, Walachei, Rumänien*

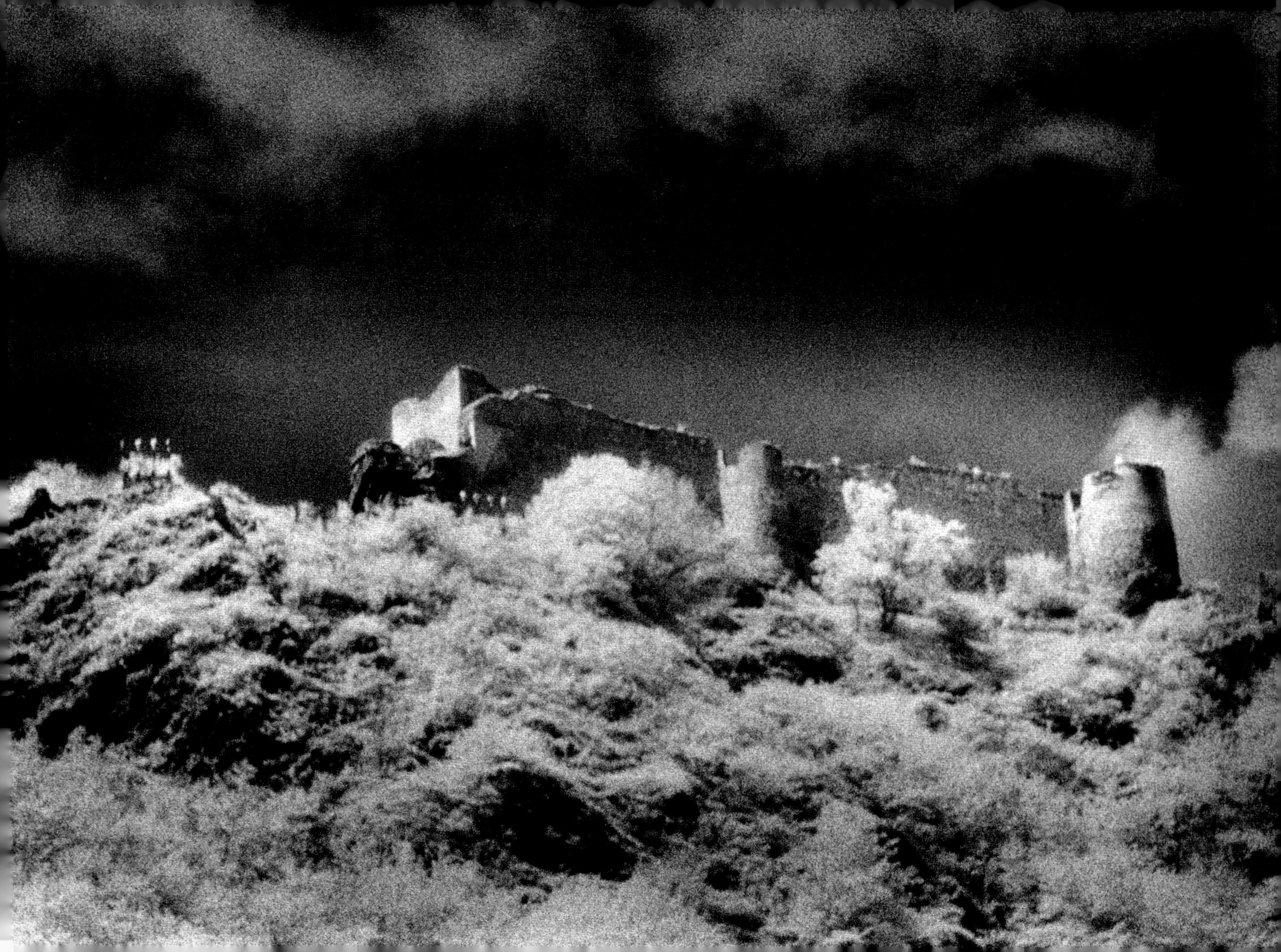

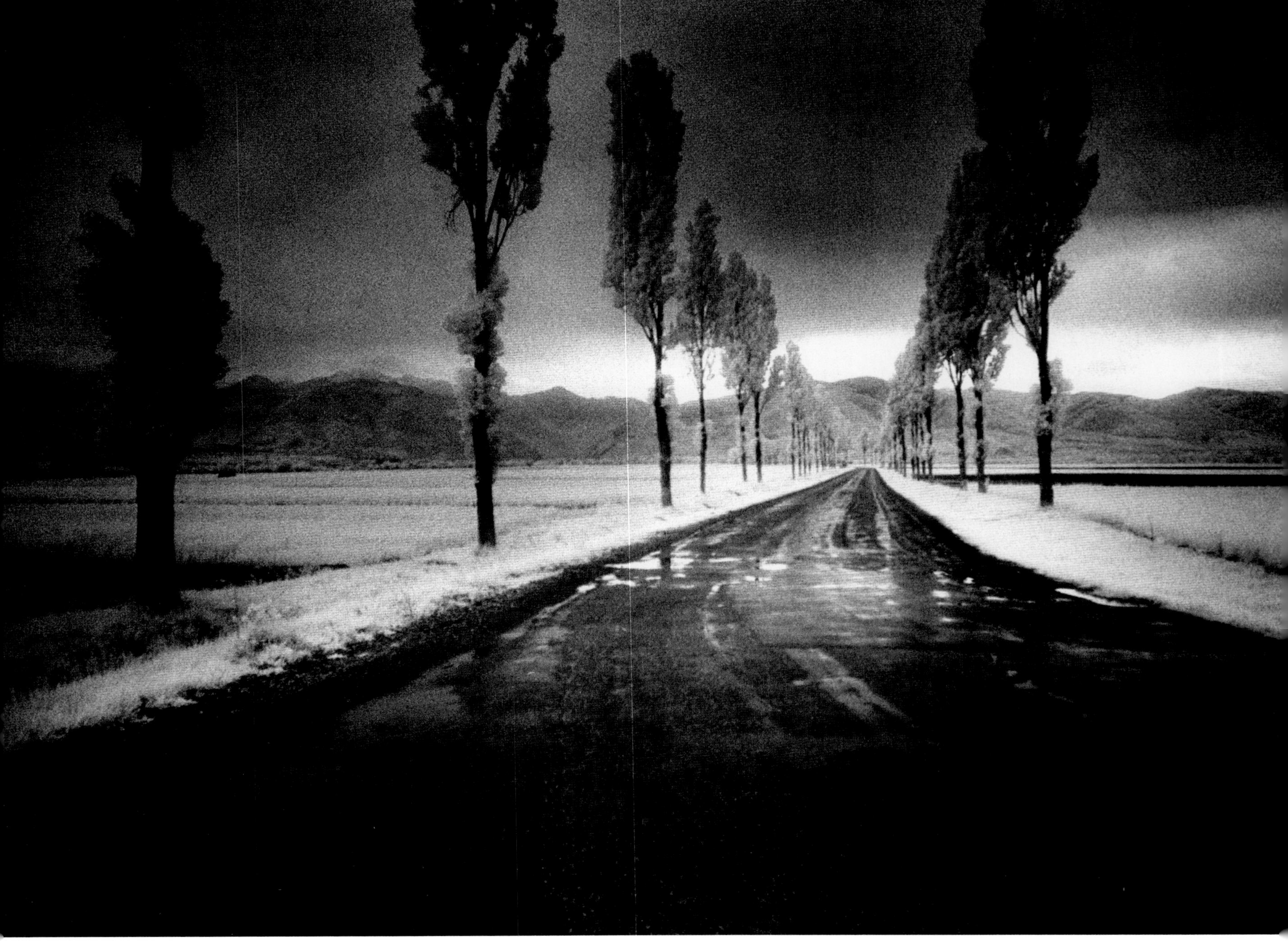

Des Dämons letzte Ruhestätte?

Draculas Grab, Kloster Snagov, Walachei

Ich ging durch die Seitentür, die Wendeltreppe hinunter und durch einen dunklen Gang zur alten Kapelle.
Ich wusste jetzt nur zu gut, wo ich das Monster finden würde, das ich suchte.
Bram Stoker (1847–1912), *Jonathan Harkers Tagebuch, Dracula*

Viele Sagen ranken sich um das Leben Draculas, und auch seine Todesumstände und sein angeblicher Vampirismus bleiben geheimnisvoll.

Dracula fand sein Ende in den vlasischen Wäldern, versteckt in der Sumpflandschaft nördlich von Bukarest. Sein enthaupteter und verstümmelter Leichnam wurde von vorbeiziehenden Mönchen gefunden, die ihn in das nahe gelegene Inselkloster Snagov brachten. Manche sagen, dass sich die eigenen Leute an ihm gerächt hätten, andere wiederum, dass er von einem gedungenen türkischen Mörder umgebracht worden sei und der Sultan seinen Kopf als Geschenk erhalten habe. Natürlich gibt es auch jene, die glauben, dass er nicht wirklich tot ist und sein Geist als Vampir weiterlebt. Der prunkvoll gekleidete Leichnam wurde 1935, fast 400 Jahre später, exhumiert; er war tatsächlich enthauptet worden – eine anerkannte Methode zur Vernichtung eines Vampirs. ✣ Sowohl Dracula als auch sein Vater hatten zu ihren Lebzeiten Kloster Snagov großzügig unterstützt, und ihr Haus war über 150 Jahre lang eng mit der Geschichte des Klosters verbunden. Dies war nun Krönung meiner Reise: ein Besuch der Gruft des »Pfählers«. ✣ Der Fremdenführer und ich fuhren in gespannter Erwartung durch ein Gewirr von Wäldern und unmarkierten Straßen, bis wir uns mitten im Sumpfland befanden und uns dem Ufer des Sees näherten. Um uns herum befand sich eine merkwürdige Mischung aus kleinen Hütten und den grandiosen Villen ehemaliger Parteibonzen, die von nervösen Soldaten bewacht wurden. Wir suchten nach einem Bootsführer, der uns zur Insel ruderte, aber nach stundenlangen Verhandlungen wurde uns klar, dass dies einer der Fälle war, in dem auch die angebotenen Devisen nichts bewirkten. Wir beschlossen, die Nacht in der Nähe des Sees zu verbringen in der Hoffnung, jemanden zu finden, der die Einheimischen besser kannte und uns beraten konnte. Als wir ein etwas heruntergekommenes Gasthaus in der Nähe des Strandes gefunden hatten, freuten wir uns auf ein Abendessen und einen Wein aus der Region. ✣ Der Gastwirt war ein großer, geselliger Mann, der sich offensichtlich über den Besuch eines Fremden freute. Er erzählte, wie sein Land unter Ceauçescu gelitten habe und dass der tyrannische Diktator in den letzten Jahren vor der Revolution mit dem Bau eines Sommerpalasts direkt gegenüber dem Kloster begonnen habe. »Vielleicht sind sie Blutsbrüder«, fügte er verschmitzt grinsend hinzu. Als ich ihn weiter über das

Linke Seite *Die Straße nach Snagov, Walachei, Rumänien*

Kloster befragte, erzählte er, die ansässigen Bauern glaubten, dass es in der Abtei und auf der Insel spuke und Draculas Gegenwart dort noch immer zu spüren sei. ✤ Snagov hat eine bewegte Geschichte. Es ist bekannt, dass Dracula das Kloster wiederaufgebaut und befestigt hat; sein Halbbruder Vlad, »der Mönch«, wirkte dort eine Weile als Abt. Man nimmt ebenfalls an, dass Dracula den Großteil seines Schatzes dort und teilweise im See versteckt hat. Während des 19. Jahrhunderts diente das Kloster als Gefängnis. Eine Brücke wurde gebaut, die die Insel mit dem Festland verband, aber kurz nach ihrer Fertigstellung brach sie während eines heftigen Sturms ein und riss eine aneinandergekettete Schar Sträflinge in den Tod. Die Schreie der Ertrinkenden und das Rasseln ihrer Ketten sollen heute noch zu hören sein. 1940, 1977, 1986 und 1990 wurde die Gegend von Erdbeben erschüttert. Schließlich bot sich der Wirt an, am Morgen ein Boot für uns zu organisieren. Wir nahmen sein Angebot an und wünschten ihm eine gute Nacht. ✤ Nach dem Frühstück gingen wir alle zusammen zu einem Fischer, von dem unser Gastgeber hoffte, dass er uns zur Insel übersetzen würde. Aber wir wurden erneut enttäuscht, denn sein Boot war einige Tage zuvor gestohlen worden. Mittlerweile begann sich der Himmel zu verdunkeln, und wir konnten aus der Ferne Donnergrollen hören. Da tauchten plötzlich aus dem Schilf zwei Jungen auf und boten an, uns überzusetzen. Wir packten die Gelegenheit beim Schopf und bestiegen schnell ihr kleines Boot. Während wir über das dunkle Wasser ruderten, kam allmählich die Insel in Sicht, die von Hängeweiden umsäumt war. Die Klostermauern waren von großen Rissen durchzogen, sicherlich aufgrund der Erdbeben, und wir konnten zwischen den Nebengebäuden frei laufende Hühner und Ziegen sehen. Wir machten an einem verrotteten Holzsteg fest und sagten den beiden Jungen, dass wir nicht länger als eine Stunde bleiben würden. Sie wollten nur ungern auf uns warten, versprachen aber zurückzukehren. Nervös näherten wir uns dem wunderschön geschnitzten halb geöffneten Eingangstor des Klosters. ✤ *Dort lag der Graf, doch er sah aus, als sei seine Jugend halb zurückgekehrt. Sein weißes Haar und sein Schnurrbart waren jetzt eisengrau. Die Wangen waren voller, und unter seiner weißen Haut schimmerte es rubinrot. Seine Lippen waren röter denn je, und auf ihnen schimmerte frisches Blut, das von seinen Mundwinkeln tropfte und an seinem Kinn und Hals hinunterlief. Selbst die tiefliegenden, brennenden Augen traten hervor, denn das ganze Gesicht war aufgedunsen. Die ganze schreckliche Kreatur wirkte wie mit frischem Blut durchtränkt.* ✤ *Jonathan Harkers Tagebuch* ✤ Im Innern war kein Laut zu hören. Alles war dunkel, nur die Kerzen, die das Gold und Silber der vielen Ikonen aufleuchten ließen, flackerten. Als ich den Altar erreichte, trat plötzlich die kleine, dunkle Gestalt einer Nonne hinter einer Säule hervor und starrte mich an. »War dies Draculas Grab?«, stammelte ich. Sie antwortete nicht, sondern starrte weiterhin einfach durch mich hindurch. Der Führer stellte dieselbe Frage noch einmal in seiner Muttersprache. »Ja, sein Körper lag hier begraben«, antwortete sie vorsichtig. »Wir wissen das, denn als er exhumiert wurde, fand man einen Ring und eine Schnalle, die sein Vater zusammen

---

Rechte Seite *Wandmalereien in Schloss Peleș, Karpaten, Transsilvanien, Rumänien*
Folgende Doppelseite *Das Grab des Fürsten Dracula im Kloster Snagov, Walachei, Rumänien*

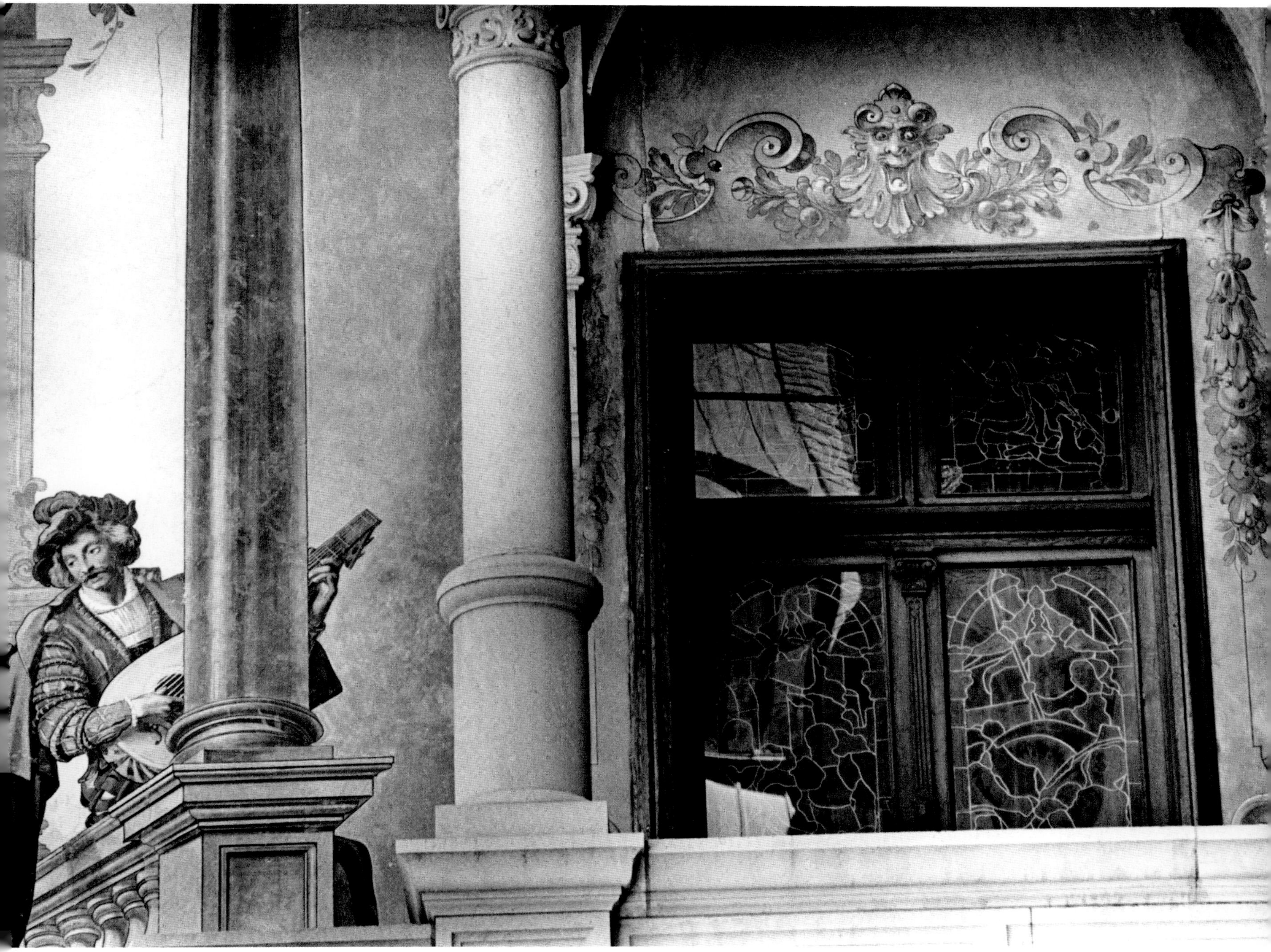

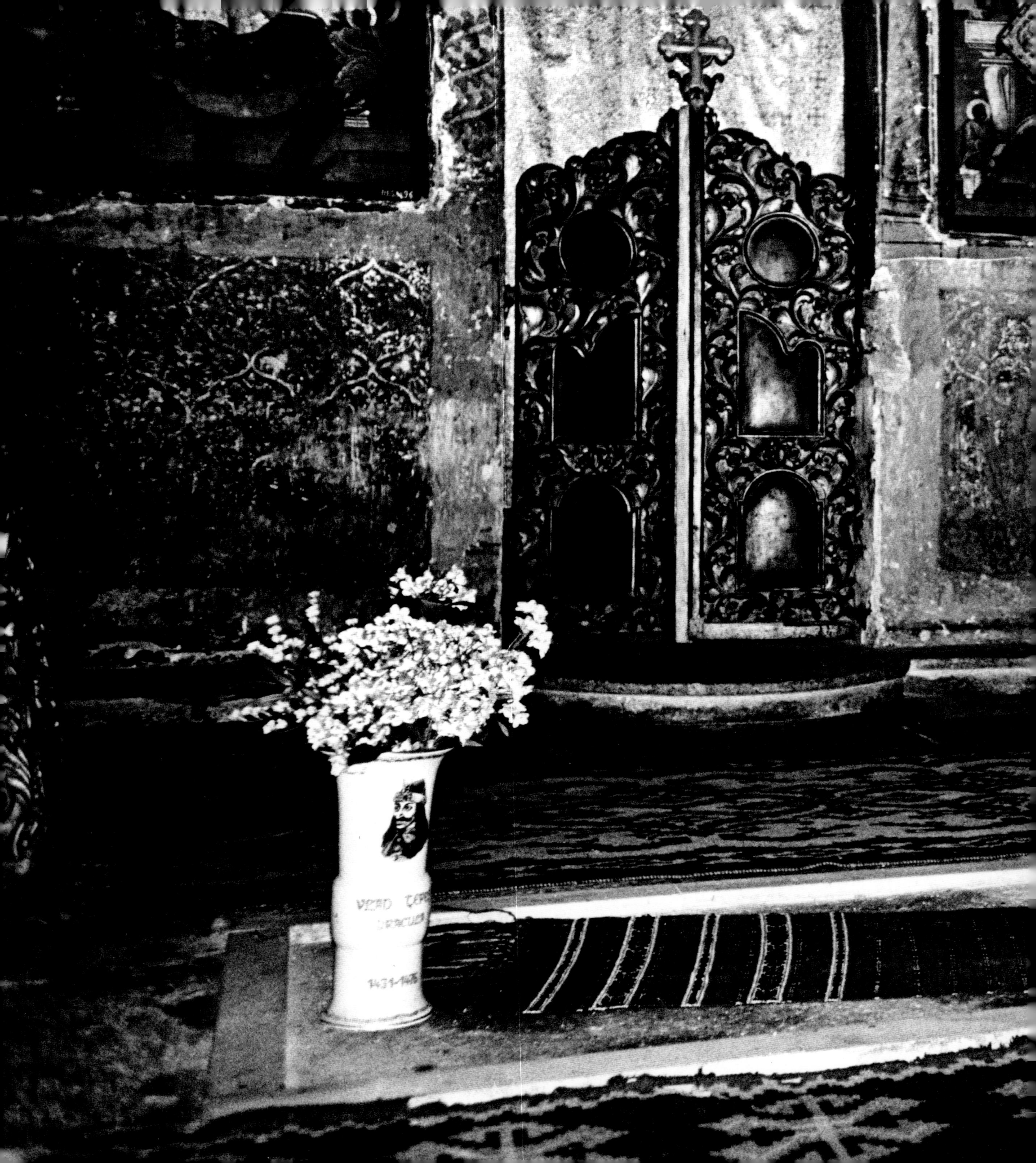

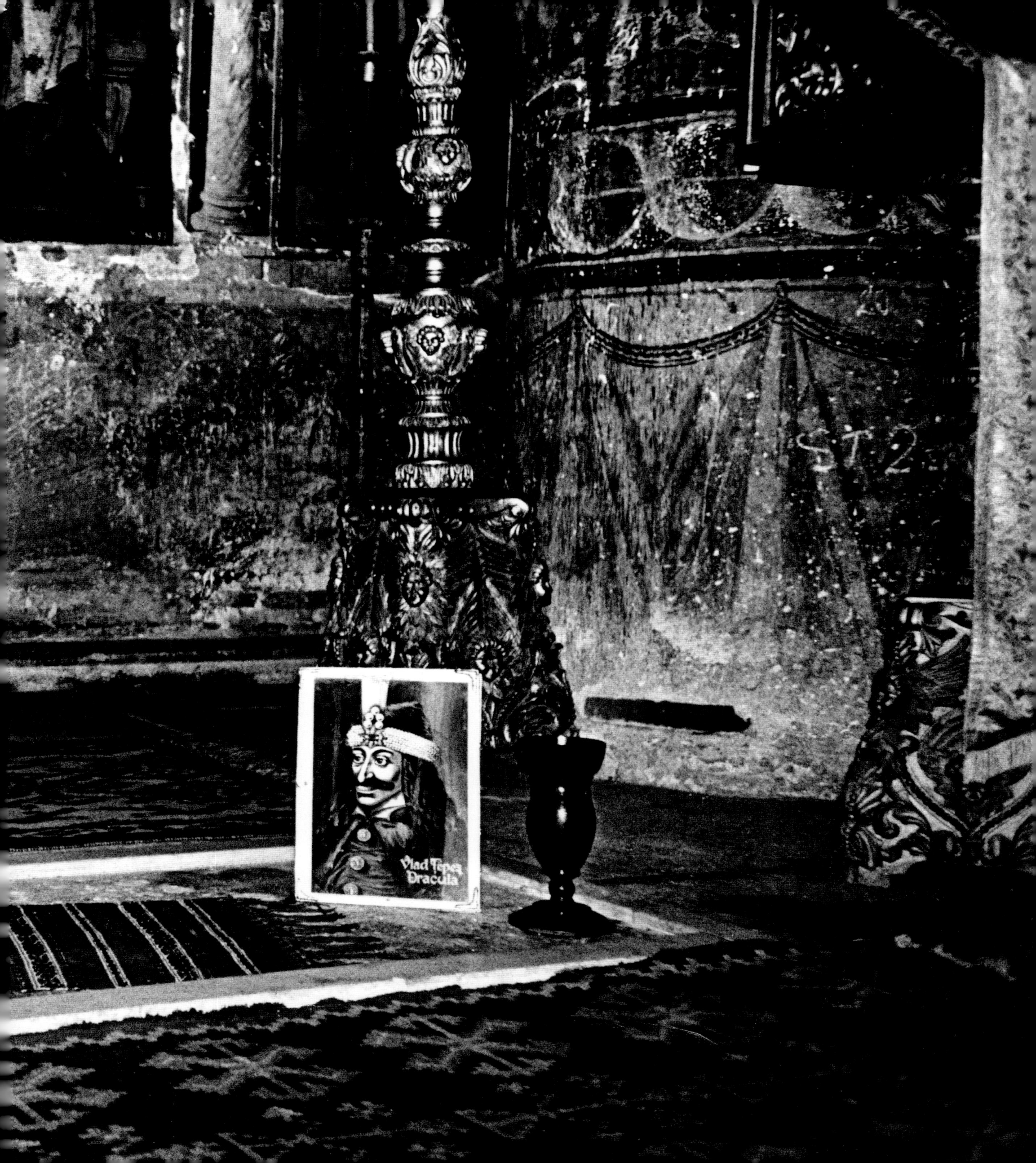
Vlad Țepeș
Dracula

mit seinem Schwert seinem ältesten noch lebenden Sohn Dracula vermacht hatte.« Der Führer gab ihr etwas Geld und gab mir zu erkennen, dass ich fotografieren dürfe. Die Nonne führte mich zum Altar, wo ich die Umrisse eines Grabsteins im Steinboden erkennen konnte, den Draculas Bildnis, eine Blumenvase und ein leerer Becher zierten. Das Licht war schwach, und ich war sehr nervös, da die Nonne mich beobachtete. Ich wusste, dass ich mir zu wenig Zeit zum Fotografieren nahm, aber zum ersten Mal in meinem Leben war es mir egal. Ich wollte nur noch so schnell wie möglich das Kloster und die Insel verlassen. Was mir wie eine Ewigkeit vorkam, waren sicherlich höchstens vier oder fünf Minuten. Ich nickte der alten Dame zum Dank zu, aber die zeigte keine Regung. Als ich durch die Tür ging, drehte ich mich noch einmal um und sah, dass sie merkwürdige Zeichen über dem Grab machte und dabei wie in Trance mit den Armen gestikulierte. Als wir das Boot erreichten, saß dort anstelle der beiden Jungen eine fast zahnlose alte Frau. Während ich ins Boot stieg, versuchte ich meine Gedanken zu sammeln und zu prüfen, ob meine Kameraausrüstung vollständig war. Der Himmel war fast schwarz, und es begann in Strömen zu regnen. Was, so fragte ich mich, hatte ich getan? ✤ *Ich ergriff eine Schaufel, die wohl die Arbeiter vergessen hatten, und holte weit aus, um das verhasste Gesicht mit der Kante zu treffen. Doch ehe es dazu kam, drehte der Graf den Kopf und sah mich mit glühenden Augen an. Das Letzte, was ich sah, war das aufgedunsene, blutverschmierte Gesicht und das höhnische Grinsen des Grafen, das auch der tiefsten Hölle standgehalten hätte.* ✤ *Jonathan Harkers Tagebuch*

OBEN *Steinsitz auf Schloss Peles in den Karpaten, Transsilvanien, Rumänien*
RECHTE SEITE *Kloster Snagov, Walachei, Rumänien*

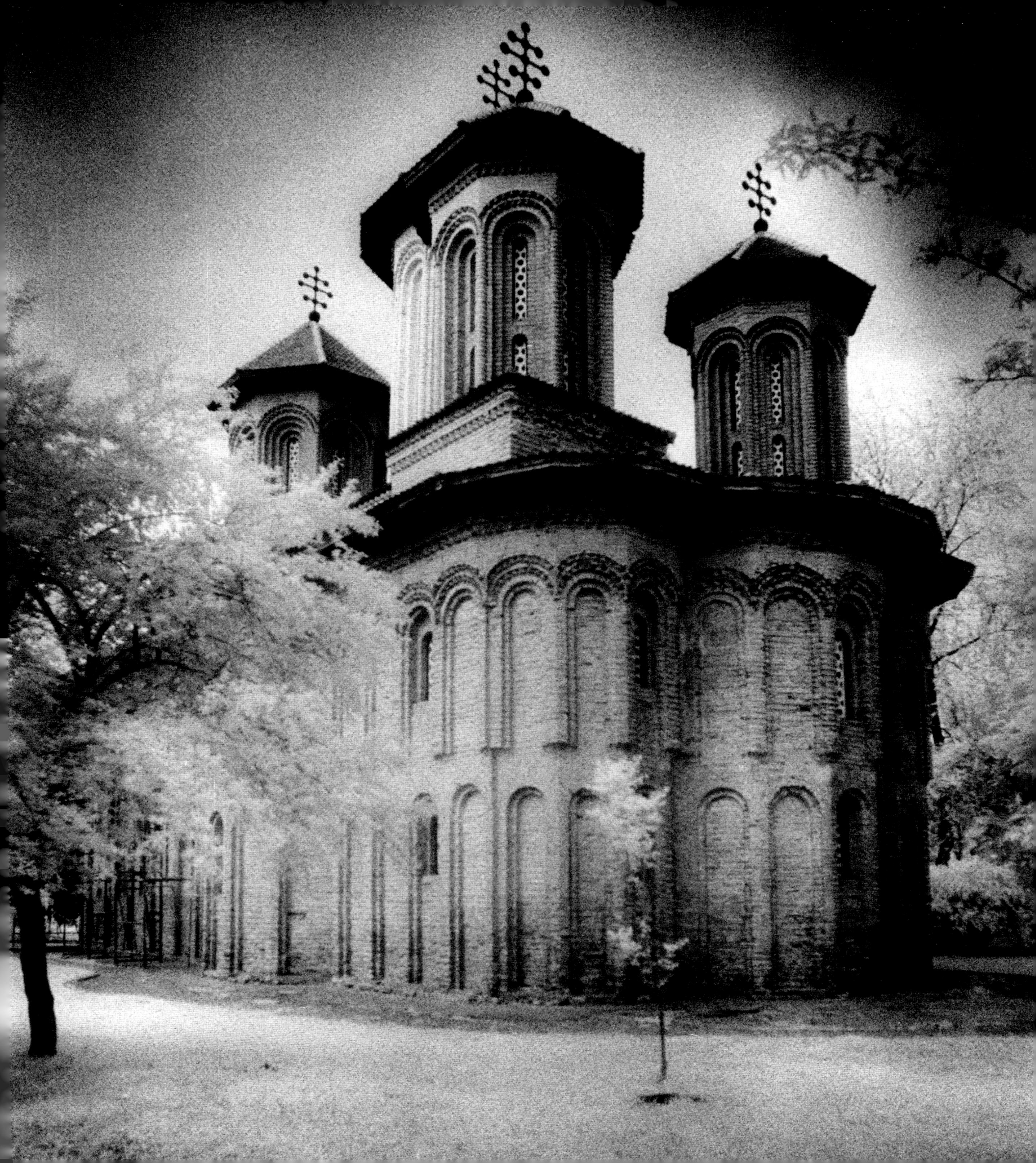

Die Vampirprinzessin

Schloss Böhmisch Krumau (Český Krumlov), Südböhmen, Tschechien

2007 drehten die österreichischen Regisseure Klaus Steindl und Andreas Sulzer den Dokumentarfilm »Die Vampirprinzessin«.

Der Film stellt die Theorie auf, dass man Prinzessin Eleonore Elizabeth Amalia Magdalena von Schwarzenberg, die 1682 als geborene von Lobkowicz auf die Welt kam und in Südböhmen auf Schloss Böhmisch Krumau lebte, zu ihren Lebzeiten für einen Vampir gehalten habe und dass sie und nicht der rumänische Kriegsherr Vlad Dracul das Vorbild für Bram Stokers Roman Dracula gewesen sei. ✣ Der Film beginnt im Jahr 2000 mit der Entdeckung eines alten Friedhofs bei Straßenarbeiten in der Stadt Böhmisch Krumau (Český Krumlov). Die Archäologen faszinierte insbesondere ein Grab mit elf Skeletten, von denen acht nach christlichem Brauch in Ost-West-Richtung begraben, die anderen drei aber nach Norden ausgerichtet waren. Eines davon war das Skelett einer Frau. Ihr Kopf war abgetrennt und lag zwischen den Beinen; zwischen ihren Kiefern befand sich ein Stein. Die Gliedmaßen der beiden anderen Skelette waren mit Steinen beschwert worden. Doch damit nicht genug: Durch das Herz der Frau war ein Pflock getrieben worden, und ihre Hände waren mit einem Rosenkranz zusammengebunden – ein Hinweis auf ein Bannritual. Im 17. und 18. Jahrhundert hielt man in diesem Teil Osteuropas viele Menschen für Vampire und begrub sie auf diese Weise. Das bizarre Ritual sollte sicherstellen, dass der Leichnam weder beißen noch seinen Kopf zurück auf den Hals setzen und aus dem Grab steigen konnte. ✣ Der Film handelt von der Prinzessin von Schwarzenberg, die während jener Zeit der »Vampirmanie« in dem imposanten Schloss gelebt hat, das noch heute die Stadt Böhmisch Krumau beherrscht. Rainer Koppl, Professor an der Universität Wien, hatte das umfangreiche Archiv des Schlosses gesichtet und berichtete über diese geheimnisvolle Frau – ihren unkonventionellen Lebensstil, ihr großes Interesse an Okkultismus, den Verdacht des Vampirismus, der auf ihr lastete. Sie heiratete 1701 den österreichischen Fürsten Adam Franz Karl Eusebius von Schwarzenberg und bekam 1706 eine Tochter, Maria Anna. Ein Sohn und Erbe blieb ihr zunächst verwehrt. Die Prinzessin hatte auch ein lebhaftes Interesse an Wölfen. Sie ließ einige Exemplare einfangen und zog sie in den Burgverliesen auf, da sie glaubte, dass der Genuss von Wolfsmilch ihre Fruchtbarkeit steigern würde. Im Alter von 41 Jahren brachte sie endlich den ersehnten Sohn Joseph zur Welt – zu jener Zeit höchst ungewöhnlich. Und da man Wölfe allgemein mit

Oben *Portrait der Prinzessin Eleonore Elizabeth von Schwarzenberg und ihres Sohnes Joseph von Maximilian Hannel*
Rechte Seite *Ein Zugang zu Schloss Böhmisch Krumau, Tschechische Republik*

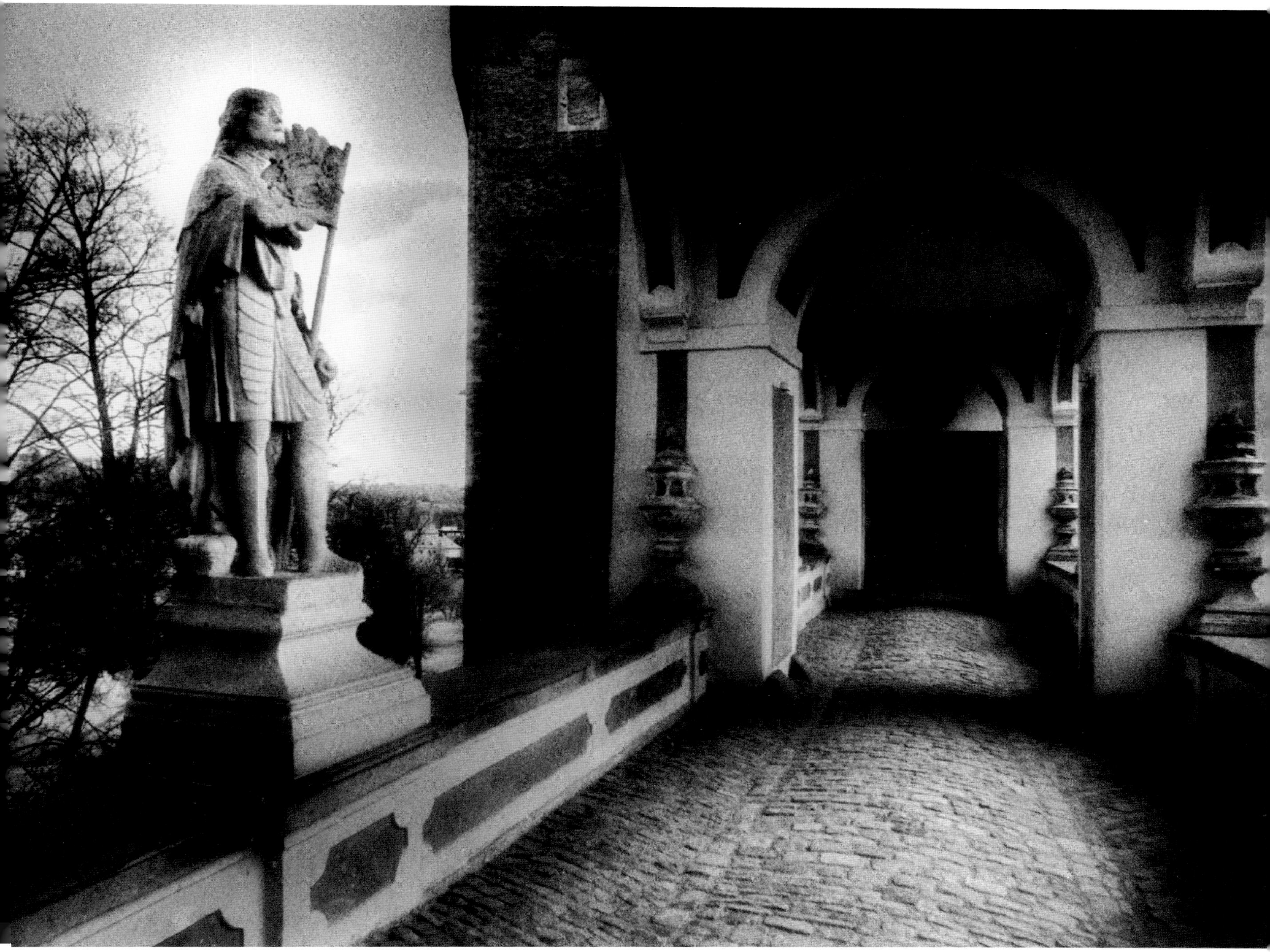

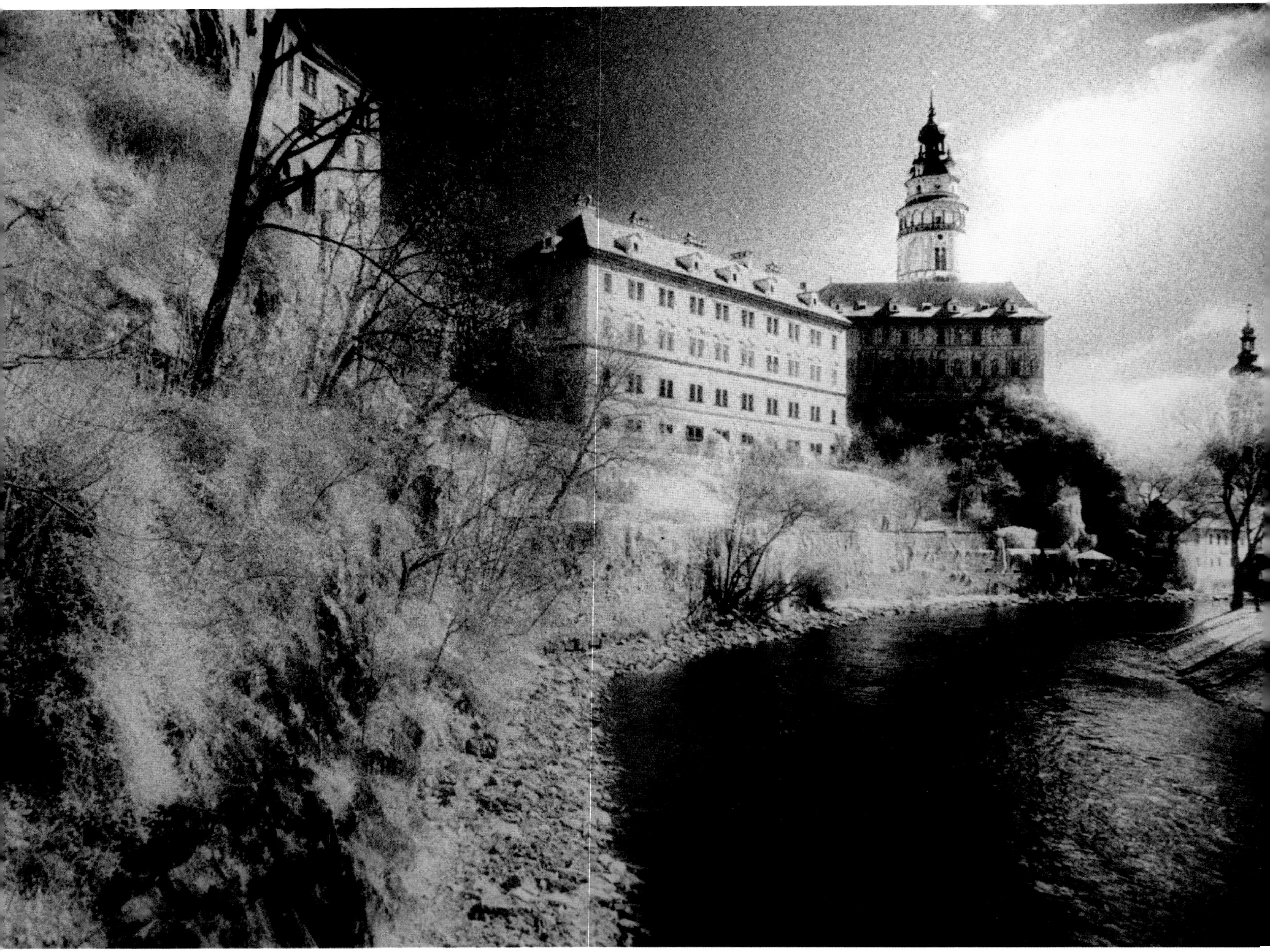

dem Bösen in Verbindung brachte, hielt man ihre späte Schwangerschaft für Hexenwerk. ❖ Nach dem tragischen Tod ihres Mannes durch einen Jagdunfall im Jahre 1732 lebte die Prinzessin zurückgezogen auf ihrem Schloss und litt bald an einer unbekannten Krankheit. In dem Bestreben, die Schmerzen zu lindern, experimentierte sie mit allerlei Zaubertränken und okkulten Praktiken. Die Quellen belegen, dass sie an Porphyrie litt, was ihr wohl das Aussehen eines Vampirs gab – eine blasse, eingefallene Gestalt, die das Licht scheute. Dies verstärkte natürlich die Gerüchte, die ihr übernatürliche Kräfte zuschrieben, und es kann durchaus sein, dass sie sich selbst für einen Vampir hielt. ❖ Die Prinzessin starb 1741 in Wien im Palais Schwarzenberg, wurde aber merkwürdigerweise nicht in der dortigen Familiengruft beigesetzt. Bestattet wurde sie stattdessen in der St.-Veits-Kirche in Böhmisch Krumau, und zwar in einer ungewöhnlich tiefen Grabkammer, die extra für sie gebaut worden war. Erstaunlicherweise waren weder Vertreter der Aristokratie noch kirchliche Würdenträger anwesend. Selbst ihr einziger Sohn blieb der Beisetzung fern. Franz von Gerstoff, der kaiserliche Leibarzt, beantragte eine Autopsie – die bei einer Person ihres Standes nur selten ausgeführt wurde – und kam zu der Erkenntnis, dass sie an Gebärmutterhalskrebs gestorben sei. ❖ Egon Schiele, der große österreichische Maler des Expressionismus, richtete sich 1911 sein Atelier in Böhmisch Krumau ein. Er war entzückt von der Schönheit der am Hang gelegenen Stadt, die seit 300 Jahren fast unverändert ist. Damals wie heute wird sie von der stattlichen mittelalterlichen Burg und dem Schloss dominiert, deren Geschichte eng mit den Geschicken der großen Adelsfamilien Rosenberg, Eggenberg und Schwarzenberg verbunden ist. Im Innern bestaunte ich die vielen Schätze: das Schlosstheater aus dem 17./18. Jahrhundert, die reich dekorierten Innenhöfe und den prächtigen Ballsaal. Während der Führung fragte ich unsere Führerin nach der »Vampirprinzessin«. Ihr war die Geschichte bekannt, in der wohl auch ein Fünkchen Wahrheit steckt. Sie wusste auch von der Entdeckung der alten Begräbnisstätte unter einer der Straßen und dass diese damals für großes Aufsehen gesorgt habe. Später besuchte ich die Kirche St. Veit auf der anderen Uferseite, aber der Großteil des Kircheninneren war für Besucher gesperrt und der Kurator wollte mir das Mausoleum der Prinzessin nicht zeigen. ❖ Nach dem Abendessen besuchten mein Fahrer und ich einen Club, wo wir uns mit dem Barkeeper, einem Slowaken, über die Stadt und deren Geschichte unterhielten. Ich erwähnte wieder die Sage von der Vampirprinzessin, die ihn zu fesseln schien, allerdings wurde seine Miene zunehmend ernster, wenn nicht gar besorgter. Als ich endete, sagte er mir, dass er die Geschichte noch nie zuvor gehört habe, wohl weil er erst seit zwei Monaten in der Stadt sei. Man erzähle sich jedoch, dass es in diesem Club spuke und deshalb bleibe er dort nachts nicht gern allein. Im 17. Jahrhundert sei dort eine Fleischhauerei gewesen, und es sollen dort während dieser Zeit mehrere Morde verübt worden sein, die eine Aura des Bösen hinterlassen hätten. Als ich im Mondschein zurück zu unserem Hotel ging, spürte ich die Gegenwart dieser ruhelosen Geister um uns herum – eine gespenstische Szenerie der Untoten.

Linke Seite *Schloss Böhmisch Krumau, Tschechische Republik*
Folgende Doppelseite *Mausoleum des Reichsgrafen Franz Anton von Sporck, Schloss Kuks, Tschechische Republik*

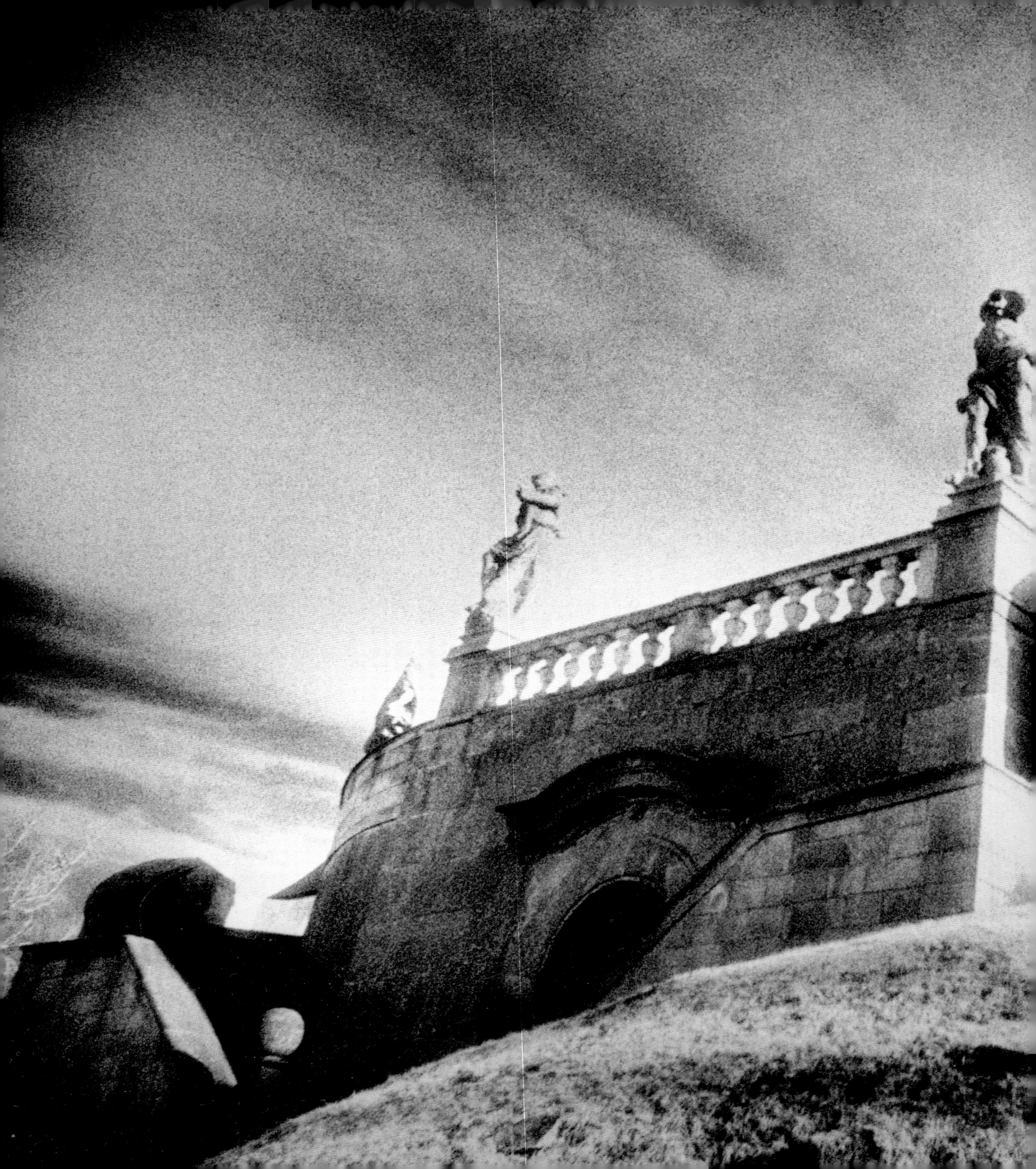

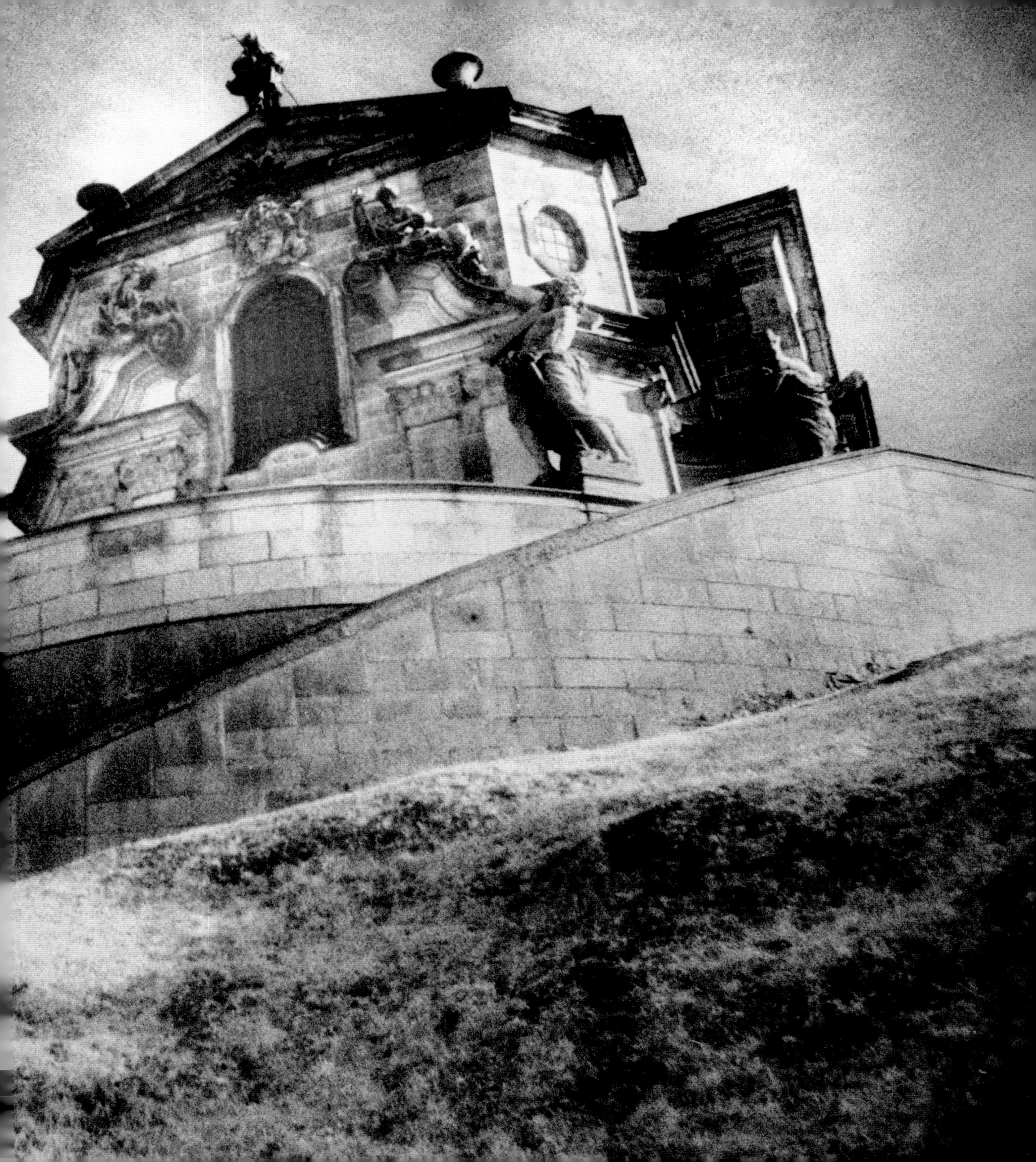

Die Blutgräfin

Burg Schächtitz (Čachtice), Karpaten, Slowakei

Elisabeth Báthory von Ecsed, auch bekannt als die Blutgräfin, ist einer der berühmtesten historischen Vampire und, ebenso wie Bram Stokers fiktiver Graf Dracula, ein Mitglied des ungarischen Adels.

Sie wurde 1560 geboren. Ihr Vater, Georg Báthory, gehörte dem Ecsed-Zweig der Familie an und herrschte über eines der mächtigsten protestantischen Herzogtümer im damaligen Ungarn. Könige, Politiker und Kleriker trugen stolz diesen Namen. Elisabeths Vorfahre Stephan Báthory hatte in Transsilvanien an der Seite von Vlad Dracul gekämpft und 1476 die Walachei zurückerobert. Einige Historiker haben versucht, familiäre Bande zwischen der Gräfin und dem berüchtigten rumänischen Kriegsherrn herzustellen, doch es war lediglich ihr schrecklicher Sadismus und ihre Blutgier, die sie mit ihm verbindet. Zusammen mit vier Komplizinnen war sie beschuldigt worden, hunderte – die Rede war von 650 – junger Mädchen gefoltert und getötet zu haben. Der Legende nach soll sie im Blut dieser Jungfrauen gebadet und es getrunken haben, um ihre Jugend und Schönheit zu erhalten. 1610 wurde sie gefangen genommen, doch aufgrund ihres Standes weder vor Gericht gestellt noch verurteilt. Stattdessen wurde sie auf der Burg Schächtitz, dem Ort ihrer Gräueltaten, lebendig eingemauert, wo sie vier Jahre später einsam starb. ❖ Elisabeth war von Kindheit an den okkulten Praktiken ihrer Amme Helena Joo ausgesetzt, die sich der schwarzen Magie, der Hexerei und dem Satanismus verschrieben hatte und nie von ihrer Seite wich. Im Alter von elf Jahren wurde sie mit Graf Franz Nádasdy verlobt, um die beiden mächtigen Fürstenhäuser miteinander zu verbinden. Doch noch vor der Hochzeit wurde Elisabeth von einem Bauernsohn geschwängert. Das Kind wurde adoptiert und ein Skandal vermieden. Die Gräfin war für ihre Zeit sehr gebildet, sprach Latein und Griechisch und wurde als schönes und sinnliches Mädchen beschrieben, das allerdings sehr jähzornig und wütend sein konnte. 1575 heiratete sie schließlich den Grafen und schenkte ihm vier Kinder. Nádasdys Hochzeitsgeschenk war Burg Schächtitz in der heutigen Slowakei. Die Ehe war leidenschaftlich, doch hatte Elisabeth auch starke lesbische Neigungen, die von ihrer Tante, Gräfin Klara Báthory, gefördert wurden. Sie begann ihre jungen Dienerinnen zu verführen und zu foltern – sicherlich aus sexueller Lust. Der Graf neigte wohl zu ähnlichen Grausamkeiten. Er kommandierte das ungarische Heer gegen die Türken, so dass er oft lange von zu Hause fort war. ❖ Während der Abwesenheit ihres Mannes steigerten sich Elisabeths Perversitäten. Ihre Komplizen waren ihre

Oben Elisabeth Báthory von Ecsed
Rechte Seite Burg Schächtitz (Čachtice) in den Karpaten, Slowakei

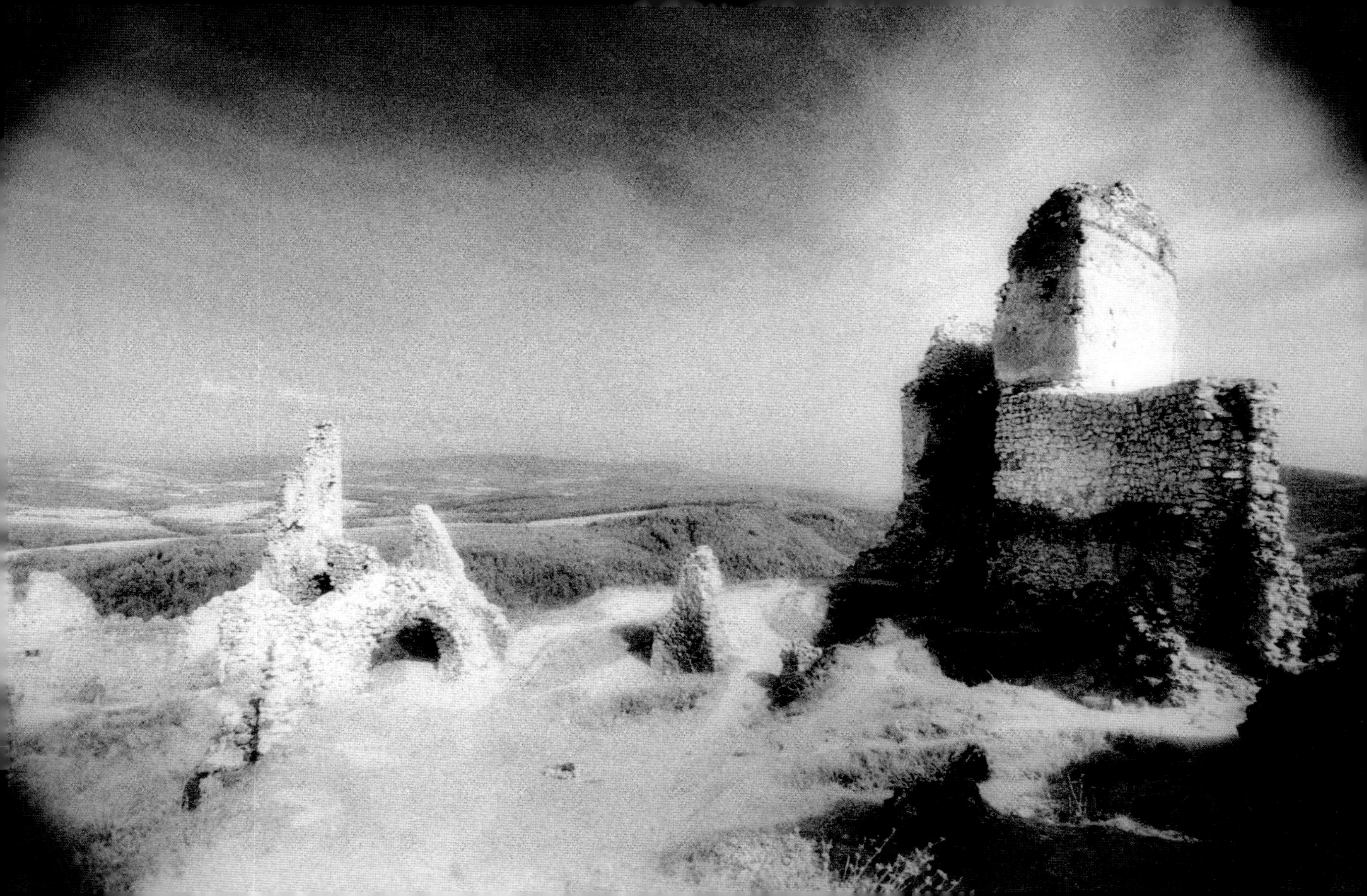

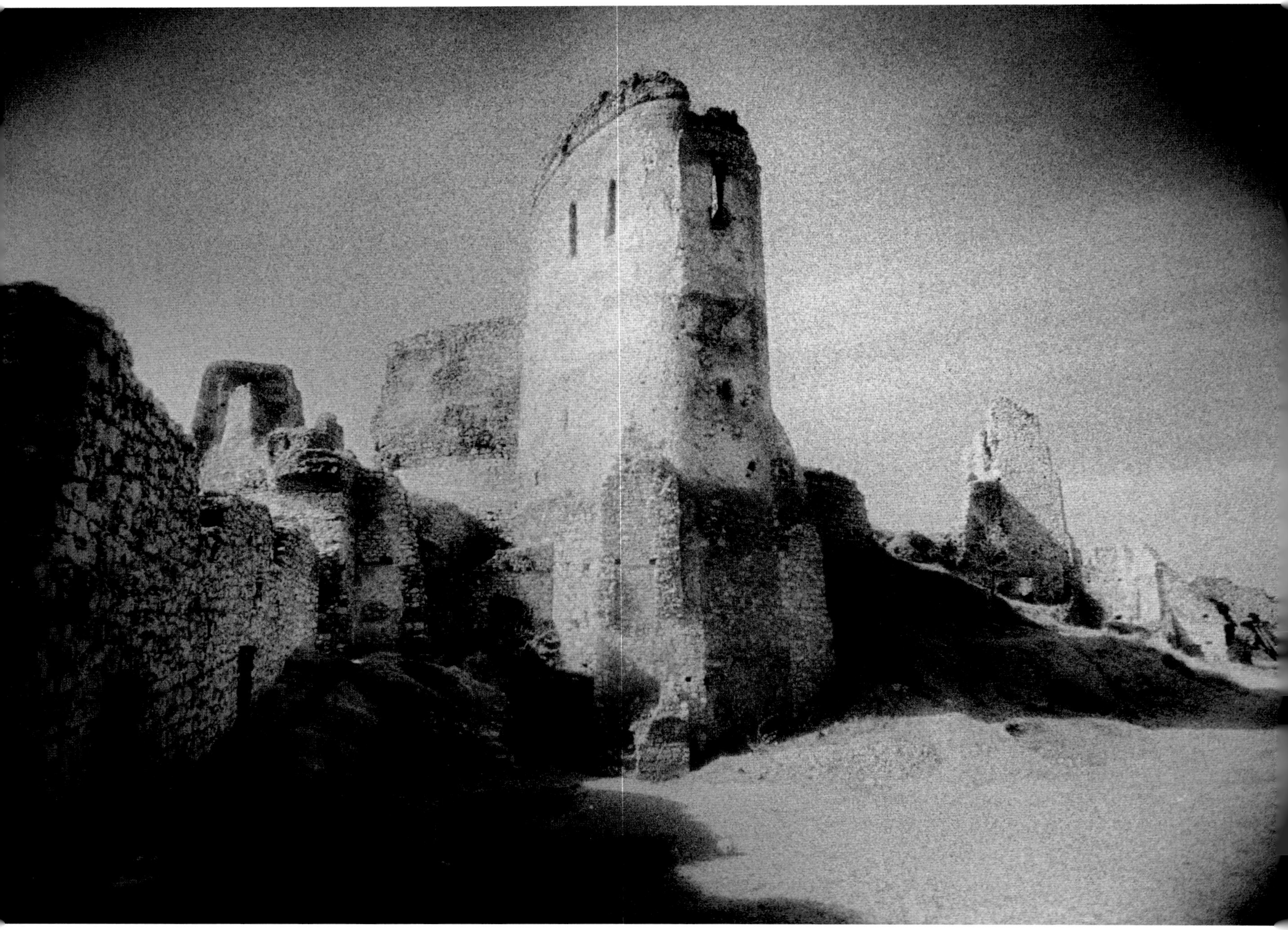

alte Amme Helena Joo, Dorothea Szentes, auch Dorkó genannt, eine Bauersfrau, die für ihre Körperkraft bekannt und als Hexe verrufen war, sowie Johannes Ujváry, genannt Ficzkó, ein zwergenwüchsiger Diener. Elisabeth scheint während dieser Zeit schreckliche Taten begangen zu haben. Sie soll ihre Dienerinnen ausgepeitscht, mit schweren Knüppeln geprügelt und nackt in den Schnee hinausgestoßen haben. Dann tauchte man sie in kaltes Wasser und ließ sie erfrieren. ✤ 1604 starb der Graf, und Elisabeth ging eine lesbische Beziehung mit Anna Darvula ein, die als die aktivste Sadistin in ihrem Gefolge bezeichnet wurde und als Hexe galt. Der Sage nach soll die Gräfin eines ihrer Dienstmädchen wegen einer Unachtsamkeit blutig geschlagen haben und deren Blut auf ihre Haut geflossen sein, worauf ihr diese weißer, jünger und weicher erschien. Sie rief ihre Vertrauten zu sich, die das Mädchen auszogen, aufschnitten und das Blut in einer Schlüssel auffingen. Elisabeth trank davon und schmierte es sich ins Gesicht. Dies war die erste von vielen ähnlichen Gräueltaten. Auf Geheiß der Gräfin mussten deren Bedienstete des Nachts auf dem Land Jungfrauen in die Verliese unter der Burg locken. Dort wurden sie an die Mauern gekettet und eine Weile gemästet, bevor sie gefoltert und ausgeblutet wurden. So konnte die Dämonin im wahrsten Sinne des Wortes in Blut baden, wovon sie sich ewige Jugend erhoffte. ✤ Schließlich kamen die Gerüchte über diese Entführungen und Morde auch den Amtsträgern zu Ohren. Der Pfarrer István Magyari prangerte die Taten der Gräfin öffentlich und sogar beim Wiener Hof an, doch die ungarische Obrigkeit zögerte angesichts der edlen Herkunft der Beschuldigten. 1610 schließlich beauftragte König Matthias György Thurso, Pfalzgraf von Ungarn und Elisabeths Cousin, mit einer Untersuchung. Thurso befragte sie ausführlich, doch die Gräfin leugnete alles. Danach verhandelte er mit deren Sohn und anderen Verwandten. Da er den Ruf der Familie schützen wollte, schlug er vor, Elisabeth in einem Kloster verschwinden zu lassen. Doch die Gerüchte hielten sich hartnäckig, vor allem als es im Umkreis nicht mehr genügend Bauernmädchen gab und bald junge Mädchen von niederem Adel den perversen Gelüsten der Gräfin geopfert wurden. ✤ In der Nacht vom 30. Dezember 1610 drang Thurso zusammen mit einigen Soldaten und dem Dorfpfarrer in die Burg ein. Sie fanden ein totes Mädchen in der Halle, dessen bleicher Körper bereits blutleer war. Daneben lag ein weiteres Mädchen, das noch am Leben war, in seinem Blut. Sein Körper war mehrfach mit einem scharfen Instrument durchbohrt worden. Ein weiteres ermordetes Mädchen war an eine Säule gebunden – nackt, das Haar größtenteils ausgerissen. Der Leichnam wies Spuren brutaler Auspeitschungen und Brandmarkungen auf. Weitere Opfer wurden in den Verliesen gefunden. Einige waren schon mehrfach zur Ader gelassen worden, andere waren noch bei bester Gesundheit und warteten auf den Gang zur Schlachtbank. Die Gräfin wurde unter Hausarrest gestellt, ihre Vertrauten eingekerkert. ✤ Aus den noch vorhandenen Gerichtsakten geht hervor, dass der Prozess am 7. Januar 1611 in dem kleinen Marktflecken Bytča (Bitsch) in der Nähe von Schächtitz eröffnet wurde. Die genaue Zahl der von der Gräfin gefolterten und ermordeten jungen Frauen ist unbekannt. Etwa 80 wurden namentlich erwähnt, man geht aber davon aus, dass es an die

LINKE SEITE *Burg Schächtitz (Čachtice) in den Karpaten, Slowakei*

650 waren. Nach fünf Tagen wurden die Mittäter und Mittäterinnen, die unter der Folter gestanden hatten, mit einer Ausnahme zum Tod verurteilt. Helena Joo und Dorothea Szentes, den Haupttäterinnen, wurden die Finger – die sie »in das Blut von Christen getaucht hatten« – mit glühenden Zangen ausgerissen, ehe sie auf dem Scheiterhaufen starben. Ficzkó wurde als Nebentäter enthauptet, sein Leichnam verbrannt. Elisabeths Liebhaberin Darvula war im Jahr zuvor verstorben. ✤ Wegen ihrer hohen gesellschaftlichen Stellung ersparte man der Gräfin Prozess und Todesurteil. Sie wurde jedoch in einem kleinen Zimmer ihrer Burg eingemauert. Nur eine kleine Essensklappe verband sie mit der Außenwelt. Elisabeth Báthory starb am 21. August 1614 »plötzlich und ohne ein Kreuz und ohne Licht« – so steht es in den Aufzeichnungen. Entsprechend ihrem letzten Willen wurde der Großteil ihres Vermögens zwischen ihren Kindern aufgeteilt, ihr Leichnam im Friedhof von Schächtitz begraben. Die Dorfbewohner wehrten sich jedoch vehement gegen diese »Schändung« und setzten durch, dass sie in die Familiengruft der Báthory nach Ecsed überführt wurde. ✤ Die verwunschene Burg, auf der seit 1708 niemand mehr lebt, ist heute eine Ruine. Ich wollte schon immer wissen, wie man sich als Besucher am Schauplatz solch widerwärtiger Verbrechen fühlt. Daher waren mein Fahrer und ich sehr angespannt, als wir die Karpaten auf dem Weg von der Tschechischen Republik in die Slowakei überquerten. Es dämmerte, als wir in Nové Mesto, der nächstgrößeren Stadt unweit des Dorfes Schächtitz, ankamen. Wir wollten uns eigentlich ein Hotelzimmer suchen, aber die Anziehungskraft der Burg war so groß, dass wir beschlossen, noch am gleichen Abend die fünf Kilometer zu dem kleinen Dorf weiterzufahren. Heute leben hier etwa 3000 Menschen inmitten hässlicher Industriebauten, die sicherlich ein Vermächtnis aus kommunistischer Zeit sind. ✤ Hinter einer Kurve sahen wir zwei große, moderne Friedhöfe, die im Abendnebel von vereinzelten Kerzen auf den vielen Gräbern schaurig beleuchtet wurden. In einiger Entfernung oberhalb des Dorfes stand auf riesigen Mauern eine alte, befestigte Kirche, in der die berüchtigte Gräfin ursprünglich begraben werden sollte. Da wir die Burg nicht sahen, hielten wir an und fragten einen alten Mann nach dem Weg. Er sprach kein Englisch, aber er wusste sofort, was wir suchten. Er zeigte auf eine schmale Straße zwischen zwei Häusern, wobei sein melancholisches Gesicht keinerlei Regung zeigte. Wir folgten der Straße, die den Berg hinaufführte, und fühlten uns plötzlich sehr einsam. Die Straße wand sich immer weiter hinauf, und wir konnten uns auf beklemmende Weise vorstellen, wie im 17. Jahrhundert die Gräfin und andere Vertreter ihres Standes in dieser Wildnis tun und lassen konnten, was immer sie wollten, ohne dass ihre Taten ruchbar wurden. Plötzlich hörte der Weg auf, und wir mussten den restlichen Weg zur Burg zu Fuß zurücklegen. Als wir zwischen den mächtigen, verfallenen Mauern und Türmen standen, hörten wir nur die Geräusche wilder Tiere. Ich versuchte mir vorzustellen, wo die sadistische Gräfin eingekerkert gewesen war, aber die langen Schatten, die sich in den Gewölben und Verliesen verloren, erzeugten in mir ein Gefühl überwältigenden Schreckens.

RECHTE SEITE *Wald nahe Burg Schächtitz (Čachtice) in den Karpaten, Slowakei*

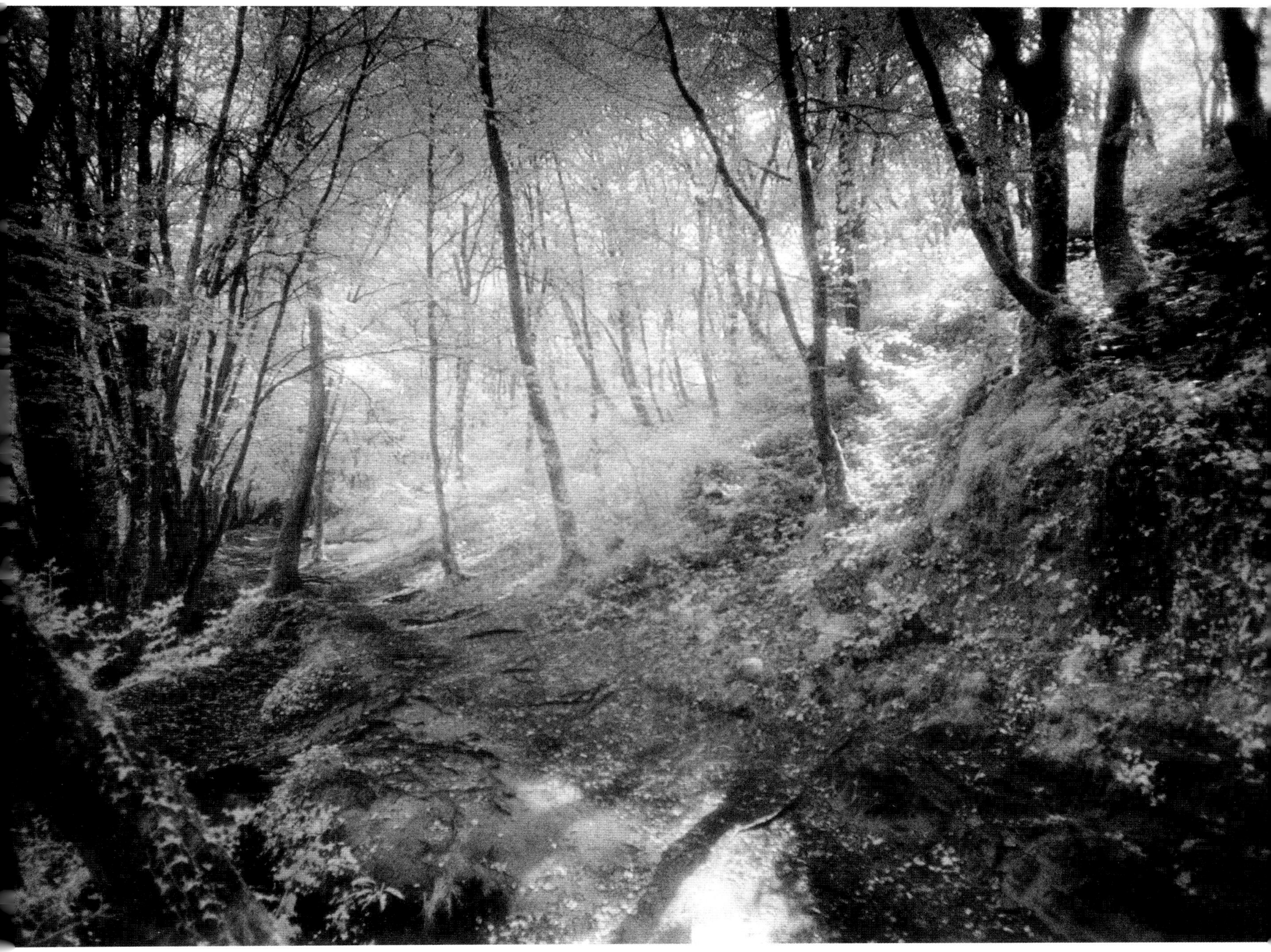

Der Herr der Untoten

NEWSTEAD ABBEY, NOTTINGHAMSHIRE, ENGLAND

Er nährt' sich von der Pflanzen Gift, doch ohn'
Macht sie sind, nur Nahrung; er überlebt',
was für viele Männer der sich're Tod,
er wurd' der Freund der Berge, der Sterne
und lebender Geister des Univers.
Er redet' mit ihnen und sie lehrten
ihn die Magie ihrer Mysterien;
ihm war das Buch der Nacht geöffnet weit,
und des tiefen Abgrunds Stimmen bargen
ein Wunder und ein Geheimnis. – So sei's.
»Der Traum«, George Gordon, Lord Byron (1788–1824)

DIE GORDONS WAREN EIN ALTEINGESESSENER SCHOTTISCHER CLAN, DER ALS DIE »GEY« (= VERWEGENEN) GORDONS BEKANNT WAR. DIE TURBULENTE GESCHICHTE EINES ZWEIGES DIESES CLANS IST HEUTE TEIL SCHOTTISCHER LEGENDEN.

Einziges Kind von Catherine Gordon, der 13. und letzten Erbin des Landsitzes Gight in Aberdeenshire, war der romantische Dichter Lord George Byron. Sein Lebenswandel schockierte die Welt derart, dass darüber in vielen fantastischen Geschichten berichtet wurde. Am umstrittensten ist wohl der Mythos, sein Geist lebe als Vampir weiter. ❖ Byron wurde 1788 geboren und verbrachte die ersten Jahre mit seiner Mutter in Schottland. Diese liebte malerische Ruinen und übernatürliche Geschichten. Sein Vater, »Mad Jack« Byron, war ein notorischer Spieler und Frauenheld, der das Schloss seiner Frau verkaufte und deren Vermögen verprasste, bevor er Mutter und Kind verließ und nach England ging. Er starb 1791 im Alter von nur 35 Jahren. Der Großonkel des künftigen Dichters, William, der 5. Baron Byron, war ebenfalls ein zügelloser Charakter, der »Der böse Lord« und »Teufelsbaron« genannt wurde. Seine schillernde Karriere fand Anfang 1765 ein jähes Ende, als er nach einem Streit seinen Vetter und Nachbarn, William Chaworth, in einem Duell tötete; dies war der Beginn eines schnellen mit Skandalen und Irrsinn verbundenen Abstiegs. Bei Gelegenheit erschoss er im Zuge einer Auseinandersetzung seinen Kutscher, warf dessen Leichnam zu seiner Frau in die Kutsche und lenkte diese eigenhändig nach Hause. Sein Sitz Newstead Abbey war berüchtigt wegen der ausschweifenden Feste, die er dort gab. Im Schlossteich ließ er zwei Miniaturfestungen bauen, und seine Diener mussten auf kleinen Schiffen Seegefechte austragen.

RECHTE SEITE *Newstead Abbey, Nottinghamshire, England*

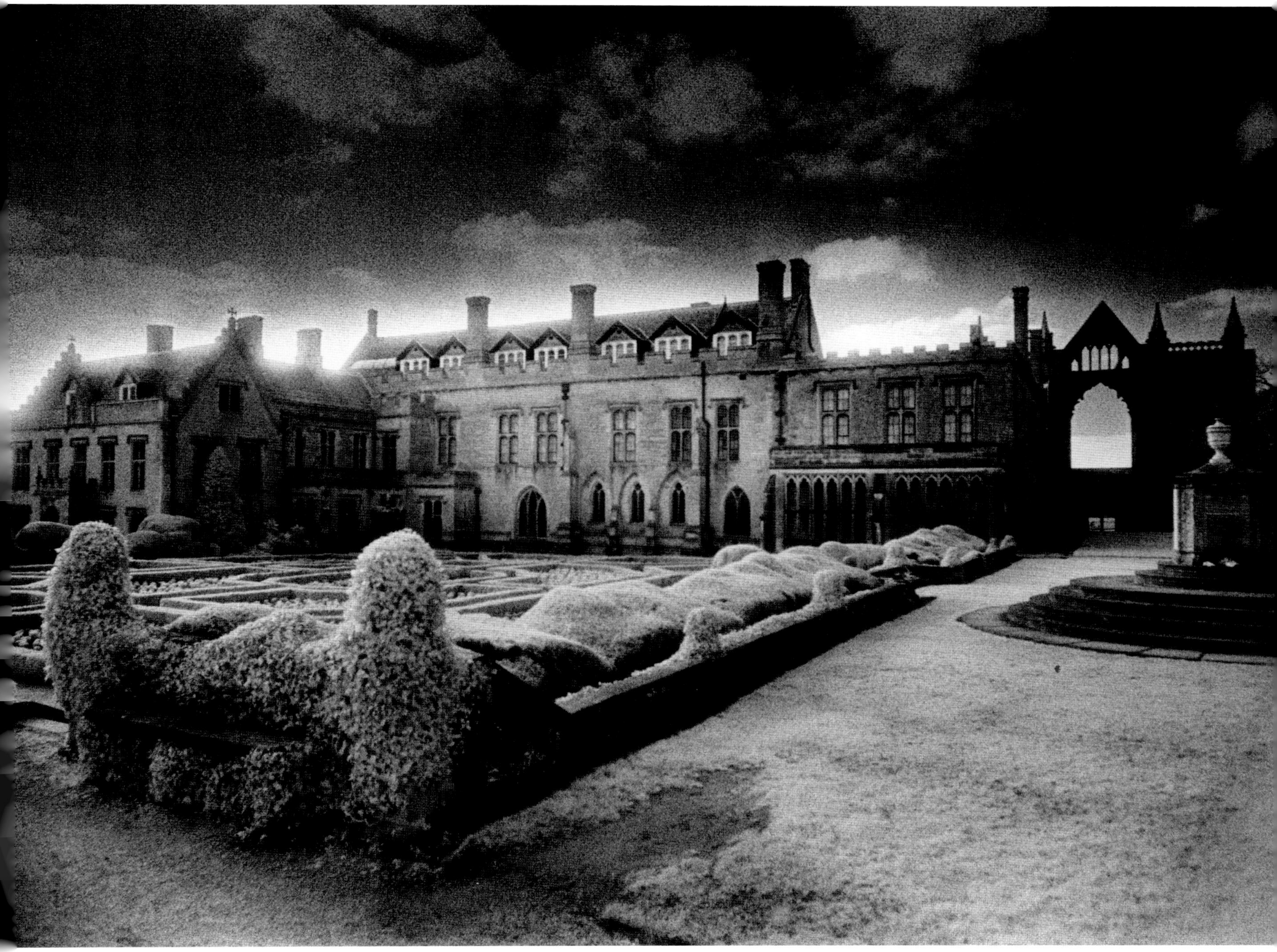

Erbost über die Hochzeit seines Sohnes, ließ der Baron später Haus und Anwesen verfallen, um das Erbe zu entwerten. Es hieß, er habe seine letzten Jahre im Küchentrakt verbracht, umgeben nur von einem Schwarm von Grillen, die er beim Namen nannte. Der Sage nach flogen sie 1798 in seiner Todesnacht aus dem Haus und kehrten nie mehr zurück.

Sowohl der Sohn als auch der Enkel des alten Barons waren bereits tot, als das verfallene Anwesen und der Titel an den zehnjährigen George Gordon fielen. Byron bezog das Schloss kurz vor seinem 25. Geburtstag, direkt nach seinem Abschluss in Cambridge. Die verfallenen gotischen Hallen und schaurigen Kreuzgänge regten seine romantische und dekadente Fantasie an:

Newstead! Welch traurig' Anblick bietest du mir,
Dein gähnend' Gewölb geweiht dem Verfall;
Der edlen Linie letzt' und jüngster hier,
er wacht nun über deiner Türme Zerfall.
Lord Byron, »Elegie auf Newstead Abbey«

Trotz seines angeborenen Klumpfußes war Byron ein gut aussehender Mann. Bald pflegte er einen exzentrischen Lebenswandel und litt ständig unter Geldmangel. Dennoch ließ er die einstigen Gemächer des Priors, in denen es angeblich spukte, zu einem grandiosen Schlafzimmer umbauen, in dem er seinen Liebesabenteuern frönte. Seine Geliebte Lady Caroline Lamb bezeichnete ihn als eine »verrückte, böse und gefährliche« Bekanntschaft. Er teilte das zum größten Teil dachlose Haus mit einer bizarren Mischung von Haustieren, darunter einem zahmen Bären und einem Wolf. Als einer der Gärtner in der Abtei einen menschlichen Schädel entdeckte, ließ Byron diesen in London versilbern, um ihn bei seinen Abendgesell-

OBEN *George Gordon, 6. Lord Byron (1788–1824)*
RECHTE SEITE *Skulptur, Newstead Abbey, Nottinghamshire, England*

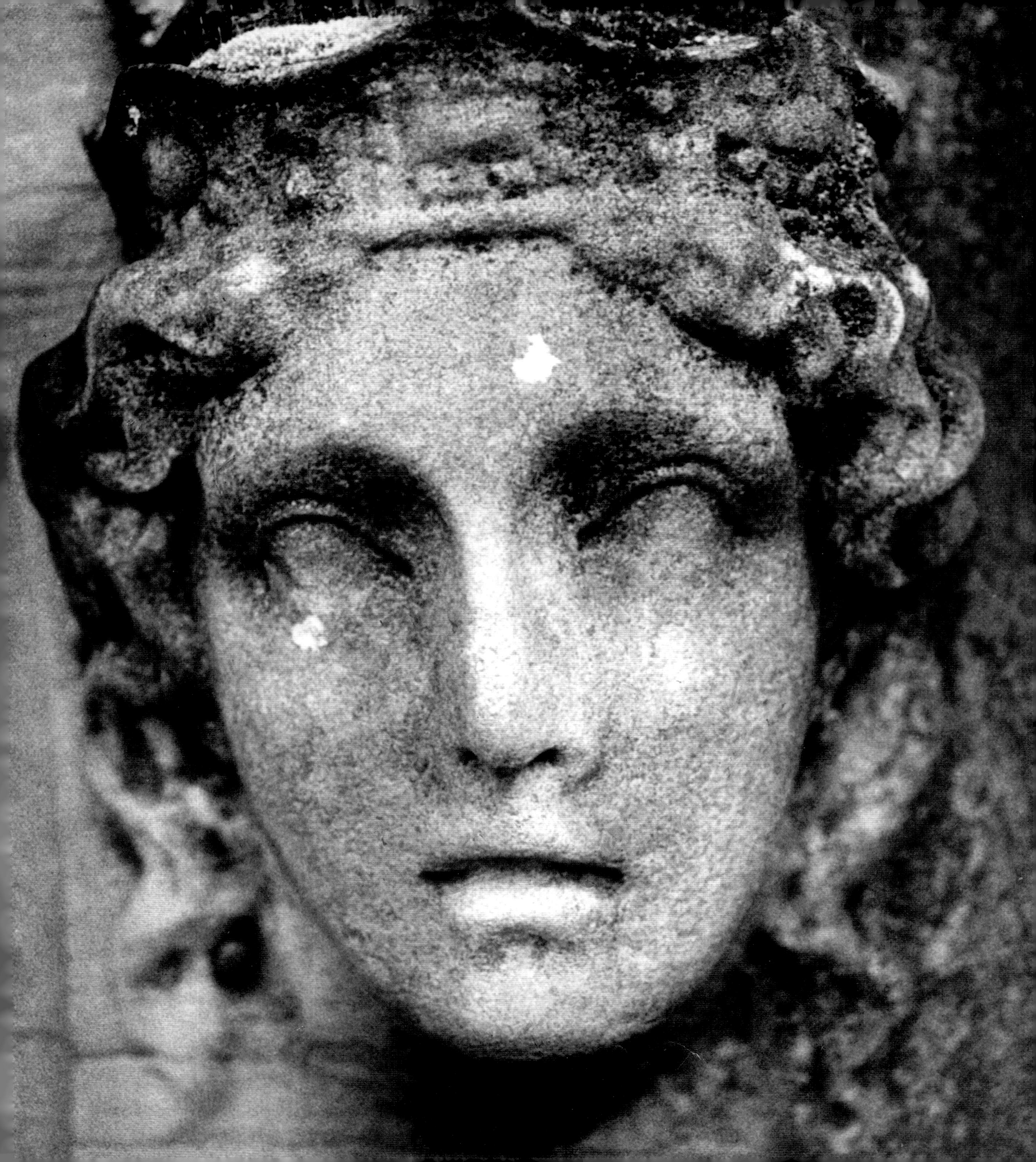

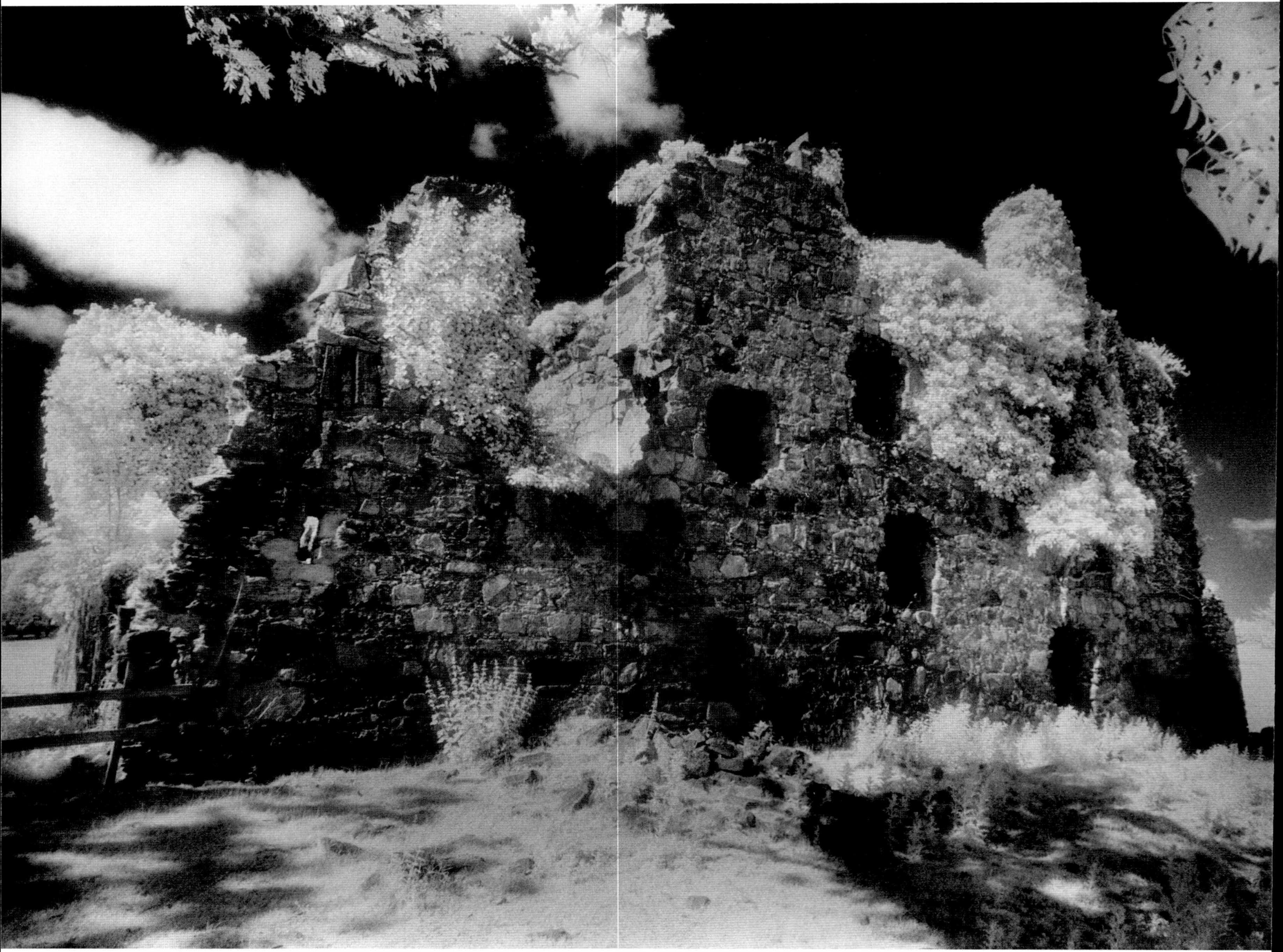

schaften als Trinkgefäß zu verwenden. Doch seine finanziellen Verhältnisse besserten sich nicht und so verließ er 1814 Newstead, ging nach Italien und kehrte erst kurz vor seinem Tod 1824 in seine Heimat zurück. ❖ Byrons in Kindertagen gewecktes Interesse am Übernatürlichen verließ ihn nie, und es heißt, er sei 1809 während seiner Reise durch einige Mittelmeerländer zum ersten Mal mit der Vampirsage in Berührung gekommen. Sie inspirierten ihn zu seinem Gedicht »Der Giaur«:

> *Doch früher␣sprenge – ein Vampyr*
> *Als Leichnam deines Grabes Thür',*
> *Wohn' gräßlich dann im eig'nen Haus,*
> *Und saug' das Blut der Deinen aus,*
> *Dass so bei Tochter, Schwester, Weib*
> *Der Lebensstrom versiegt im Leib.*
> *Dir ekle vor dem Mahle; doch*
> *Dein Leichenleben frist' es noch*
> *Bis, eh' die Opfer ganz vergeh'n,*
> *Im Dämon sie den Vater seh'n,*
> *Dir fluchen, und von dir verflucht*
> *Am Stamm verdorren – Blüte, Frucht.*

Er selbst bemerkt dazu:

Der Vampyr-Aberglaube ist noch verbreitet in der Levante. Der ehrliche Tournefort erzählt eine lange Geschichte über diese »Broukolochas«, wie er sie nennt. Die romanische Bezeichnung ist »Bardoulacho«. Ich erinnere mich an eine ganze Familie, die, durch das Gekreisch eines Kindes erschreckt, glaubte, dass dies von einem solchen Besuche herrühren müsse. Die Griechen erwähnen dies Wort nie ohne Schauder. Die Frische des Angesichts und das Triefen der Lippe von Blut sind die nie trügenden Kennzeichen eines Vampyrs. Die Geschichten, welche man in Ungarn und Griechenland von diesen scheußlichen Fressern erzählt, sind sehr seltsam, und einige davon höchst unglaublich bescheinigt.

Im April 1819 erschien eine Schauergeschichte im *New Monthly Magazine* mit dem Titel *Der Vampyr*. Der Autor blieb zwar anonym, aber viele glaubten, dass sie von oder über Byron geschrieben wurde. Mit der Figur des Lord Ruthven, des aristokratischen Vampirs, war ein Typus gefunden, der die Literatur für lange Zeit geprägt hat. Byron wies zwar jeden Zusammenhang mit seiner Person zurück, aber die nächste Ausgabe der Zeitschrift enthielt den Brief eines gewissen Dr. John Polidori, der 1816 während Byrons Reisen durch Europa dessen Arzt gewesen war. Er habe diese Geschichte geschrieben, und die Figur des Lord Ruthven beruhe auf seiner persönlichen Kenntnis des Dichters. ❖ Der Ursprung der Geschichte kann zur Villa Diodati am Ufer des Genfer Sees zurückverfolgt werden, wo Polidori, Byron, Percy Bysshe Shelley, Mary Godwin (spätere Shelley) sowie Marys Stiefschwester Claire Clairmont einen skandalumwitterten Sommer verbrachten. Unter dem Einfluss von Alkohol und Opium

Linke Seite *Gight Castle, Aberdeenshire, Schottland*
Folgende Doppelseite *Interieur aus der Newstead Abbey, Nottinghamshire, England*

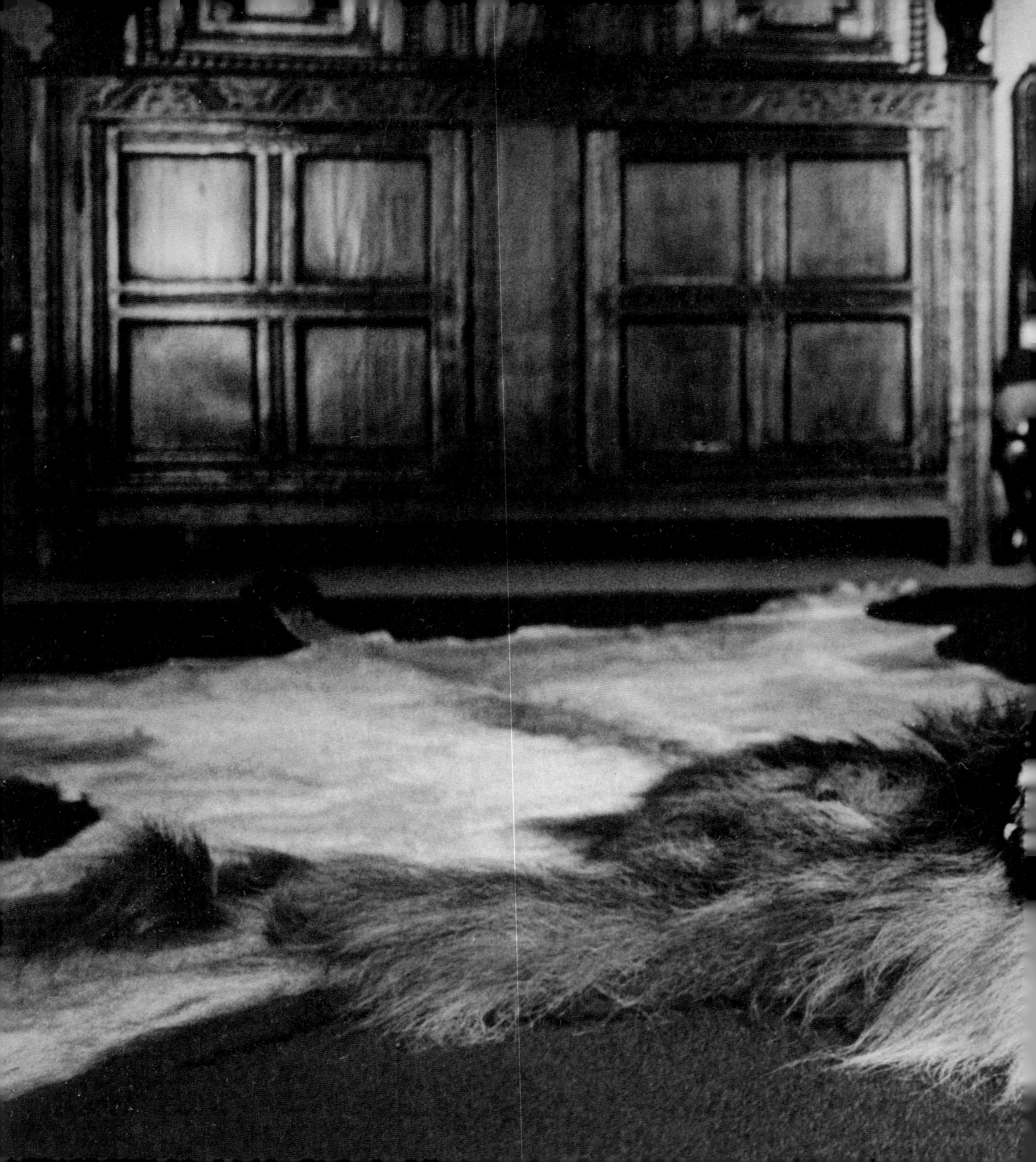

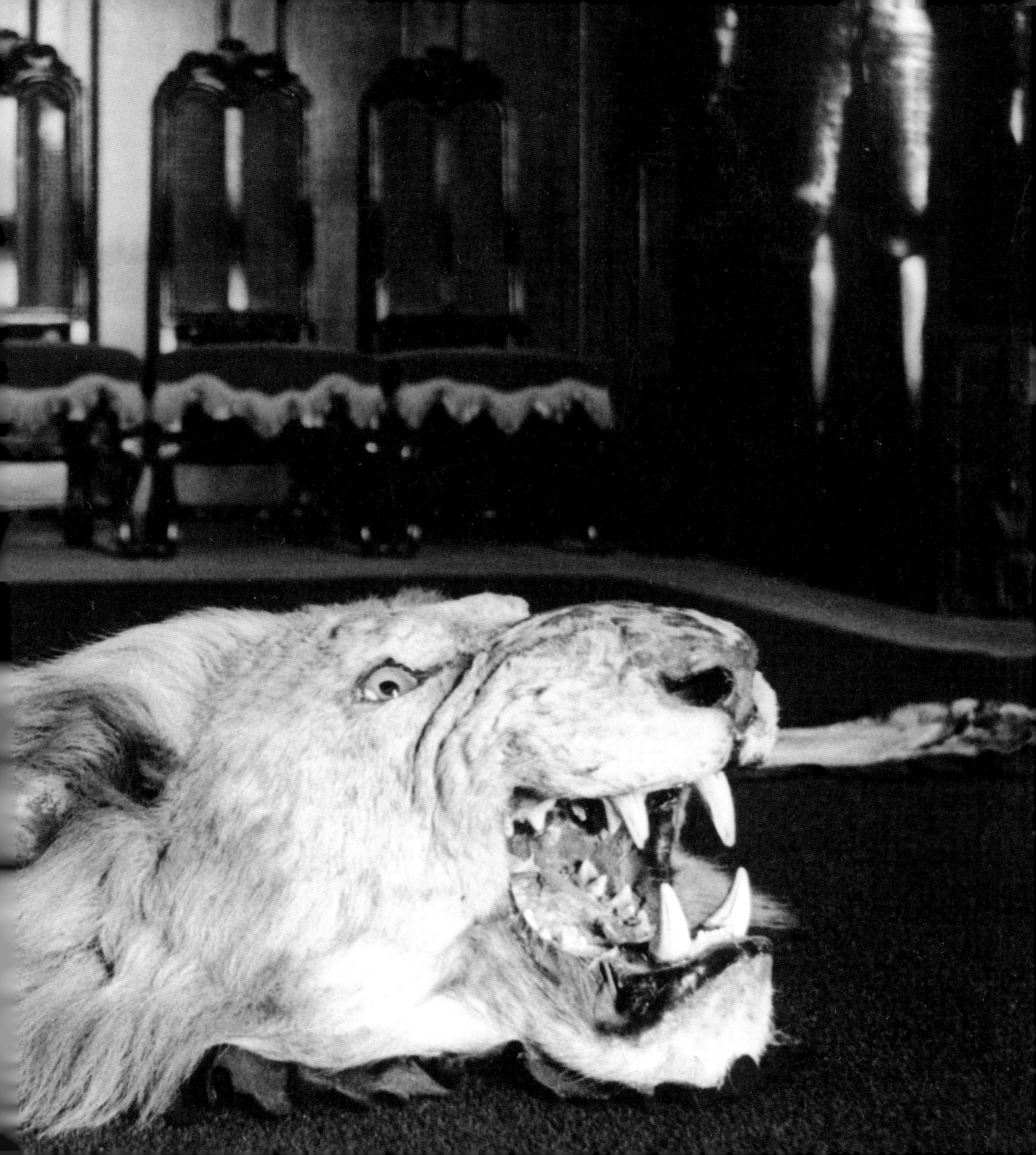

verbrachten sie ihre Zeit damit, sich aus deutschen Geistergeschichten vorzulesen, und es war bekanntermaßen Byron selbst, der die Anwesenden dazu aufforderte, Gruselgeschichten zu schreiben, die noch Generationen das Fürchten lehren sollten. Shelley und Byron vollendeten ihre Geschichten nie, Mary hingegen dachte sich *Frankenstein* aus. Polidori, der sich später mit Byron überwarf, soll Teile von dessen Werk als Grundlage für *Der Vampyr* verwendet haben. Byron konnte dieser unwillkommenen Assoziation mit der Geschichte des Arztes sowie dem Verdacht, selbst ein »Untoter« zu sein, nie ganz entkommen. Die umstrittene Geschichte jedoch war ein Erfolg.

Byron verbrachte seine letzten Tage in Griechenland. Im Frühjahr 1824 starb er am Fieber. Die Griechen, die den englischen Lord als Helden verehrten, waren tief betrübt und setzten Staatstrauer an. Byrons Leichnam wurde per Schiff nach England gebracht, doch Herz und Lungen blieben in Griechenland. Die Nachricht von seinem Tod erschütterte London, doch blieb ihm ein Grab in Westminster Abbey wegen seines schlechten Rufes versagt. Der 500 Meter lange Trauerzug bewegte sich von der Hauptstadt über Nottingham zur Familiengruft nach Hucknall. Tausende erschienen, um ihm die letzte Ehre zu erweisen. Im Laufe der Zeit wuchs der Kult um Byron – ebenso wie die Gerüchte um seinen Tod. Viele glaubten, dass sein Leichnam nicht in der Familiengruft von Hucknall lag, und manche wähnten ihn gar noch am Leben. Um den Gerüchten ein Ende zu bereiten, erwirkte 1938 der Vikar der Kirche von Hucknall, Reverend Barker, die Genehmigung des Innenministeriums, das Grab zu öffnen. Um Aufsehen zu vermeiden, geschah dies heimlich im Beisein eines ausgewählten Kreises aus etwa 40 Leuten, darunter ein Gutachter, ein Arzt, ein Historiker, Kirchenbeamte und örtliche Honoratioren. Der Vikar berichtete:

Ehrfürchtig, sehr ehrfürchtig öffnete ich den Deckel, und vor meinen Augen lag der balsamierte Leichnam Byrons, in ebenso gutem Zustand wie vor 114 Jahren, als man ihn in diesen Sarg legte. Seine Gesichtszüge und sein Haar glichen ganz den Porträts, die ich so gut kannte …

Als man den Sarg untersuchte, stellte man fest, dass er nicht das erste Mal geöffnet worden war; denn das Bleigehäuse war beschädigt. Die letzten Worte zu diesem fortwährenden Geheimnis soll daher Byron selbst haben:

Wenn ich ausführlich die wahren Gründe erklären könnte, die dazu beigetragen haben, meine vielleicht natürliche Veranlagung zu steigern – die Melancholie, die mir zum Beinamen wurde – niemand wäre erstaunt – doch dies ist unmöglich, ohne Unheil anzurichten – ich weiß nicht, wie das Leben anderer Männer verlaufen ist – aber ich kann nichts Fremderes als meine eigene Vergangenheit wahrnehmen – ich habe meine Memoiren geschrieben – aber alle folgerichtigen und wichtigen Teile weggelassen – mit Rücksicht auf die Toten und die Lebenden und denjenigen, die beides sein müssen.

»Detached Thoughts«, aus Byrons Tagebuch (1821–1822)

RECHTE SEITE *Lord Byrons Tod in Missolunghi von Joseph-Deris Odevaere*

ΕΛΕΥΘΕΡΙΑ

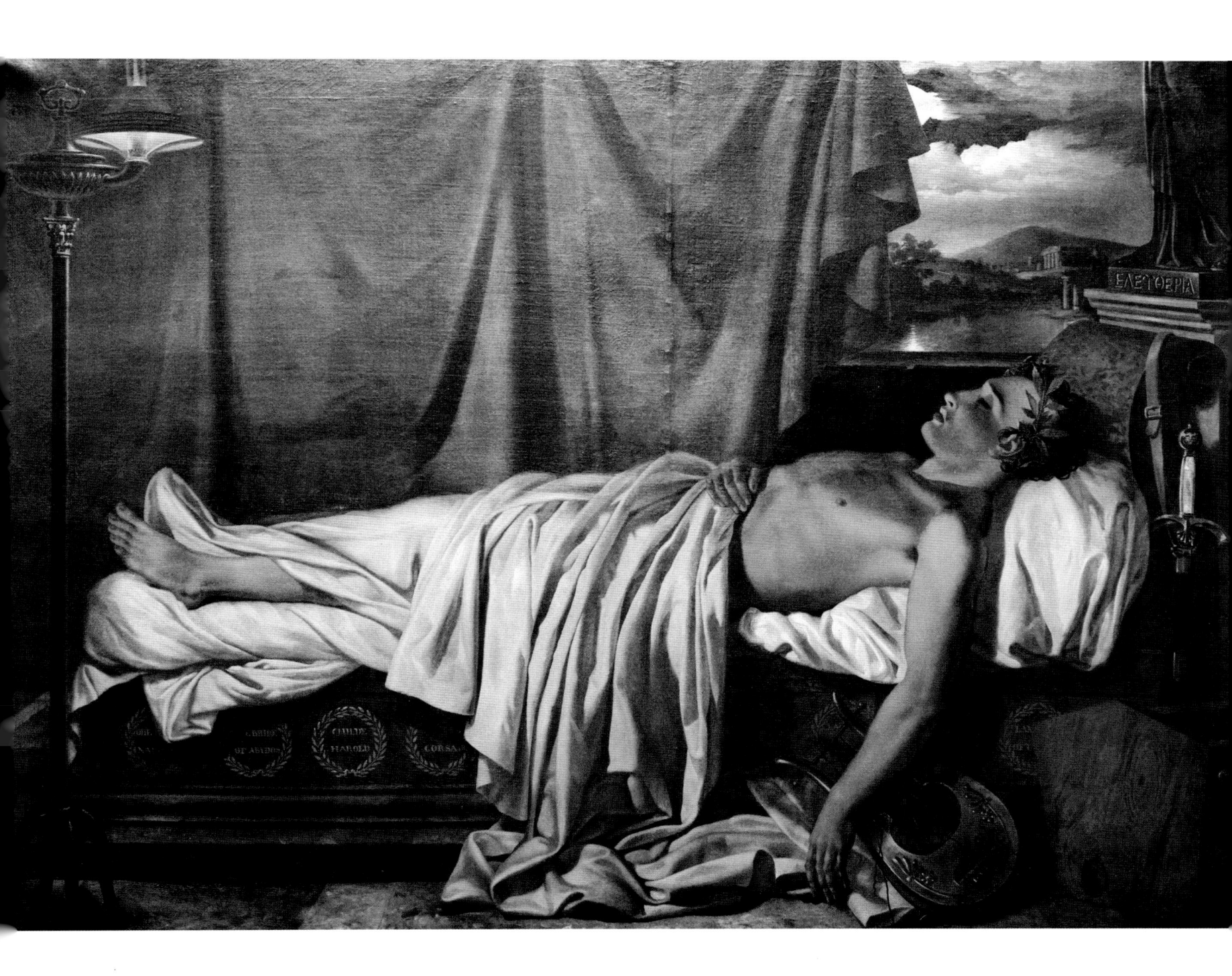

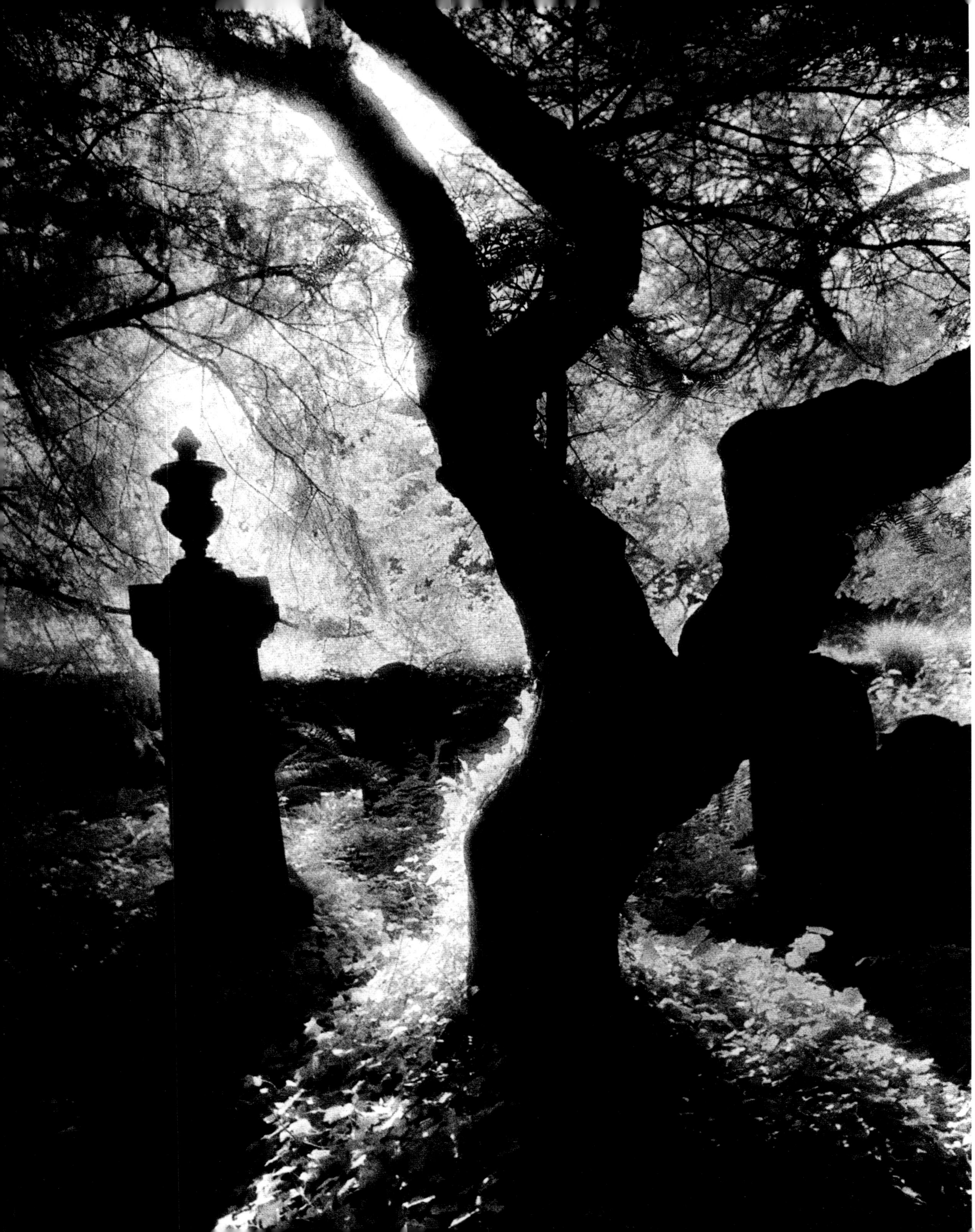

Der Vampir und seine Verwandten

Montague Summers (1880–1948)

Zu den allerdunkelsten Seiten unheilvoller, übernatürlicher Kräfte zählt wohl keine schrecklichere als die des Vampirs, der selbst unter den Dämonen ein Aussätziger ist. Widerlich sind seine Taten; schauerlich und barbarisch sind auch die alten und anerkannten Methoden, mit denen sich die Menschen von dieser abscheulichen Plage befreien. In gewissen Regionen, in den entlegeneren Gebieten Europas – in Transsilvanien, Slawonien, den griechischen Inseln und Bergen – nehmen die Bauern selbst heute noch das Gesetz in die eigene Hand und zerstören völlig den Leichnam, der – so der feste Glaube – des Nachts seinem ungeweihten Grab entsteigt und das ganze Land mit seinem Vampirismus infiziert. Der Assyrer kannte den Vampir schon lange, und er lauerte schon inmitten der Urwälder Mexikos, bevor Cortes kam. Er wird gefürchtet von Chinesen, Indern und Malaien. Der Araber erzählt Geschichten von Ghuls, die auf unglückseligen Grabstätten und einsamen Wegen spuken, um den unglückseligen Reisenden anzugreifen und zu verschlingen.
Aus der Einleitung zu The Vampire, His Kith and Kin.

Wer sich näher mit der Geschichte der Vampire und des Vampirismus beschäftigt, stösst unweigerlich auf das Werk von Montague Summers, den exzentrischen Autor okkulter Geschichten des frühen 20. Jahrhunderts. Er wurde in Bristol als Sohn wohlhabender Eltern geboren.

Die Religion spielte stets eine große, wenn auch häufig umstrittene Rolle in seinem Leben. Er konvertierte zum Katholizismus, fügte seiner Namensliste »Alphonsus Joseph-Mary« hinzu und behauptete, ein ordinierter Priester zu sein, obwohl sein Name nie in der Klerikerliste auftauchte. Sein Gewand war das eines Geistlichen aus dem 18. Jahrhundert. Er trug lange, weite Umhänge und hatte meistens einen Stock mit einem silbernen Knauf bei sich. Die meisten Leute hielten ihn für einen höflichen, großzügigen und intelligenten Mann; manche fanden ihn jedoch unheimlich, und sein großes okkultes Wissen beunruhigte sie. Er war ein Freund des Satanisten Aleister Crowley, und zu seinen zahlreichen Werken zählen Abhandlungen über Hexerei, Werwölfe und Vampire. Alle wurden in der Form akademischer Studien verfasst – mit Fußnoten und Quellenangaben seltener Dokumente.

1948 starb Summers unerwartet. Auf seinem Grabstein steht zu lesen ERZÄHL MIR WUNDERSAMES.

Man könnte sich nun fragen, wie ein Mensch zu einem Vampir wird. Die Gründe, aus denen manche Menschen für diesen teuflischen Zustand empfänglich sein sollen, werden hier fein säuberlich aufgeführt. Da die Tradition doch größtenteils slawonisch und griechisch ist, könnte man meinen, dass viele dieser Ursachen eher Osteuropa zugeordnet werden und weniger an anderen Orten vorherrschen. ❖ *Der Vampir lebt ein Leben jenseits der gewöhnlichen Sterblichkeit und von zügelloser Niedertracht. Ein Mann mit widerlichem, abstoßendem und egoistischem Verlangen, mit bösen Absichten und sich an Grausamkeit und Blut ergötzend. Arthur Machen hat sehr scharfsinnig angemerkt, dass »Hexerei und heilige Ideale die einzige Wirklichkeit sind. Sie sind jede für sich ein Rausch und ein Rückzug aus dem tatsächlichen*

Linke Seite *Friedhof von Nevern, Pembrokeshire, Wales*

Leben.« Die geistliche Welt kann nicht auf das überaus Gute begrenzt sein, denn die überaus Schlechten haben hier zwangsläufig ihren Anteil. Der einfache Mensch kann nicht länger weder ein großer Sünder noch ein großer Heiliger sein. Viele von uns sind einfach gleichgültige, verwirrte Kreaturen; wir wursteln uns durch die Welt, ohne die Bedeutung und den inneren Sinn der Dinge zu erkennen. Daher sind unsere böse und unsere gute Seite zweitrangig, unwichtig ... der Heilige will eine Gabe entdecken, die er verloren hat, der Sünder will etwas erlangen, das nie das Seine war. Kurzum er wiederholt den Sündenfall ... es ist nicht der bloße Lügner, der durch diese Worte ausgeschlossen wird; es sind vor allem die »Hexer«, die das Körperliche verwenden, die die mit dem Körperlichen verbundenen Verfehlungen für ihre verruchten Ziele missbrauchen. Das will ich euch noch sagen: Unsere höheren Sinne sind so abgestumpft, wir sind so vom Materiellen durchdrungen, dass wir wahrscheinlich das wahrhaft Böse nicht erkennen, wenn wir ihm begegnen.

Aus Kapitel II, *Die Generation der Vampire*

OBEN *Reverend Augustus Montague Summers*
RECHTE SEITE *Skulptur aus Toddington Manor, Gloucestershire, England*

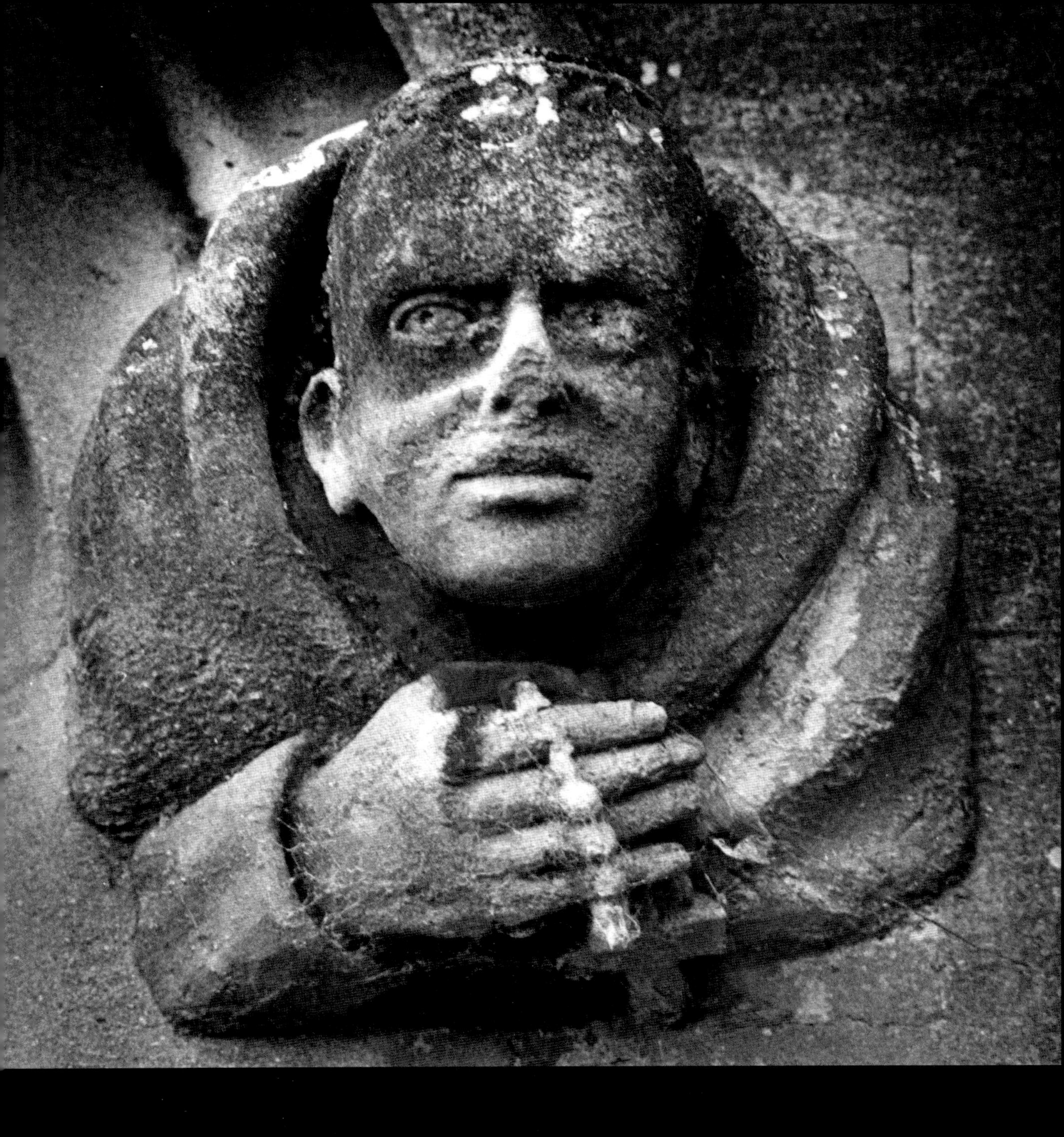

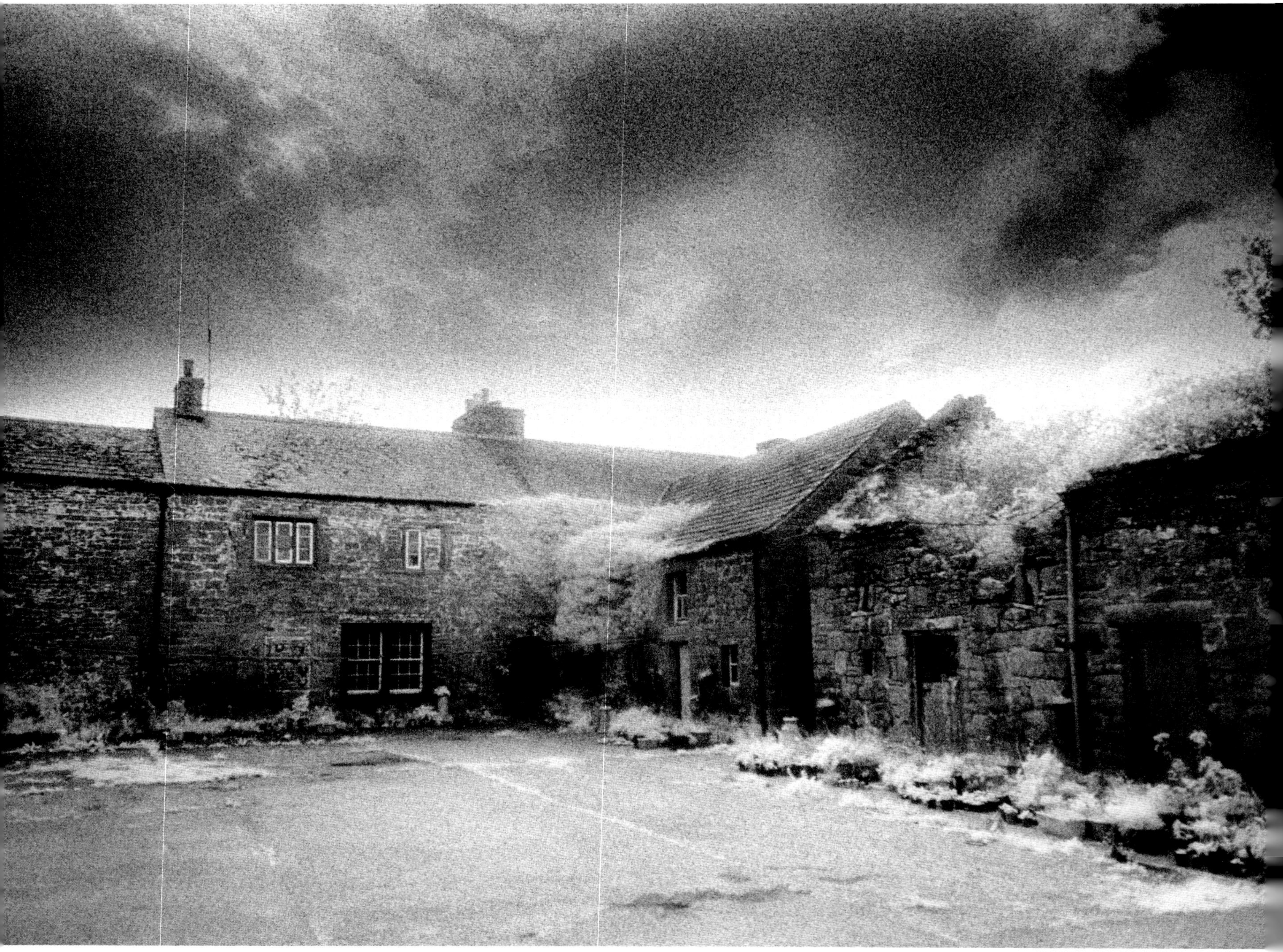

Der Vampir von Croglin Grange

Croglin Low Hall, Kirkoswald, Cumbria

Augustus Hare (1834–1903) beschreibt in seinen Memoiren, In My Solitary Life, sehr anschaulich den Angriff eines Vampirs. Der Schriftsteller und Erzähler berichtete, dass ihm ein gewisser Captain Fisher diese Geschichte erzählt habe.

Dessen Vorfahren besaßen im 17. Jahrhundert das Anwesen Croglin Grange in Cumbria. Die Familie beschloss für die Dauer ihres Aufenthalts in Südengland, es an zwei Brüder und eine Schwester zu vermieten. Das Folgende ist ein Auszug aus Hares Memoiren:

Sie begaben sich alle zur Nachtruhe in ihre Schlafzimmer im Erdgeschoss (denn es gab, wie gesagt, in diesem Haus kein weiteres Stockwerk) und die Schwester konnte aufgrund der Hitze nicht einschlafen. Sie hatte das Fenster, nicht aber die Läden geschlossen, denn dies war an diesem sehr ruhigen Ort nicht notwendig. Von ihrem Bett aus ergötzte sie sich an der wundervollen Schönheit jener Sommernacht. Plötzlich bemerkte sie zwei Lichter – zwei Lichter, die zwischen den Bäumen an der benachbarten Friedhofsmauer aufflackerten. Als sie genauer hinschaute, sah sie, wie diese als Teil einer dunklen Masse, eines wahrhaft geisterhaften Etwas, aufstiegen, immer näher kamen und dabei an Größe und Gestalt gewannen. Immer wieder verlor es sich in den langen Schatten, die die Bäume auf den Rasen warfen, um dann nur noch größer wieder hervorzutreten und näher zu kommen. Bei diesem Anblick ergriff sie ein gänzlich unbeherrschbares Entsetzen. Sie wollte entkommen, doch die Tür befand sich in Fensternähe und war zudem von innen verschlossen. Beim Aufsperren müsste sie dem unheimlichen Wesen einen Augenblick lang nahe sein. Sie wollte schreien, doch die Stimme versagte ihr und die Zunge klebte ihr am Gaumen. ❈ Plötzlich – sie konnte danach nie erklären, warum – schien sich das schreckliche Etwas abzuwenden, als ginge es ums Haus herum und käme nicht zu ihr; sofort sprang sie aus dem Bett und lief zur Tür, doch als sie diese aufsperrte, vernahm sie ein stetes Kratzen am Fenster. Sie war beruhigt, da sie das Fenster sicher von innen verschlossen wusste. Plötzlich ließ das Kratzen nach und es war ein Picken zu hören. In ihrer Todesangst bemerkte sie, dass die Kreatur das Fensterblei weghackte! Das Geräusch hielt an, eine Scheibe löste sich und fiel ins Zimmer. Ein langer, knochiger Finger öffnete den Fensterriegel, das Fenster sprang auf, und das Wesen stand im Zimmer. Ihre Angst war so groß, dass sie nicht zu schreien vermochte, als es auf ihr Bett zukam. Es zerrte mit seinen Spinnenfingern an ihren Haaren und bog ihren Kopf über das Bettgestell, um sie heftig in die Kehle zu beißen. ❈ Durch den Biss erlangte sie ihre Stimme wieder und sie schrie aus Leibeskräften. Ihre Brüder wollten ihr zu Hilfe kommen, doch die Tür war von innen verriegelt. Sie mussten erst einen Schürhaken holen und sich damit Zugang verschaffen. Das Wesen war bereits durch das Fenster geflohen, und die Schwester, die stark aus der Wunde am Hals blutete, lag bewusstlos im Bett. Einer der Brüder verfolgte das Wesen, das vor ihm mit Riesenschritten durch das Mondlicht floh und sich hinter der Friedhofsmauer aufzulösen schien.

Dies ist vielleicht die bekannteste, angeblich auf Tatsachen basierende Vampirgeschichte Großbritanniens, und auch wenn sie offensichtlich von Fisher und Hare (wie viele Geistergeschichten auch) ausgeschmückt wurde, soll doch

Linke Seite *Croglin Low Hall, Kirkoswald, Cumbria, England*

ein Quentchen Wahrheit darin stecken. ❖ Ich besuchte den kleinen Ort Croglin an einem schönen Herbsttag und fragte im Gasthaus nach dem Weg nach Croglin Grange. »Diesen Ort gibt es hier nicht«, sagte der Wirt. »Suchen Sie etwa nach Vampiren?« Und bevor ich antworten konnte, fügte er hinzu: »Dann wollen Sie nach Croglin Low Hall.« Er erklärte mir, dass es zwei große Bauernhöfe gab – einer war Croglin Low Hall, der andere Croglin High Hall. Die Vampirlegende geistert um Croglin Low Hall. ❖ Ich folgte seiner Wegbeschreibung, doch bald musste ich erneut nachfragen – das Haus ist schwer zu finden, denn es liegt in einem schönen, aber entlegenen Tal, in dem man sich wie im Jenseits fühlt. Als ich es endlich fand, fuhr ich auf einer von Bäumen gesäumten Auffahrt durch einen Torbogen in einen großen, gepflasterten Innenhof. Das lang gestreckte, niedrige Anwesen war zweifellos sehr alt. Ich konnte die Überreste eines Wehrturmes erkennen, was auf eine frühere Befestigung hindeutete. ❖ Ich wurde von einem großen, freundlichen Hund, dann von einer Frau mittleren Alters und schließlich von einem großen, stämmigen Mann begrüßt, die mein Auto umrundeten. Als ich ausstieg, stellten sie sich als Mr. und Mrs. Watson – die Besitzer – vor, und ich erfuhr, dass Mr. Watson schon seit seiner Geburt auf Croglin Low Hall lebte. Ich erklärte ihnen, dass ich an der Vampirgeschichte interessiert sei. Sie bezweifelten jedoch deren Glaubwürdigkeit, da sie nie etwas Derartiges erlebt hätten. Mrs. Watson vermutete, dass Captain Fisher wohl sehr betrunken gewesen sein müsse, als er Hare die Geschichte erzählt habe. Als sie dann veröffentlicht wurde,

Oben *Das zugemauerte Fenster in Croglin Low Hall, Kirkoswald, Cumbria, England*
Rechte Seite *Allerheiligenkirche, Renwick, Cumbria, England*

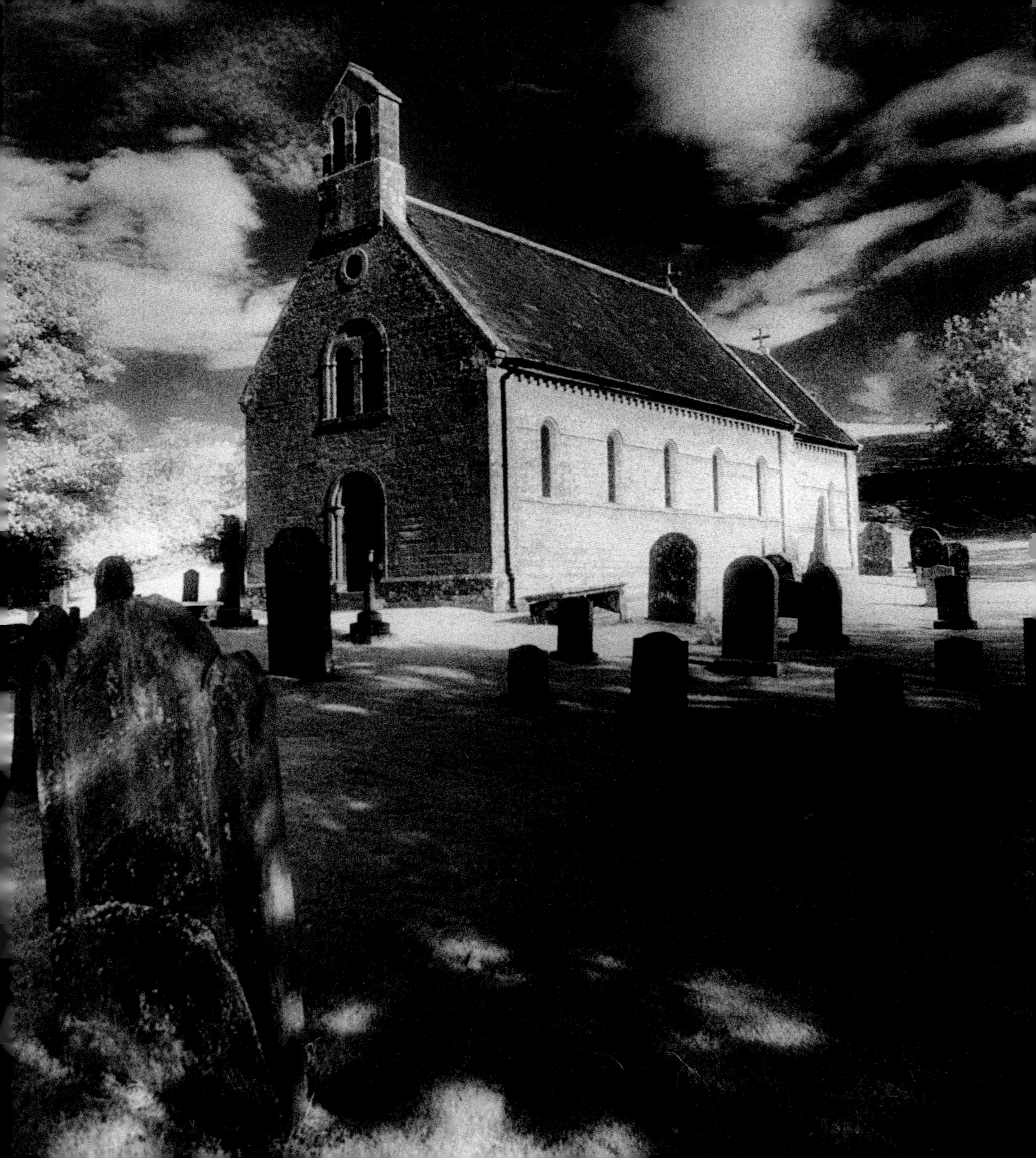

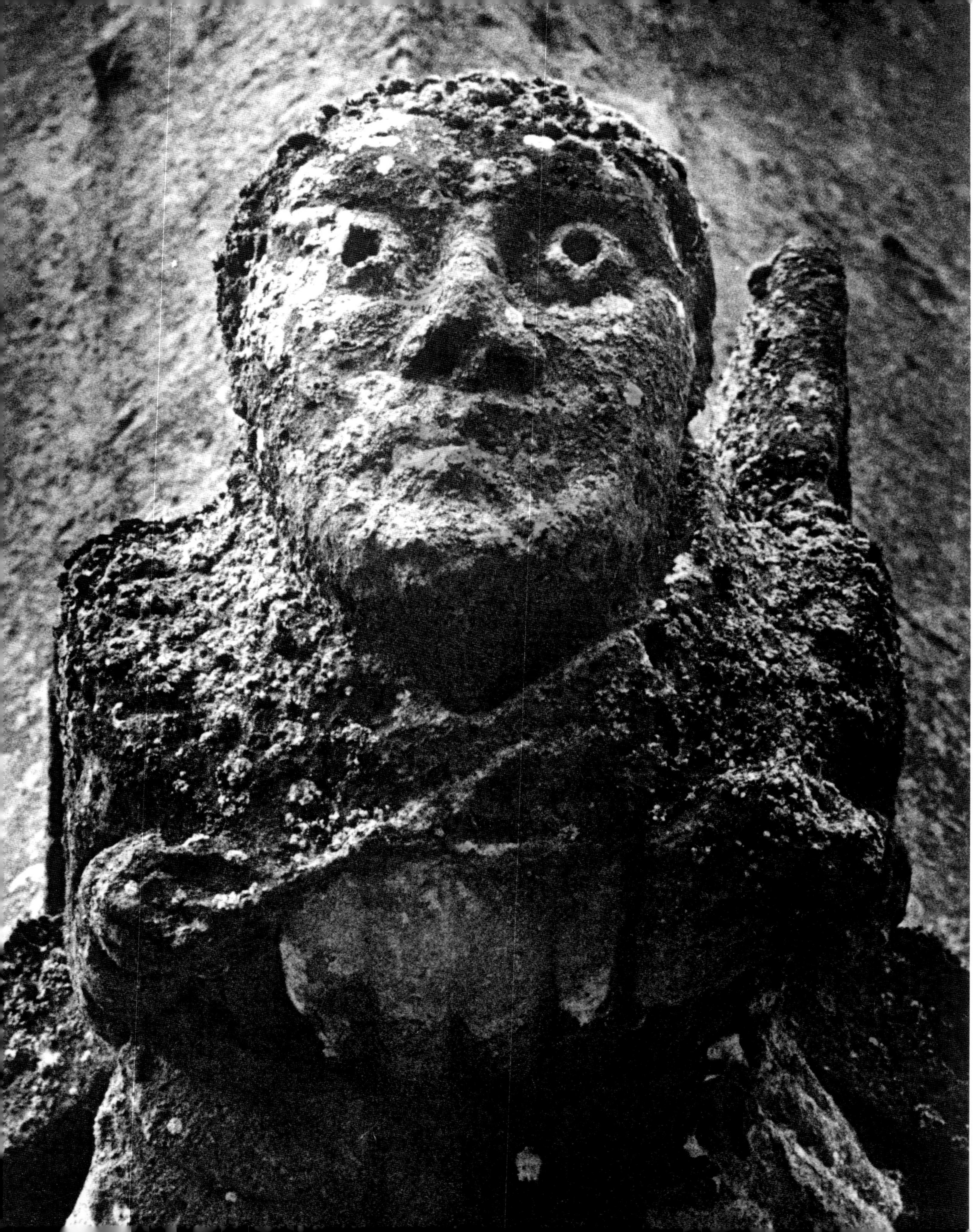

schämte er sich so, dass er Selbstmord beging, vor allem weil seine Schwester sich mit Hare vermählen wollte. Mrs. Watson wusste auch, dass das Haus ursprünglich von einer Familie de Croglin erbaut worden sei und der Vater ihres Mannes es von einer gewissen Dorothy Parkins gekauft habe, die übernatürlichen Dingen sehr zugetan war. Beide legten großen Wert darauf, dass das Anwesen nie Croglin Grange genannt worden sei. ❖ Mr. Watson erzählte gerade, dass das Gebäude aus dem 16. Jahrhundert stamme und als Bauwerk von nationaler kultureller Bedeutung eingestuft worden sei, als ein alter, klappriger Lastwagen durch das Tor fuhr, der den Geruch von Aas verströmte. »Fragen Sie lieber nicht, was da drin ist«, riet mir Mrs. Watson. Ich fragte sie nach der Kirche in der Geschichte, aber beide erklärten, dass nie eine solche so nah beim Haus gestanden habe; die Kirche von Croglin könne es auch nicht gewesen sein, da diese mehr als einen Kilometer entfernt läge. Mr. Watson ging über den Hof zu dem Laster und seine Frau bot mir an, ihre Autos vor dem Haus wegzufahren, damit ich ein besseres Foto machen konnte. Sie zeigte mir noch das Fenster zu dem Zimmer, in dem der Vampir sein Opfer angegriffen haben soll. Heute sei es zugemauert, aber nicht aus diesem Grund, sondern aufgrund der späteren »Fenstersteuer«. Als ich ihr dankte und mich verabschiedete, schlug sie vor, dass ich die nahe gelegene Kirche von Renwick besuchen solle. Der Legende nach hätte dort im 18. Jahrhundert eine blutsaugende Fledermaus – oder ein Basilisk – die Gegend terrorisiert, bis ein Ortsansässiger sie tötete. ❖ Am nächsten Morgen suchte ich auf der Homepage der English Heritage nach Croglin Low Hall. Überraschenderweise hieß es dort, dass es in der Nähe des Hauses eine Kapelle gegeben habe und obwohl diese im 19. Jahrhundert zerstört worden sei, das Feld immer noch als »Kirchenfeld« bekannt sei. Neugierig besuchte ich eine weitere Website, die bestätigte, dass das Haus bis 1720 Croglin Grange genannt woden sei. Die Vampirangriffe fanden angeblich zwischen 1680 und 1690 statt. Was auch immer die Wahrheit war – ich hatte das dumpfe Gefühl, dass ich in eine Welt hineingezogen wurde, die man lieber ruhen ließ.

LINKE SEITE *Wasserspeier an der St. Peter's Church, Winchcombe, Gloucestershire, England*

{ # Der Horror steigt herab

Whitby, North Yorkshire, England

Der Scheinwerfer verfolgte das Schiff, und ein Schaudern ergriff alle Umstehenden. Am Ruder war ein Leichnam festgebunden, der bei jeder Bewegung des Schiffes hin und her schwankte. Ansonsten schien niemand an Deck zu sein. Als ihnen klar wurde, dass das Schiff wie durch ein Wunder von eines toten Mannes Hand in den Hafen gesteuert worden war, überkam sie ein grausiges Entsetzen. ... Doch als das Schiff anlandete, sprang plötzlich ein riesiger schwarzer Hund aus dem Schiffsinneren an Deck, lief nach vorne, sprang vom Bug hinunter in den Sand. Er lief direkt auf die steile Klippe zu, wo der Friedhof über den Weg zum East Pier so steil hinüberragt, dass einige der flachen Grabsteine tatsächlich dort hervorstehen, wo die Klippe weggebrochen ist. Dann verschwand er in der Nacht ...

Auszug aus *The Dailygraph*, Whitby, 8. August (veröffentlicht in Mina Murrays Tagebuch), *Dracula*, Bram Stoker (1847–1912)

VAMPIRE KÖNNEN SICH IN VIELE VERSCHIEDENE KREATUREN VERWANDELN. STOKER HATTE DIESEM ALTEN FISCHERDORF AN DER WINDGEPEITSCHTEN KÜSTE NORDENGLANDS ZAHLREICHE BESUCHE ABGESTATTET.

Dies inspirierte ihn dazu, die Ankunft des transsilvanischen Grafen Dracula in Whitby in Gestalt eines Hundes zu schildern. An den Sommerabenden kletterte er die 199 Stufen zur Klippe hinauf und saß dort stundenlang auf dem alten Friedhof unter den Ruinen der schaurigen gotischen Abtei. Hier beobachtete er die Fledermäuse, wie sie in der Dämmerung um die dunklen Grabsteine flatterten, und es entstand in seiner blühenden Fantasie die wohl gruseligste aller Horrorgeschichten. ❖ Ich habe Whitby in den letzten dreißig Jahren mehrfach besucht und fotografiert, und jedes Mal hat mich der geheimnisvolle, übernatürliche Charme fasziniert. Von der Zeit fast unberührt werden die Dickens'schen Häuser und engen Gassen von der bedrohlichen Silhouette der Abtei auf dem Hügel überschattet. Eine übernatürliche Aura scheint in jedem alten Stein zu stecken. Hier gibt es unzählige Geistergeschichten, so die von der heiligen Hilda, der Tochter der Abteibegründerin, die selbst Äbtissin war und des Nachts oft in ihrem Leichenhemd an einem der Abteifenster zu sehen sein soll. Oder die Sage von der alten Kutsche, die von vier kopflosen Pferden gezogen wird. Am Rand der Klippe galoppieren sie entlang, bevor sie in die dunklen Fluten stürzen. Aber es ist der dunkle Schatten von Stokers Vampir, der allgegenwärtig ist und nicht nur durch die Abtei, den Friedhof und die Gassen spukt, sondern auch in den Köpfen derjenigen, die sie besuchen und die in der alten Hafenstadt leben: Die Fantasie eines Mannes hat die ganze Welt in Schrecken versetzt.

RECHTE SEITE *Whitby Abbey, Yorkshire, England*
FOLGENDE DOPPELSEITE *Der Kirchhof von St Mary's, Whitby, Yorkshire, England*
}

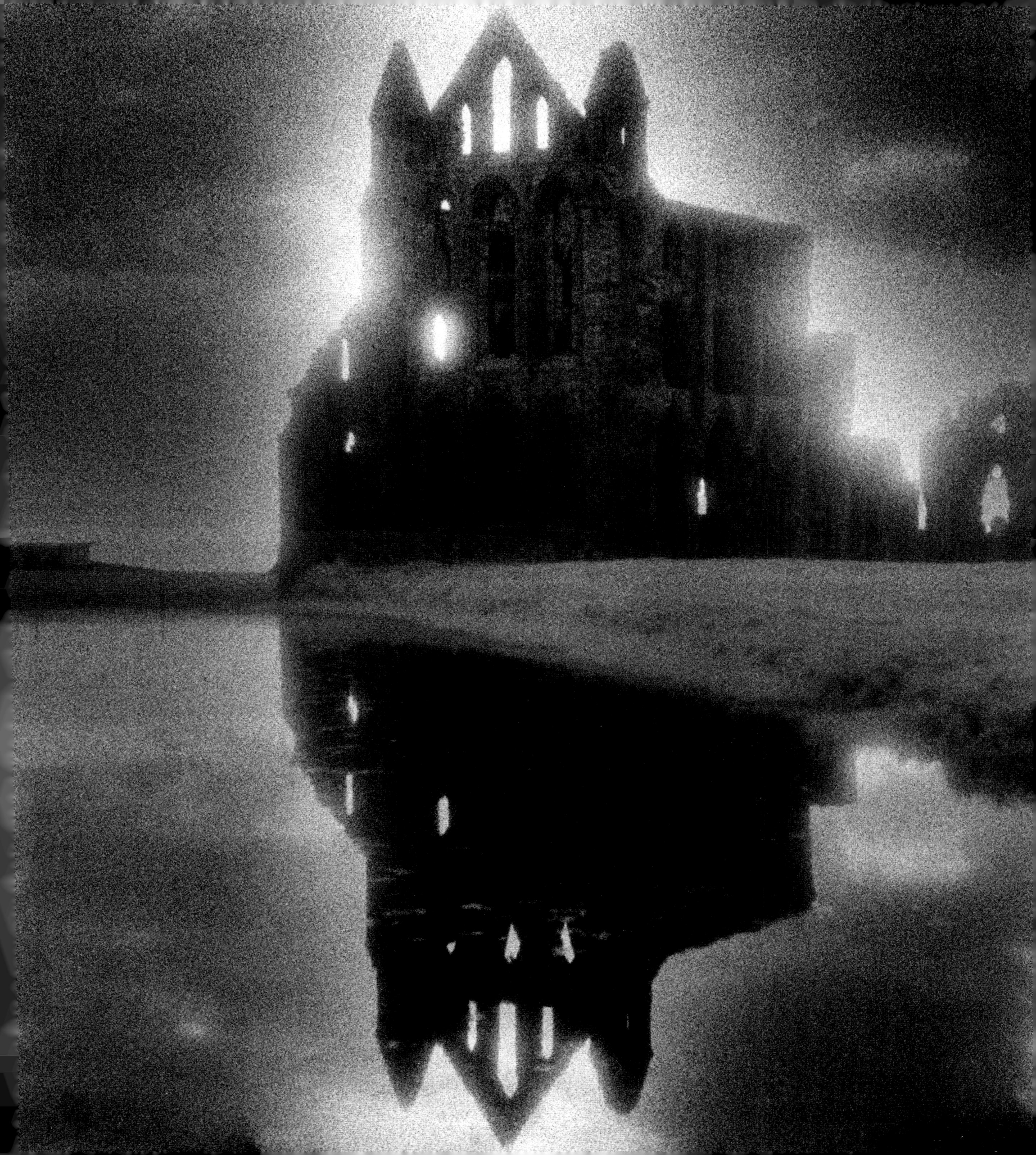

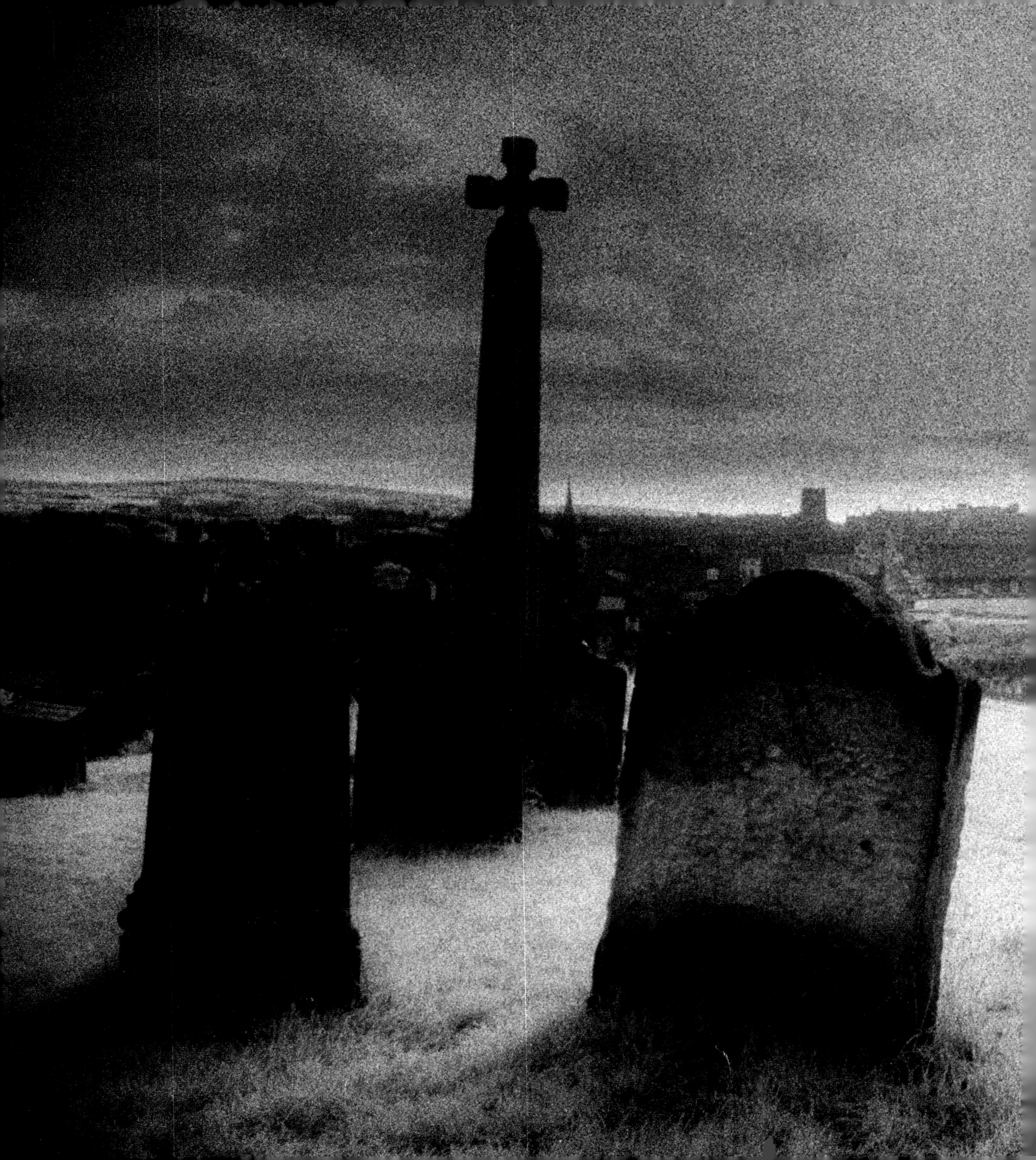

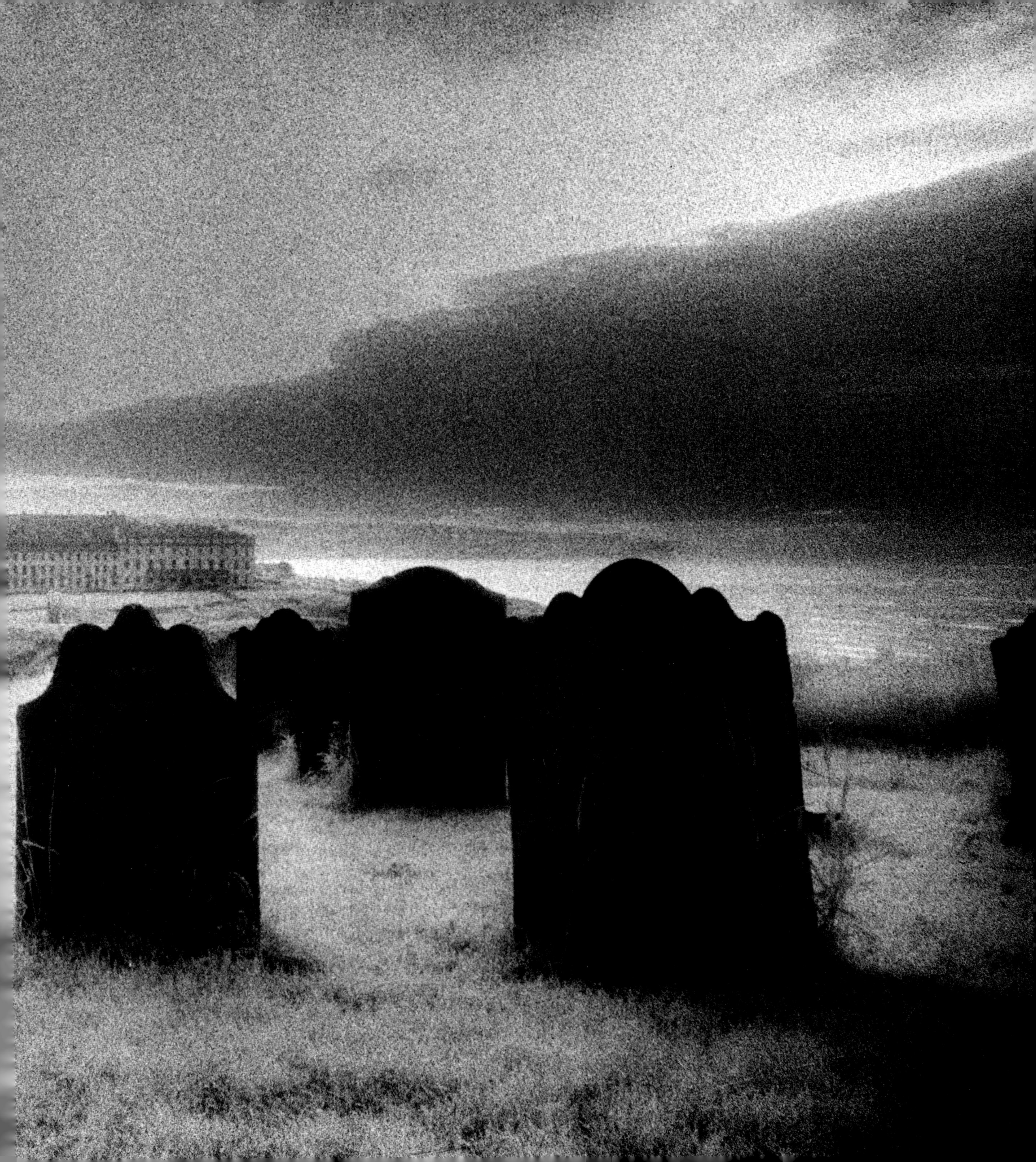

Das Wesen aus dem Grab

Alnwick Castle, Northumberland

In seiner Historia rerum Anglicarum beschrieb im 12. Jahrhundert der Chronist William von Newsburgh, wie ein verstorbener Bewohner von Alnwick Castle während der dunklen Stunden aus seinem Grab stieg.

»Ein der Rasse Gottes Fremder, dessen Verbrechen zahlreich waren« sei durch die Straße der schlafenden Stadt gestrichen. Der Ortspfarrer, der laut Newburgh »ein sehr frommer Mann von hohem Ansehen und gutem Ruf« war, erzählte dem Chronisten, dass der Körper dieses Geistes einen solchen Gestank von Tod und Fäulnis hinterlassen habe, dass hinter ihm die Pest ausgebrochen sei. Viele Bewohner hätten daraufhin die Stadt verlassen, um nicht das Schicksal ihrer Nachbarn zu erleiden. Da man den Vampir für die Pest verantwortlich machte, rotteten sich einige Männer zusammen, um sich der scheußlichen Kreatur zu entledigen. Newburgh schrieb dazu:

Sie bewaffneten sich daher mit scharfen Spaten und begaben sich zum Friedhof, wo sie zu graben begannen. Obschon sie dachten, dass sie sehr viel tiefer graben müssten, stießen sie plötzlich auf einen von einer dünnen Erdschicht bedeckten Körper. Er war aufgequollen und von furchterregender Beleibtheit, das Leichenhemd schmutzig und zerrissen ...

Einer der Männer traf den aufgeblähten Körper mit der Kante seines Spatens, und aus der Wunde spritzte ein Schwall frischen Blutes – es war also ein Vampir. Sofort wurde der Leichnam des einstigen Schlossherrn geköpft, vor die Mauern von Alnwick gebracht und dort verbrannt. Danach verschwand die Pest. ✥ Noch heute ist in der Stadt ein Hauch aus jener Zeit spürbar, und noch immer wird sie von dem mächtigen mittelalterlichen Schloss beherrscht. 1096 wurde es von dem normannischen Ritter Yves de Vescy erbaut, und heute wird es von der Familie Percy, den Herzögen von Northumberland bewohnt, die es 1309 erwarben. Überreste der alten Stadtmauern und die massiven Stadttore zeugen von deren Macht und Einfluss über die Jahrhunderte hinweg. ✥ Bevor ich aufbrach, machte ich noch ein letztes Foto von der Löwenbrücke unterhalb der Festung. Es begann zu dämmern, und als das Schloss vor dem dramatischen Abendhimmel aufstieg, schien die schauerliche Vampirgeschichte plötzlich nur allzu realistisch.

> »Die Alten waren, die Alten sind, und die Alten werden sein –
> nicht in den uns bekannten Sphären, sondern zwischen denselben.
> Sie wandeln dort heiter, wesenhaft, unbemaßt und unsichtbar für uns.«
> H. P. Lovecraft (1890–1937), *The Dunwich Horror and Others*

Rechte Seite *Alnwick Castle, Northumberland, England*
Folgende Doppelseite *Löwenstatue, Alnwick Castle, Northumberland, England*

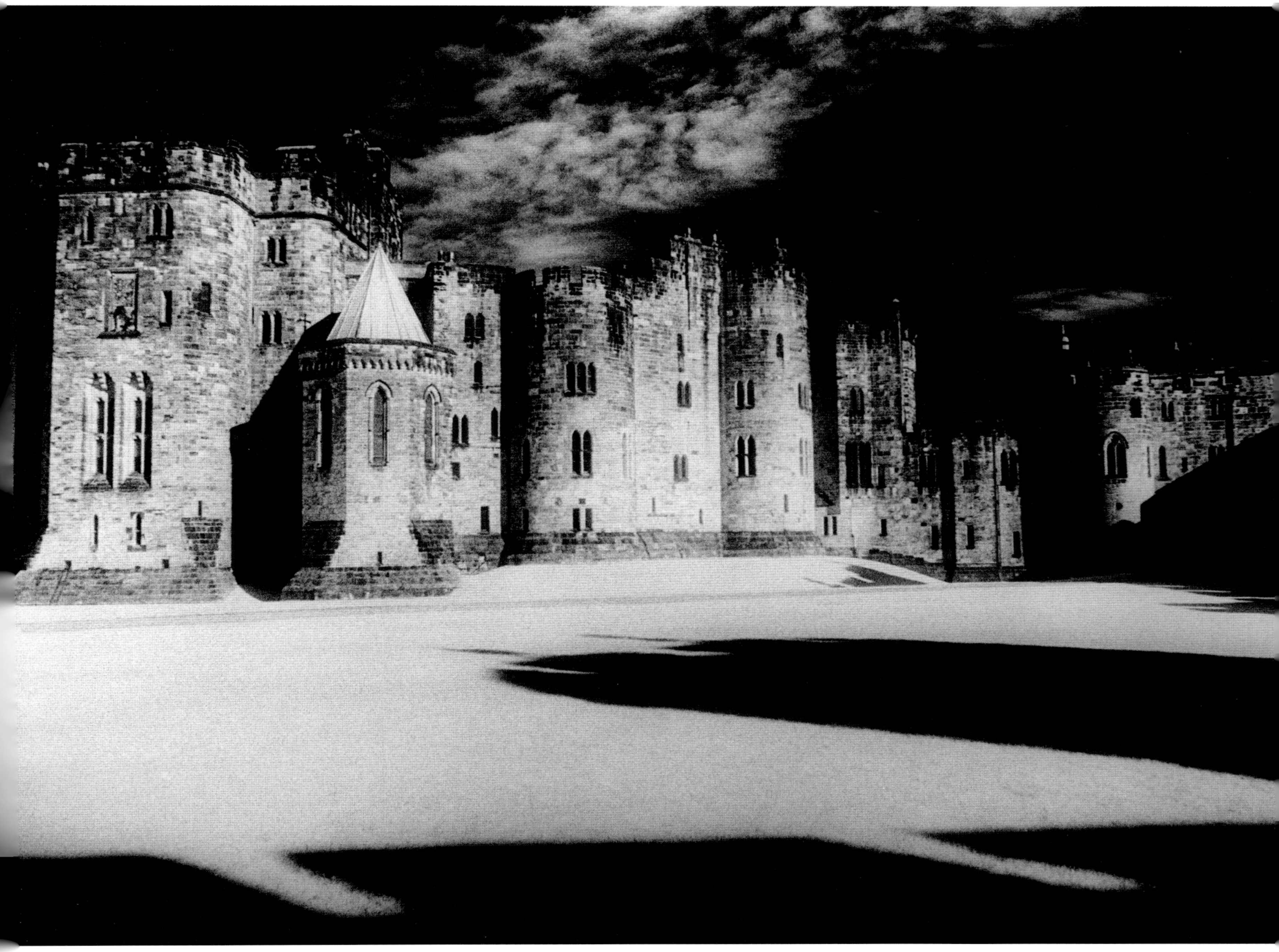

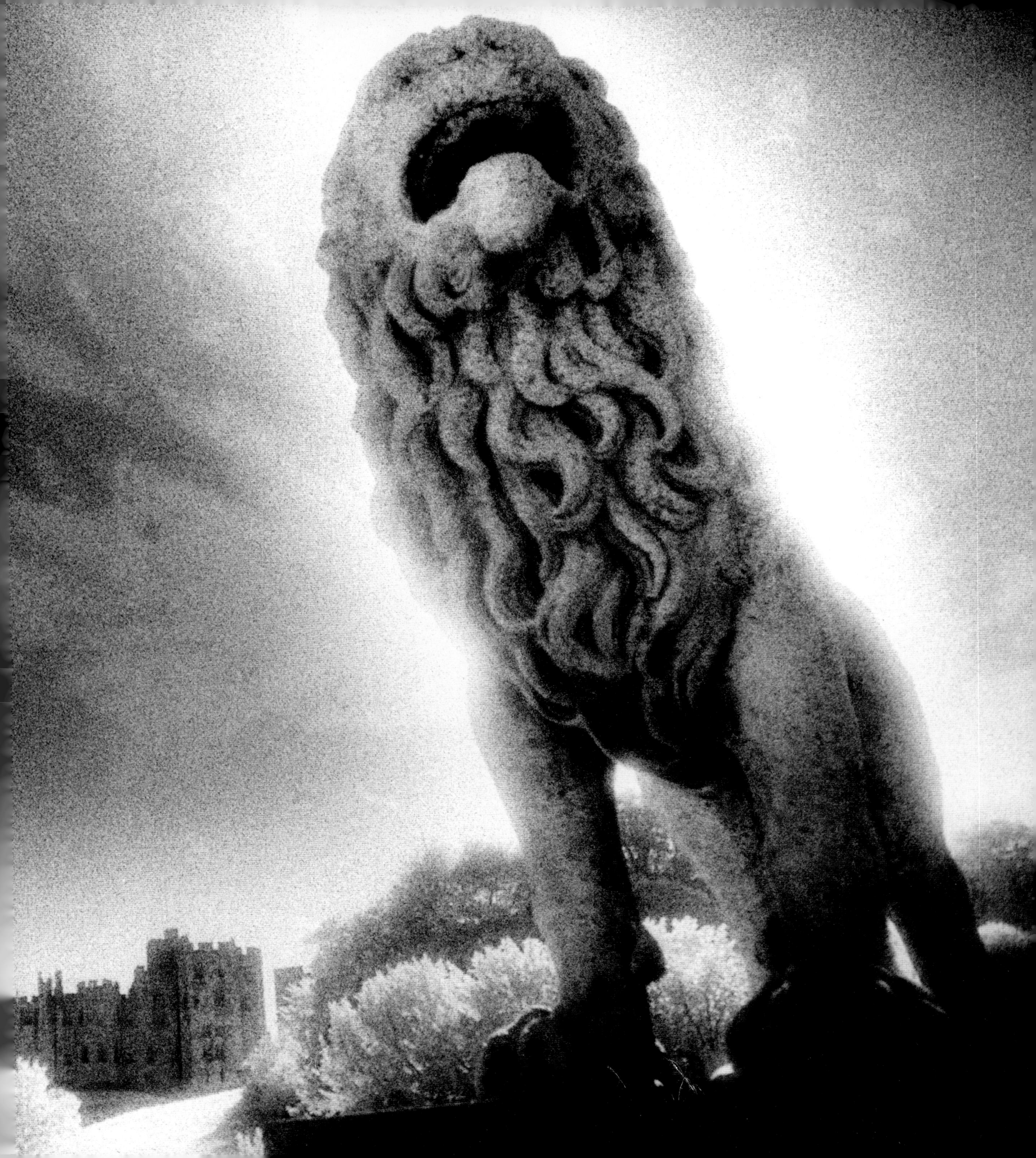

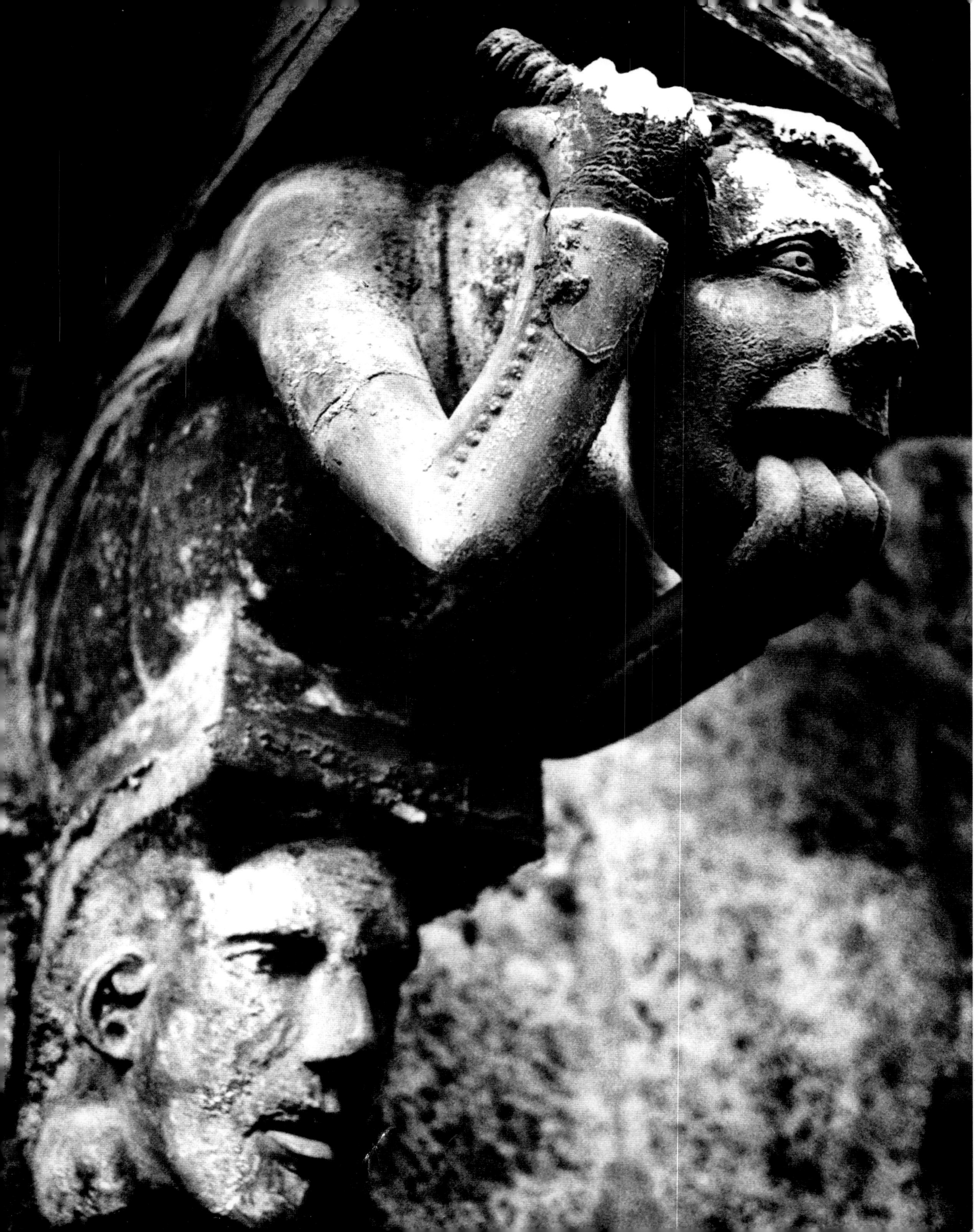

Ibi cubavit Lamia

Montague Rhodes James (1862–1936)

M. R. James, der Autor einiger der besten englischsprachigen Gruselgeschichten, war ein anerkannter Gelehrter und Altertumsforscher. Er heiratete nie, sondern widmete fast sein ganzes Leben akademischen Studien.

Der Sohn eines wohlhabenden Direktors in Suffolk war zunächst Rektor des King's College in Cambridge und später in Eton. Anders als andere berühmte Autoren dieses Genres, glaubte James tatsächlich an Geister, und seine eigene Angst wird in so meisterhaften Erzählungen wie *Pfeife, und ich komme zu dir, mein Freund* und *Eine Warnung für die Neugierigen* deutlich. Es ist das Subtile an seinen Geschichten, das den Leser so ängstigt, die brillante Kombination aus Schulmeisterei und Forschung mit leisen Andeutungen übernatürlicher Gräueltaten. In *Ibi cubavit Lamia* (1914) beschreibt er die Erscheinung eines Vampirs, als während der Restaurierung der Southminster Cathedral 1840 eine alte Gruft unter der Kanzel entdeckt wurde. Die Störung der Grabruhe soll unter den Anwohnern Schwindsucht ausgelöst haben.

Zweifellos war es eine sehr schwierige Zeit. Viele der Bewohner in der unmittelbaren Nachbarschaft der Kathedrale konnten sich nur wenig an den sonnigen Tagen und ruhigen Nächten im August und September erfreuen. Vielleicht war die Kirche an einem Ort erbaut worden, der einst Marschland war – man wusste es nicht. Für viele ältere Menschen – auch für Dr. Ayloff – brachte der Sommer den Tod, aber selbst unter den jüngeren entkamen nur wenige einer wochenlangen Bettlägerigkeit oder zumindest einem dumpfen, bedrückenden Gefühl, das mit abscheulichen Albträumen einherging. Allmählich wuchs der Verdacht zur Gewissheit, dass die Umbauten in der Kathedrale etwas damit zu tun hatten. Die Witwe eines früheren Küsters, einst Beschäftigter des Domkapitels von Southminster, wurde im Traum von einer Gestalt heimgesucht, die in der Dämmerung aus der kleinen Tür des südlichen Querschiffs schlich und jeden Abend in eine andere Richtung flatterte, mal in diesem, mal in jenem Haus verschwand und erst im Morgengrauen wieder auftauchte. Man konnte nichts erkennen außer einer sich bewegenden Gestalt: Nur wenn es zurück in die Kirche kam – am Ende des Traumes –, drehte das Wesen den Kopf, und dann meinte sie, warum auch immer, seine roten Augen zu sehen. Worby erinnerte sich an die Erzählungen der alten Dame bei einer Teegesellschaft im Haus des Kirchenvorstehers. Dieser wiederkehrende Traum könnte, so Worby, auch ein Hinweis auf eine Erkrankung gewesen sein, denn noch vor Ende September wurde die alte Dame beerdigt.

Oben *Bolton Abbey, Yorkshire, England*
Linke Seite *Skulpturen am Kapitelhaus der Kathedrale von Lincoln, England*

Der Vampirmönch

Melrose Abbey in den schottischen Borders

Sir Walter Scott verewigte das Kloster Melrose in seinem Epos »The Lay of the Last Minstrel« (Das Lied des letzten Dichters). Die Ruinen aus dem 12. Jahrhundert liegen nur wenige Meilen vom Wohnsitz des Dichters entfernt.

Das Zisterzienserkloster erlangte Berühmtheit als letzte Ruhestätte für das Herz von Robert the Bruce. Es heißt auch, dass der böse Geist des örtlichen Gelehrten und Zauberers, Michael Scott, immer wieder am Eingang zu dessen Gruft, einem ungewöhnlich kalten und unheimlichen Ort, gesehen wird. ❋ Bei meinem Besuch erfuhr ich von einem noch furchterregenderen übernatürlichen Phänomen aus dem 12. Jahrhundert. Eine schaurige, große, düstere Gestalt spukt in dem gotischen Anwesen und kriecht durch die zerfallenen Gänge. Der Sage nach ist diese unheimliche Kreatur ein Vampir, die verlorene Seele eines Mönches, der sein Gelübde um der schwarzen Magie willen gebrochen hat. Nach seinem Tod wurde der Mönch im Friedhof der Abtei beerdigt, doch kurz danach versuchte sein Geist mehrmals, das Kloster aufzusuchen. Jedes Mal vermochten ihn die Gebete der Brüder zurückzuhalten. Eines Nachts suchte er eine wohlhabende Frau auf, die in Melrose lebte und der er vor seinem Tod als Geistlicher gedient hatte. Er stöhnte, schrie und kratzte an ihrer Tür, und seine Erscheinung erschreckte sie so, dass sie in die Abtei flüchtete und den Abt anflehte, den bösen Geist zu bekämpfen. ❋ In jener Nacht hielten mehrere Mönche abwechselnd Wache an seinem Grab. Gegen Mitternacht sah einer von ihnen den Vampir aus dem Grab steigen und auf sich zukommen. Nachdem er sich vom ersten Schrecken erholt hatte, schlug der Mönch den Dämon mit einer Axt nieder. Das verwundete Wesen kroch langsam zurück in die Gruft, während der angsterfüllte Mönch sein Kruzifix umklammerte und Gott um Schutz anflehte. Am nächsten Morgen befahl der Abt, das Grab zu öffnen. Der darin liegende Körper trug genau die Wunden, die der Mönch beschrieben hatte, und schwamm im Blut seiner Opfer. Die Mönche verbrannten den Leichnam und verteilten die Asche im Wind.

Willst du das schöne Melrose sehen,
bei Mondschein musst du dorthin gehen;
des hellen Tages fröhlich' Blau
verhöhnen der Ruinen Grau.
Wenn des Nachts in Schwarz getaucht,
weiß jedes Erkerfenster angehaucht;
wenn des kalten Lichtes ungewisser Schauer
sich breitet aus auf des Turms zerfall'ner Mauer;
wenn Stütze um Stütze schein'
umrahmt von Ebenholz und Elfenbein,
wenn Silberkanten die Bilder umwerben,
und die Schriften dich lehr'n zu leben und sterben;
wenn man den Tweed in der Ferne rauschen hört,
und das Käuzchen die Stille des Grabes stört,
dann geh – doch geh dazu allein –
und betracht' St. Davids zerfall'ne Stein;
doch bei der Rückkehr schwöre dir fürwahr,
nie eine Szene trauriger und schöner war!
Sir Walter Scott (1771–1832), *The Lay of the Last Minstrel*

Rechte Seite *Skulptur an einem Pfeiler, Melrose Abbey, Roxburghshire, Schottland*
Folgende Doppelseite *Melrose Abbey, Roxburghshire, Schottland*

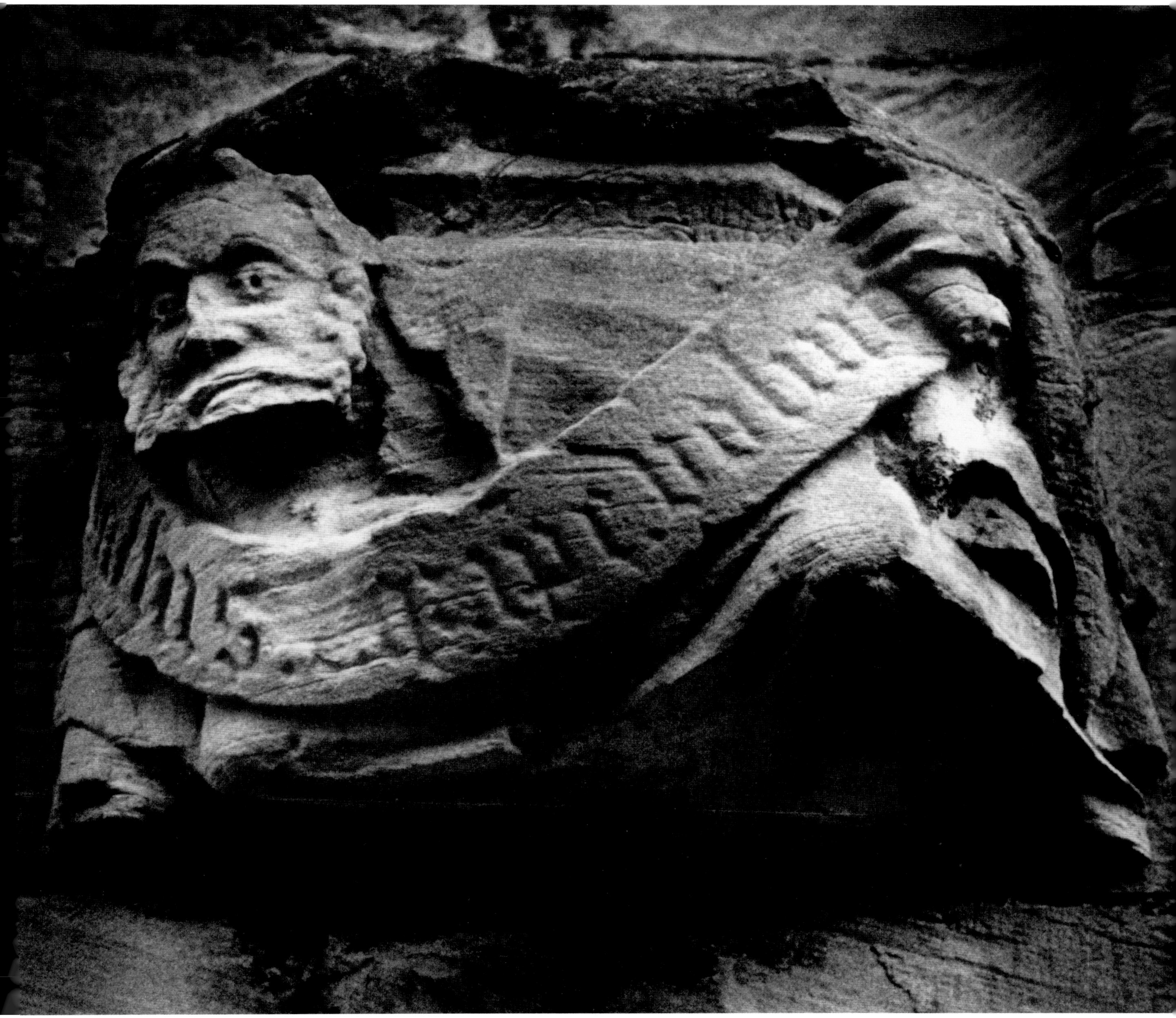

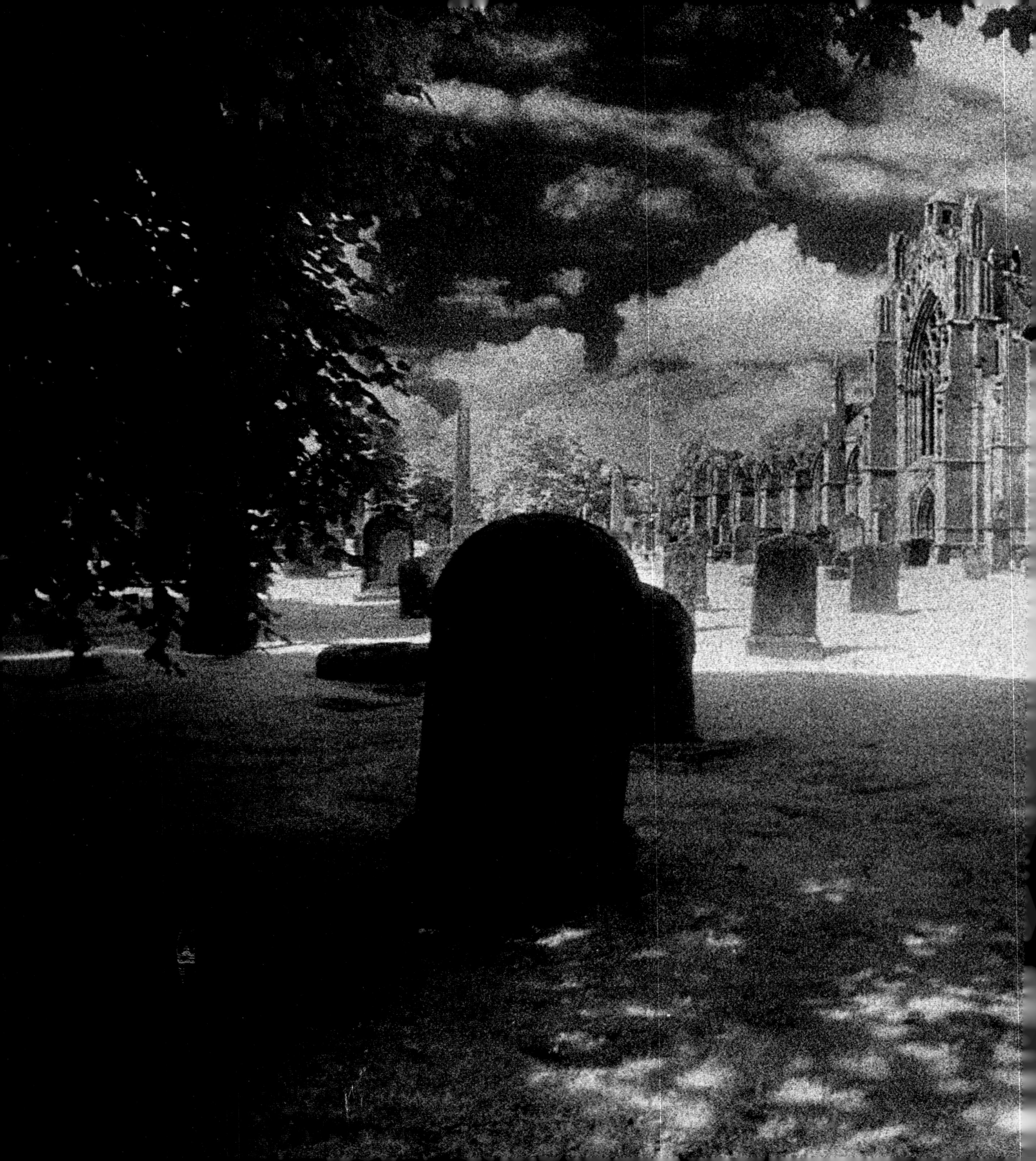

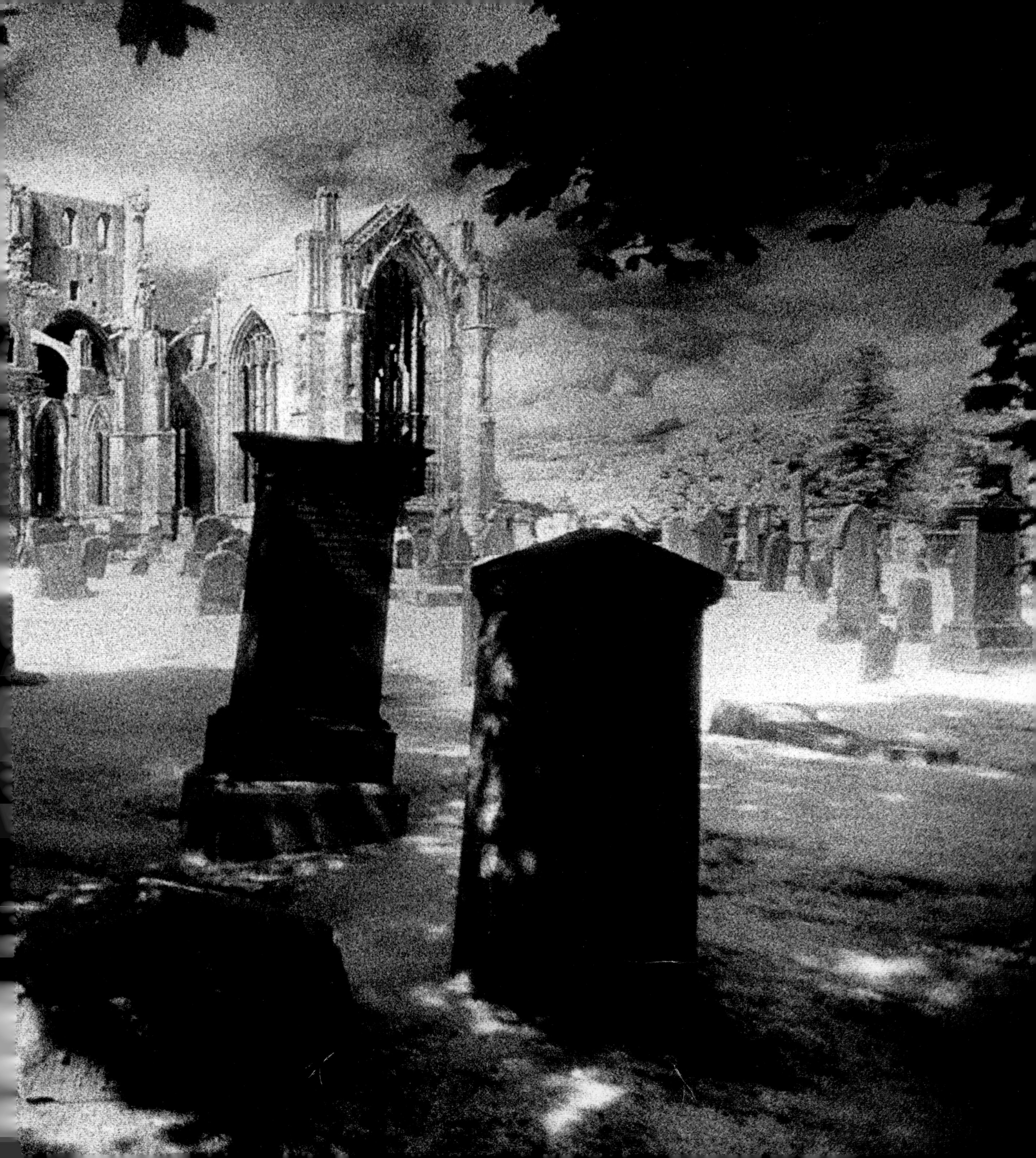

Die Sage vom »Redcap«

Hermitage Castle, Roxburghshire, Schottland

In den Vampirsagen treibt die koboltähnliche Gestalt des so genannten »Redcap« in den Grenzregionen zwischen Schottland und England ihr Unwesen.

Dieser furchterregende Geist eines Zwerges mit vorstehenden Zähnen und Fingern wie Adlerkrallen trägt eine Kappe aus Menschenhaut, die regelmäßig mit frischem Blut getränkt werden muss. Ein Redcap muss wie der Vampir regelmäßig töten, um am Leben zu bleiben, denn wenn das Blut auf seiner Kappe trocknet, vergeht er. Dieser böse Dämon lebt in den vielen alten Burgen und Ruinen der wilden schottischen Borders, und eine seiner Behausungen ist angeblich Hermitage Castle. ✢ Die mächtige Burg hat eine besonders grausame Geschichte, die bis auf das 13. Jahrhundert zurückgeht. Sie wechselte im Laufe der Jahrhunderte mehrfach den Besitzer und war im Besitz englischer wie schottischer Familien wie den de Dacre, Douglas und Bothwell. Auch der Geist von Alexander Ramsay, dem Sheriff von Teviotdale, den Sir William Douglas in einem der Burgverliese verschmachten ließ, spukt in diesen Mauern. Ebenso treibt der Geist Marias II. hier sein Unwesen. Diese schottische Königin ritt an einem einzigen Tag über die wilden Moore von Jedburgh nach Hermitage – eine Distanz von mehr als 80 Kilometern –, um ihren Liebhaber, den Grafen von Bothwell zu trösten, der verwundet im Schloss lag. Sie erkrankte an Fieber und wäre wegen dieser noblen Geste fast gestorben. ✢ Das grässlichste Gespenst von Hermitage ist jedoch der Geist von Lord William de Soulis, der schwarze Magie praktizierte und ein heimtückischer Kindermörder war. Noch heute spukt er in der Burg und ihrer Umgebung auf der Suche nach unschuldigen jungen Menschen. Im 14. Jahrhundert sperrte er seine Opfer in die Burgverliese und tötete sie. Ihr Blut verwendete er in seinen widerlichen Ritualen, mit denen er seinen »Schutzgeist« herbeirief – Robin Redcap, die schreckliche vampirgleiche Gestalt mit den langen Krallen. Schließlich wurde den Anwohnern klar, was mit ihren verschollenen Kindern passierte. Mitten in der Nacht stürmten sie die Burg und nahmen de Soulis gefangen. Zur Strafe warfen sie ihn in einen Topf mit flüssigem Blei. Redcap aber soll weiter die dunklen Geheimnisse der Burg bewahren, und die Schreie der Opfer de Soulis' sind noch immer des Nachts zu hören. ✢ Ich fand das düstere, einsame Gebäude außerordentlich Furcht einflößend, und ich konnte gut verstehen, warum der berühmte schottische Schriftsteller Sir Walter Scott schrieb, dass die Burg eigentlich im Boden hätte versinken müssen unter der Last der Schandtaten, die sich hinter ihren Mauern zugetragen haben.

Oben Wasserspeier an der St. Peter's Church, Winchcombe, Gloucestershire, England
Rechte Seite Hermitage Castle, Roxburghshire, Schottland

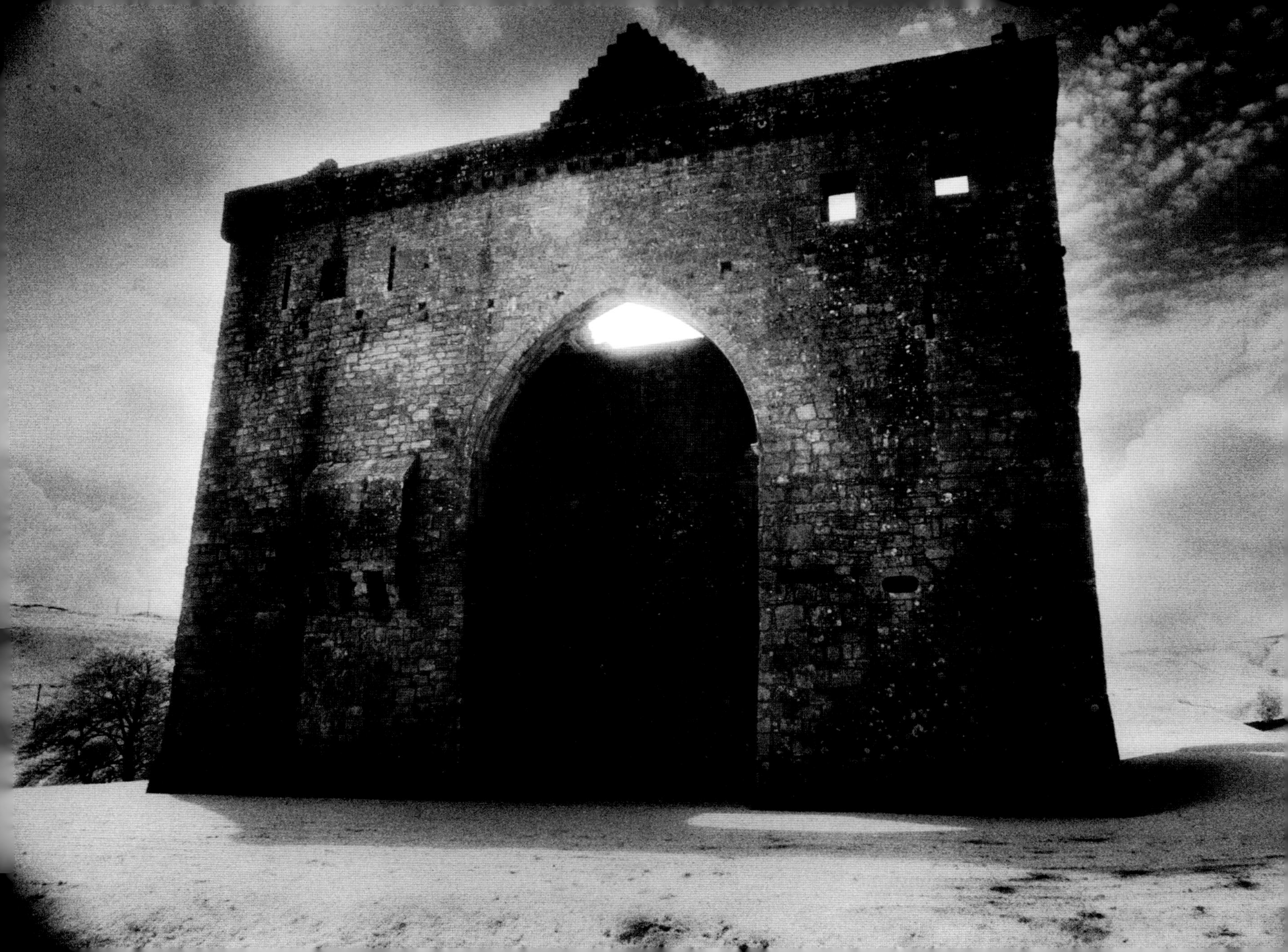

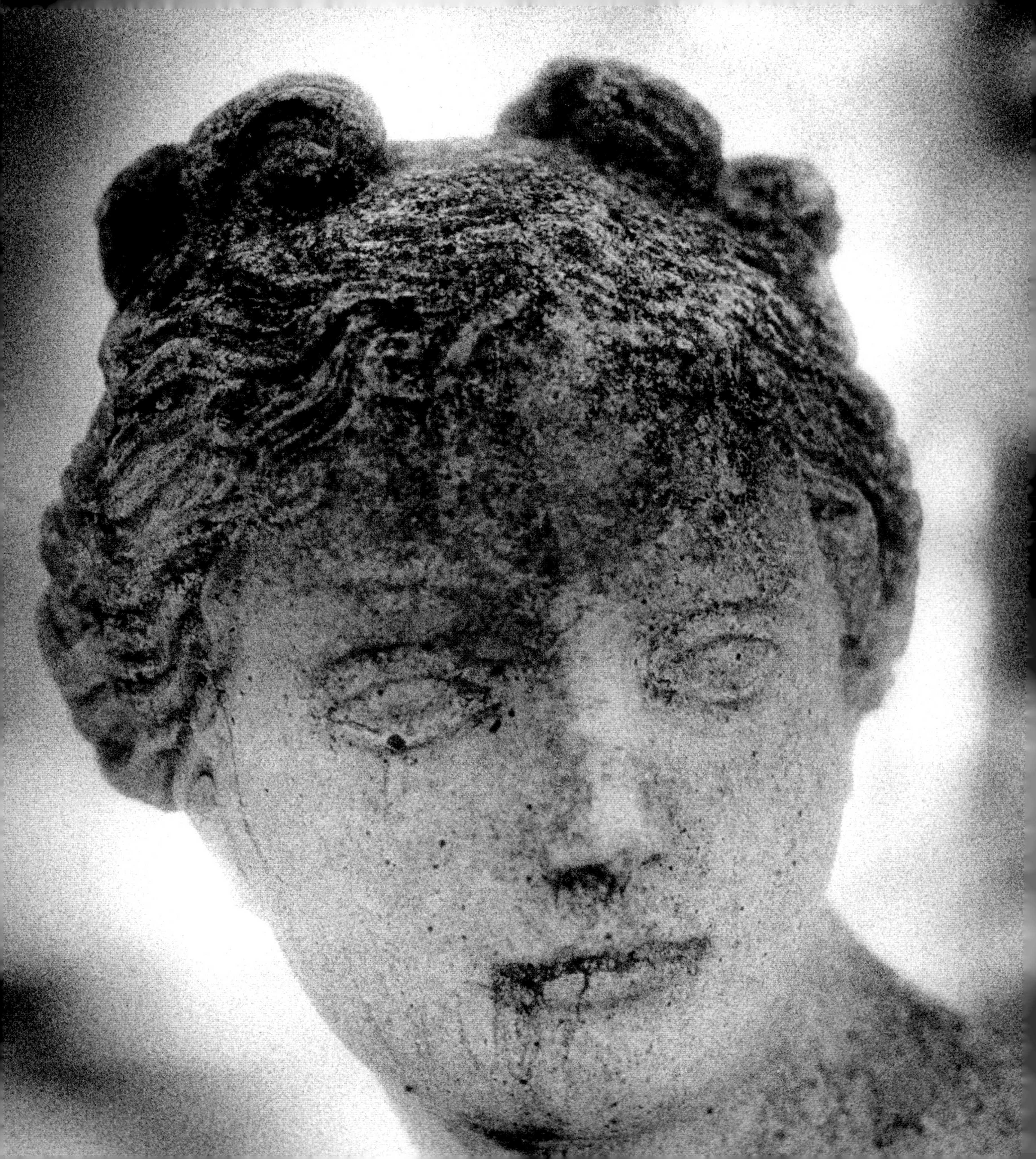

Olalla

Robert Louis Stevenson (1850–1894)

»Er setzte das Glas an die Lippen und nahm einen Schluck. Ein Schrei folgte. Er schwankte, taumelte, klammerte sich an den Tisch und verharrte dort starren Blickes, mit offenem Munde keuchend. Er veränderte sich unter meinen Augen, schien anzuschwellen, sein Gesicht wurde mit einem Mal schwarz, und die Züge schienen sich zu wandeln und zu verschwimmen. Im nächsten Augenblick war ich auf den Beinen und mit einem Satz wich ich zurück zur Wand. Ich hob den Arm, um mich vor meinem Wunderkind zu schützen, und meine Seele stürzte in Panik.«
Robert Louis Stevenson, *Der seltsame Fall des Dr. Jekyll und Mr. Hyde*

ROBERT LOUIS STEVENSON STAMMTE AUS EDINBURGH UND WAR EIN INTELLIGENTES, ABER EHER SCHWÄCHLICHES KIND. SEINE KINDERFRAU SOLL SEINE LEBHAFTE FANTASIE MIT ERZÄHLUNGEN AUS DER BIBEL UND DER SCHOTTISCHEN GESCHICHTE ANGEREGT HABEN.

Diese Erzählungen ließen ihn des Nachts nicht schlafen und lieferten den Grundstein für seine Werke. Später wollte Stevenson von seiner respektablen Herkunft nichts mehr wissen; ihn interessierten die Seitenstraßen Edinburghs und die Unterschichten der Gesellschaft. Während seines kurzen Lebens bereiste er die Welt, setzte sich über Konventionen hinweg und galt letztendlich als einer der größten Schriftsteller des 19. Jahrhunderts. ❖ Der Autor klassischer Jugendromane wie *Die Schatzinsel* hatte auch eine dunklere Seite. Die Idee zu seinem berühmtesten Werk, *Der seltsame Fall des Dr. Jekyll und Mr. Hyde*, eine Gruselgeschichte über eine schreckliche Verwandlung, über Gut und Böse, kam ihm im Traum. Er schrieb noch verschiedene andere Geistergeschichten, so auch die Vampirgeschichte *Olalla* (1885). Sie spielt in einem alten spanischen Schloss, das von einer aristokratischen Familie aus vermeintlichen Vampiren bewohnt wird. Der Erzähler, ein verwundeter Soldat, der dort zur Genesung weilt, verliebte sich in die betörend schöne Tochter des Hauses, Olalla. Im folgenden Auszug bittet sie ihn, sie zu verlassen und nicht um ihretwillen ein Untoter zu werden:

Ihr seht selbst, dass es immer schlechter um uns steht – wir sind zur Verdammnis verurteilt. Ich stehe sozusagen auf einer kleinen Erhebung inmitten dieses ausweglosen Niedergangs. Ich kann in die Zukunft und die Vergangenheit blicken und sehen, was wir verloren haben und welche Verdammnis uns erwartet. Und soll ich – ich, die ich fernab in dem Haus der Toten lebe und meinen Körper für sein Verlangen hasse – soll ich den Bann wiederholen? Soll ich einen anderen Geist, der ebenso zögerlich ist wie ich, an dieses verhexte, sturmumwitterte Haus binden, in dem ich nun leide? Soll ich diesen verfluchten Kelch der Menschheit weitergeben, ihn mit frischem Leben wie mit frischem Gift befüllen und ihn, wie ein Feuer, in die Gesichter der Nachkommen schütten? Doch ich habe meinen Eid geschworen; unser Geschlecht soll von der Erde verschwinden. Zu dieser Stunde bereitet sich mein Bruder vor; bald wird er seinen Fuß auf die Treppe setzen; dann werdet Ihr mit ihm gehen und für immer meinem Blick entschwinden. Denkt manchmal an mich als jemanden, der Euch von Herzen liebte, doch sich selbst dafür umso mehr hasste; als jemand, der Euch fortschickte, obwohl er Euch doch gern gehalten hätte.

LINKE SEITE *Statue, Renishaw, Derbyshire, England*

Der Fluch des Eskimos

Herrenhaus Ecclescrieg, St. Cyrus, Aberdeenshire, Schottland

Bram Stoker verbrachte seine Sommerferien in Cruden Bay in der Nähe von St. Cyrus an der wilden Nordostküste Schottlands. Dieses unheimliche Herrenhaus – und das nahe Slains Castle – waren Vorbilder für das Schloss Draculas.

In dem alten Haus soll es angeblich heftig spuken. Bis vor kurzem war hier der Stammsitz der Familie Forsyth-Grant, die aufgrund ihrer militärischen Verdienste zu den geachtetsten Familien Schottlands zählen. Der Sage nach lag ein Fluch auf diesem Herrenhaus; vielleicht ist das der Grund dafür, dass das Gebäude heute verlassen und verfallen ist und einen düsteren Schatten auf das Dorf St. Cyrus wirft. ✤ Im späten 19. Jahrhundert wurde der abenteuerlustige Osbert Clare Forsyth-Grant auf Wunsch seines Vaters Seemann. Er stach vom nahe gelegenen Montrose aus in See, um vor der arktischen Küste das Walfangschiff *Seduisante* zu führen. Dessen Besatzung bestand aus Schotten und Eskimos, und irgendwann – niemand weiß, wann und wieso – geriet Grant bei den Eskimos in Misskredit. Der Sage nach haben sie den Familienfluch heraufbeschworen. Kurz darauf wurde das Schiff im Sturm vermisst. Es gab Gerüchte über eine Meuterei und Morde an Bord, aber weder Grant noch die schottischen Mannschaftsteile überlebten. Die Eskimos hingegen kamen sicher an Land – angeblich auf Grants Befehl. Sein Platz in der Familiengruft ist leer, doch mitten in der Nacht sieht man seinen Geist bleich und durchnässt auf dem Grund seiner Ahnen wandeln.

Als Van Helsing sprach, zwinkerte er nicht. Er streckte vielmehr seine Hand aus, nahm die meine und drückte sie fest. Er verriet sich jedoch nicht. Er nickte kaum merklich und sagte leise: »Fahr fort.« ✤ *Renfield sprach weiter: »Er kam aus dem Nebel auf das Fenster zu, so wie ich ihn zuvor oft gesehen hatte; aber er war ein Mensch, kein Geist, und seine Augen glühten grimmig. Er lachte mit seinem roten Mund. Seine scharfen, weißen Zähne schimmerten im Mondlicht, als er sich umdrehte und zu den Bäumen schaute, wo die Hunde bellten. Ich wollte ihn zuerst nicht hereinbitten, obwohl das sein Verlangen war – so wie es schon immer sein Verlangen gewesen war. Dann begann er, mir Dinge zu versprechen – nicht mit Worten, nur mit Zeichen.«* *Der Professor unterbrach ihn und fragte: »Wie?«* ✤ *»Indem er es einfach geschehen ließ; so wie er die Fliegen hereinschickte, wenn die Sonne schien. Dicke, fette Fliegen mit schillernden Flügeln und in der Nacht große Falter mit Totenköpfen auf dem Rücken.«* *Van Helsing nickte und flüsterte unwillkürlich: »Der Acherontia atropos – der Totenkopfschwärmer!«* ✤ *Der Patient fuhr einfach fort: »Dann begann er zu flüstern: ›Ratten, Ratten, Ratten! Hunderte, Tausende, Millionen von ihnen, und jede lebte, und Hunde, die sie fraßen, und Sandkatzen auch. Alles lebte! Überall rotes Blut, aus den Leben vieler Jahre und nicht nur summende Fliegen!‹ Ich lachte ihn aus, denn ich wollte sehen, wozu er im Stande war. Dann heulten die Hunde hinter den dunklen Bäumen in seinem Haus. Er bat mich zum Fenster. Ich stand auf und sah hinaus. Er hob seine Hände und schien etwas zu rufen, ohne Worte zu formen. Eine dunkle Masse, die die Form einer Flammenzunge hatte, breitete sich auf dem Gras aus. Dann*

RECHTE SEITE *Ecclescrieg House, St. Cyrus, Aberdeenshire, Schottland*

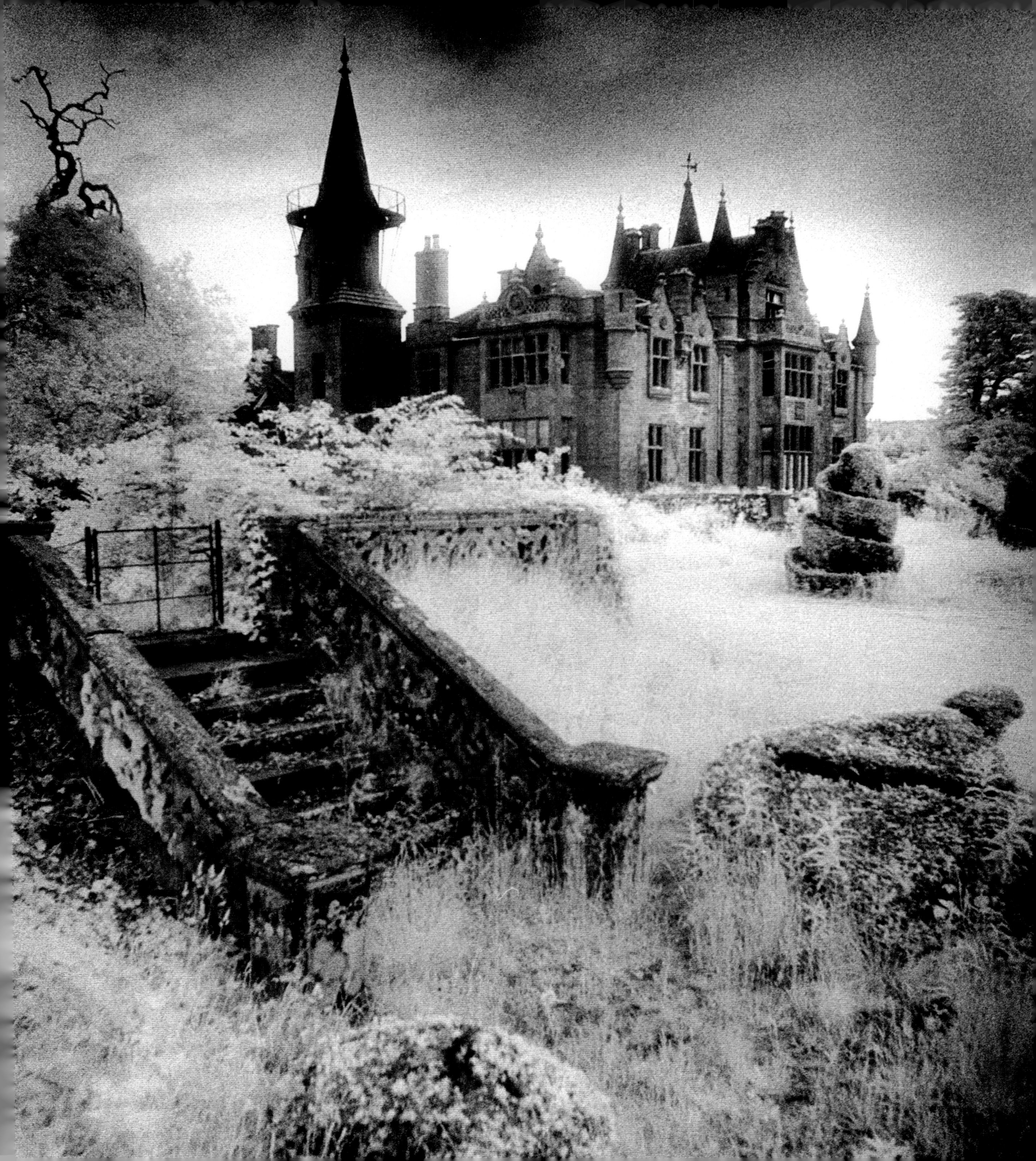

schob er den Nebel zur Seite, und ich konnte sehen, dass dort tausende von Ratten mit glühenden Augen waren – wie seine, nur viel kleiner. Er hielt seine Hand hoch, und sie blieben stehen. Er schien zu sagen: ›All' diese Leben geb' ich dir und noch viele mehr und größere für zahllose Jahre, wenn du niederkniest und mich verehrst!‹ Und dann schien eine rote Wolke, so rot wie Blut, meine Augen zu verschließen. Bevor ich merkte, was ich tat, öffnete ich das Fenster und sagte zu ihm: ›Komm herein, Herr und Meister!‹ Die Ratten waren verschwunden, doch er glitt durch das Fenster herein, obwohl es nur wenige Zentimeter geöffnet war – gerade so wie der Mond, der oft durch die winzigsten Ritzen scheint; dann stand er vor mir in seiner ganzen Größe und Herrlichkeit.«
Bram Stoker (1847–1912), *Dr. Sewards Tagebuch, Dracula*

OBEN *Waldweg bei Loch Fynne, Inverary, Argyll, Schottland*
RECHTE SEITE *Detail von einer Urne, Belvoir Castle, Leicestershire, England*

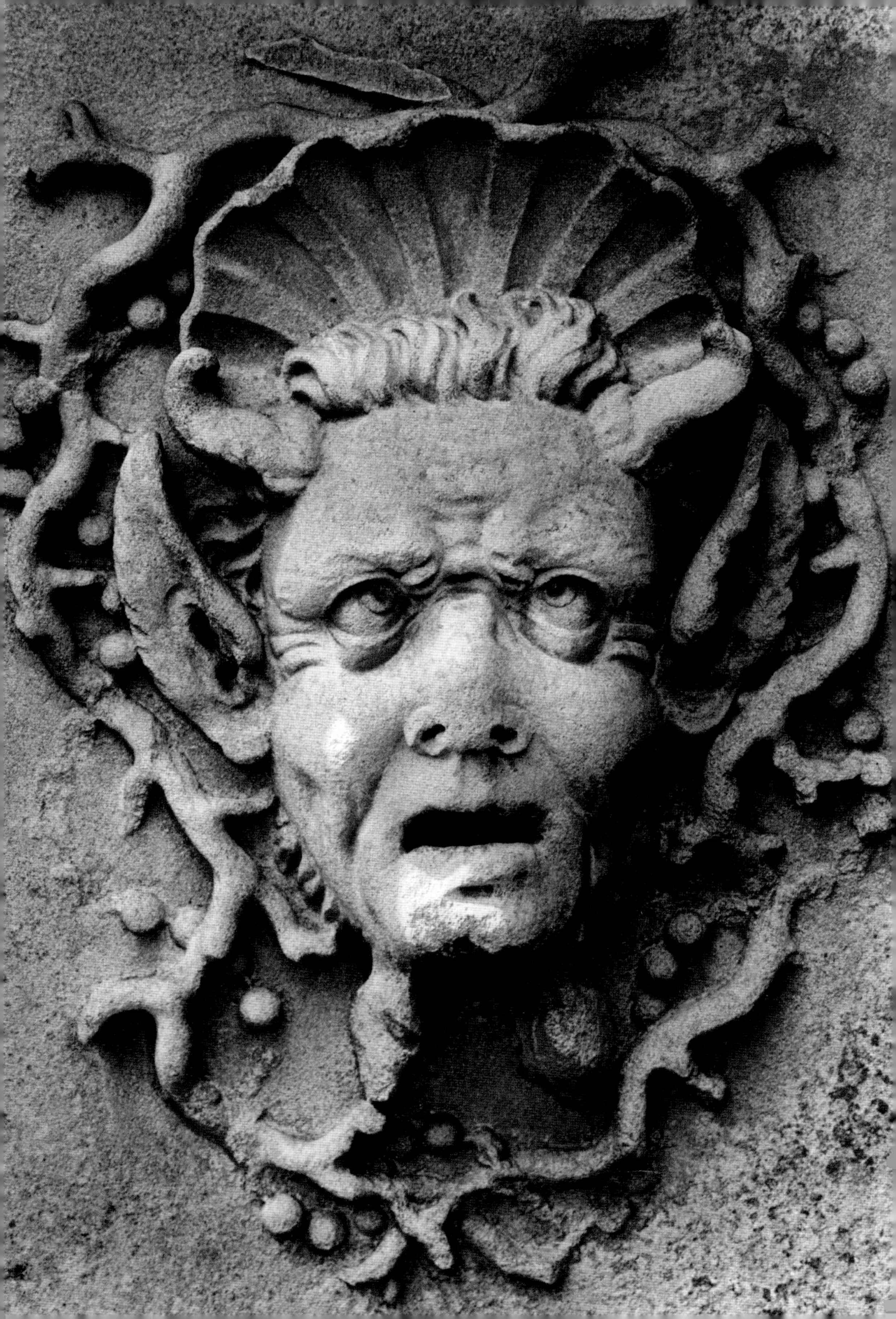

Das trauernde Geistermädchen

Friedhof Kilcolmin, Grafschaft Tipperary, Irland

Heute ist nur noch wenig von dem Kloster in Tipperary geblieben, das im 7. Jahrhundert vom heiligen Chuimin gegründet wurde. Der hatte zuvor als Mönch auf der geheimnisumwitterten, heiligen schottischen Insel Iona gelebt.

Auf dem verfallenen Friedhof stehen alte von Efeu umrankte Grabsteine. Eine geisterhafte und schaurige Aura liegt über dem Disert Chuimin, wie dieser verlassene Ort im Gälischen genannt wird. ✤ Auf dem Friedhof soll ein Vampir in der Gestalt eines hübschen, jungen Bauernmädchens spuken. Sie soll 20 Jahre alt sein und die Tracht des 17. Jahrhunderts tragen. Ihr Gesicht ist blass und eingefallen, ihr leerer Blick lässt ihre Opfer erstarren. Sie erschien häufig, wenn einer der Anwohner beerdigt wurde. Alle Männer unter den Trauernden, die sie erblickten, erkrankten an der Schwindsucht und kehrten binnen Monaten im eigenen Sarg auf den Friedhof zurück. ✤ Niemand weiß, wer sie war oder warum sie spukt. Ich fragte ein älteres Ehepaar, das neben den alten Ruinen wohnte. »Man hat uns davon erzählt, als wir Kinder waren. Wir hatten immer Angst, zwischen den Grabsteinen zu spielen«, erzählte der Mann, und die Frau fügte hinzu: »Es heißt, dass ihr Geist nie Ruhe finden wird.«

Es schläft mein Lieb. Oh, dass so mild
Ihr Schlummer, als er ewig ist!
Dass sich ihr eine Gruft erschließt
In einem Walde dicht und wild,
Ein tiefes, ruhevolles Grab
An einem stillen Ort, fernab –
So eine festverschloss'ne Gruft,
Aus der sie fürder nichts mehr ruft,
Die Reue nicht, die Buße nicht,
Bis an das ewige Gericht. –

Edgar Allan Poe (1809–1849), *Die Schläferin*

Rechte Seite *Friedhof von Kilcolmin, Grafschaft Tipperary, Irland*

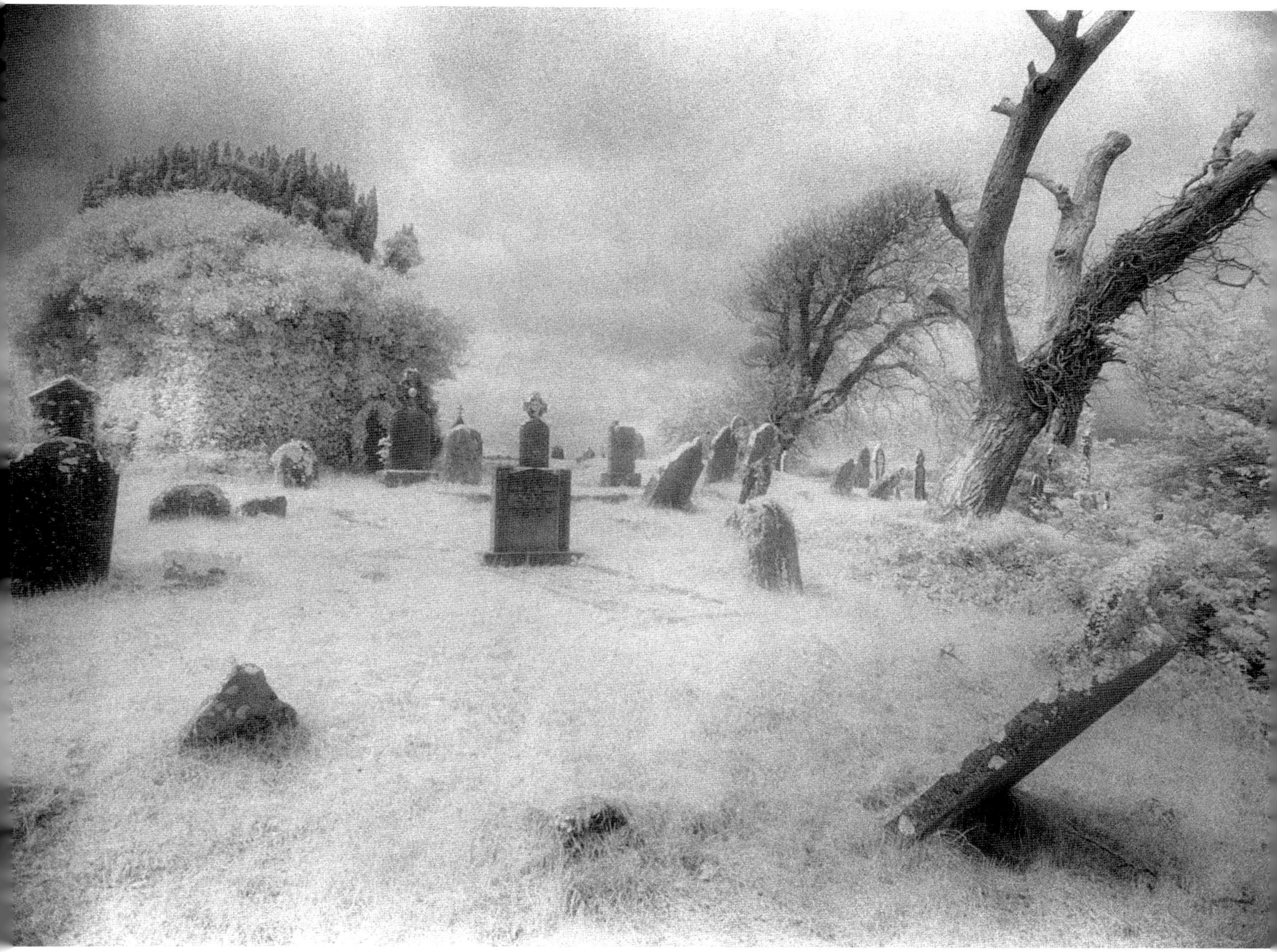

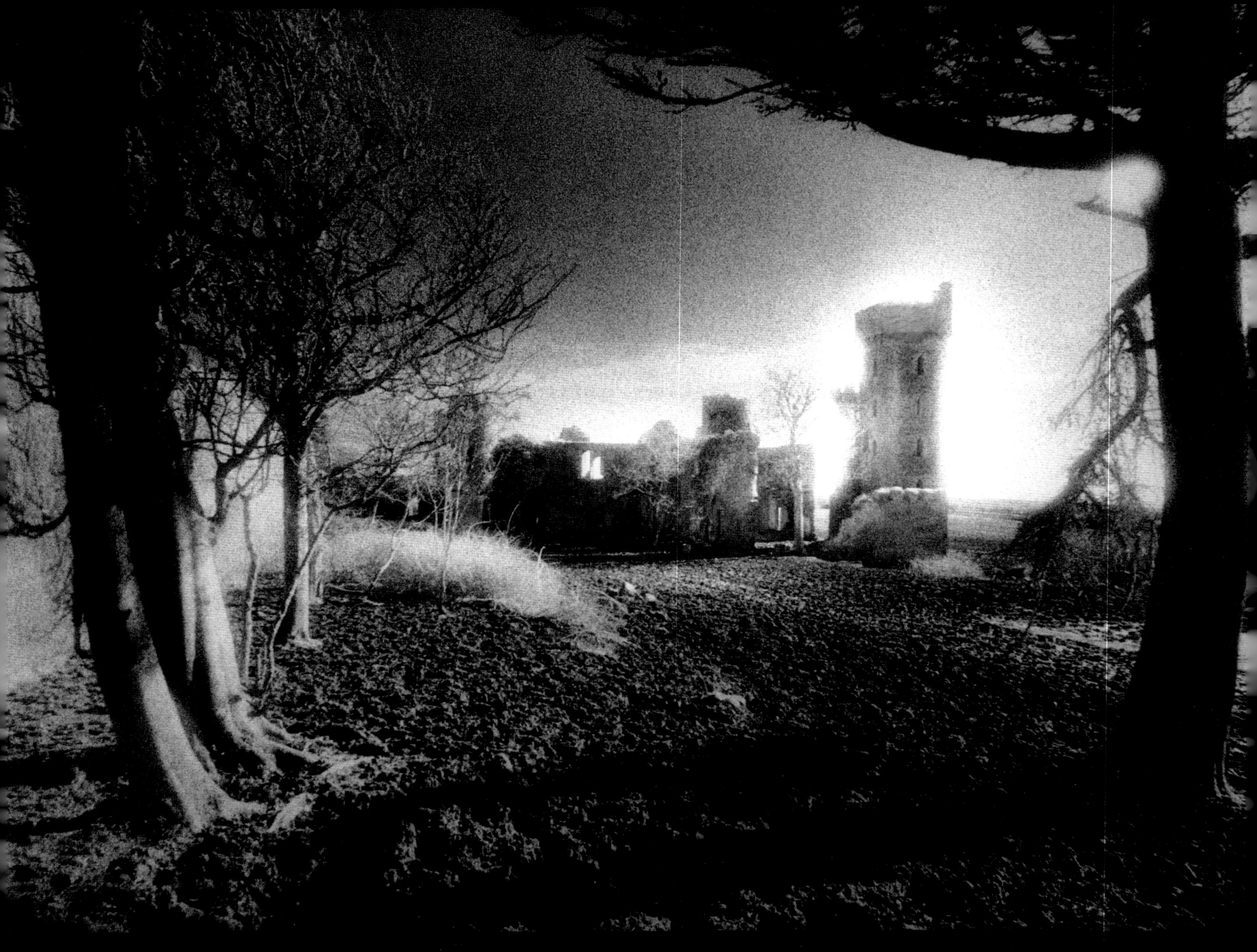

Das Haus des Schreckens

Herrenhaus Ardoginna, Grafschaft Waterford, Irland

Als ich zwischen den Überresten dieser düsteren gotischen Ruine stand, fühlte ich mich anfangs wie in ein fremdes Land versetzt – vielleicht nach Spanien oder Mexiko – und nicht wie irgendwo an der wilden irischen Küste.

Ich sah die knorrigen, windgepeitschten Bäume, die die zerfallenen maurischen Mauern schützen, und fragte mich, welche Geheimnisse die Überreste dieses seltsamen Bauwerks wohl bergen. Die Frühgeschichte von Ardoginna ist nicht genau bekannt. Während der ersten Hälfte des 17. Jahrhunderts soll es von einer Familie Costen bewohnt worden sein. Man erzählt von einem jungen Erben, der von seinem Vormund zu Unrecht beschuldigt wurde, Silber gestohlen zu haben. Der unglückliche Bursche ritt entlang der steilen Klippen davon, verfolgt von Soldaten. In seiner Verzweiflung versuchte er über einen Abgrund zu springen, doch sein Pferd rutschte aus, und er strangulierte sich mit den eigenen Zügeln. Diese Stelle ist als *Crook-an-Heire* oder *Der Galgen des Erben* bekannt, und seine Schreie hallen noch heute von den tosenden Wellen wider. ❖ Später war das Haus kurzzeitig im Besitz der Familie Prendergast. Auch zu dieser Zeit ereignete sich ein Verbrechen. Sir Francis Prendergast ließ einen seiner Diener, weil dieser ihn beleidigt hatte, heimlich in einem der Räume an einem Balken hängen. Dies setzte große übernatürliche Kräfte frei, und als dieser Teil des alten Hauses später abgerissen wurde, fand man unter dem Fußboden des Esszimmers ein Skelett – wohl das des unglücklichen Dieners. ❖ Gegen Ende des 17. Jahrhunderts gelangte Ardoginna in die Hände der Coghlans, zu jener Zeit eine der reichsten Familien in der Grafschaft Waterford. »Madam« Coghlan, wie sie genannt wurde, unterstützte den extravaganten und leichtsinnigen Lebenswandel ihrer Familie, indem sie den an der Küste florierenden Schmuggel unterstützte. Sie und ihr Mann Jeremiah hatten vier Kinder, darunter auch zwei hübsche Töchter. Eine von ihnen heiratete den französischen Herzog de Castries, die andere den achten (und letzten) Grafen von Barrymore, einen berüchtigten Draufgänger und Spieler. Ihre anderen beiden Kinder waren behindert. Thomasina hatte einen Buckel und spielte auch mit 28 Jahren noch mit Puppen, und ihr einziger Sohn Jeremiah trug ständig zwei Kätzchen in seinen Taschen herum. Madam Coghlan verwandelte das Haus in ein Märchenschloss, doch konnte die Familie dem finanziellen Ruin nicht entkommen. ❖ Mittlerweile hieß es, das Haus bringe Unglück und es spuke darin. Eine von vielen Geistergeschichten berichtet über eine lockere Stufe auf der Haupttreppe, die sich ständig bewege, seitdem darunter der Leichnam eines Kindes gefunden wurde. Noch viel erschreckender war hingegen die Erscheinung eines geheimnisvollen Dieners von mediterranem Äußeren, der einst als Gärtner auf dem Anwesen beschäftigt war. Nur wenig war über die Vergangenheit dieses dunklen, hübschen jungen Mannes bekannt. Wahrscheinlich war er ein Spanier und hatte Verbindungen zu den Schmugglern. Er zog schnell die Aufmerksamkeit der Dienerinnen auf sich und, so sagt man, auch die von Madam Coghlan. Er starb unter tragischen Umständen bei einem mysteriösen

Linke Seite *Ardoginna House, Ardmore, Grafschaft Waterford, Irland*

Unfall, und manche behaupten, er sei von einem eifersüchtigen Rivalen ermordet worden. Wie auch immer – er bekam ein christliches Begräbnis auf dem Friedhof des nahe gelegenen Dorfes Ardmore. Etwa neun oder zehn Monate nach seiner Beerdigung wurde sein Geist erstmals auf dem Anwesen und im Dorf gesehen. Es heißt, dass mehrere junge Mädchen des Nachts von einer seltsamen Gestalt heimgesucht wurden und danach ausgelaugt und verstört waren. Aufgrund der Spuren auf ihren Körpern vermutete der Dorfarzt Angriffe eines Vampirs, und der Verdacht fiel auf den spanischen Fremden. Sein Sarg wurde geöffnet, und der Verdacht bestätigte sich. Sein Körper zeigte keinerlei Spuren von Verwesung, und die Lippen waren mit frischem Blut verschmiert. Wie in einem solchen Fall üblich, wurde er enthauptet und ein Pflock durch sein Herz getrieben. Seine sterblichen Überreste wurden auf hoher See über Bord geworfen. Prompt hörten die Angriffe auf. �֎ Die letzten Besitzer des schicksalhaften Gutes waren die McKennans, die offenbar ein friedlicheres Leben als ihre Vorgänger führten. Doch auch sie behaupteten, immer wieder den Geist von Jeremiah Coghlan zu sehen, wie er auf den Straßen nahe ihrem Haus entlangritt. Sir Joseph McKenna war Bankier und Politiker. Zusammen mit seiner Frau gab er in dem Haus viele wichtige Empfänge. Er starb 1906, seine Frau ein Jahr später. Beide sind unweit des Hauses in einem heute überwucherten Mausoleum begraben. Es wird von einer großen steinernen Engelsskulptur bewacht und Frau McKenna ließ eine Inschrift anbringen, die der außergewöhnlichen und makaberen Geschichte des Hauses eine weitere geheimnisvolle und romantische Note hinzufügt:

> MEIN LEBEN IST WIE EIN ZERBROCH'NER STUHL.
> ES WINDET SICH UM EINES TURMS RUINE
> UND FÜHRT NIRGENDWO HIN.

OBEN *Detail an einem Kamin, Castle Leslie, Grafschaft Monaghan, Irland*
RECHTE SEITE *Skulptur am McKenna-Mausoleum, Ardoginna House, Ardmore, Grafschaft Waterford, Irland*

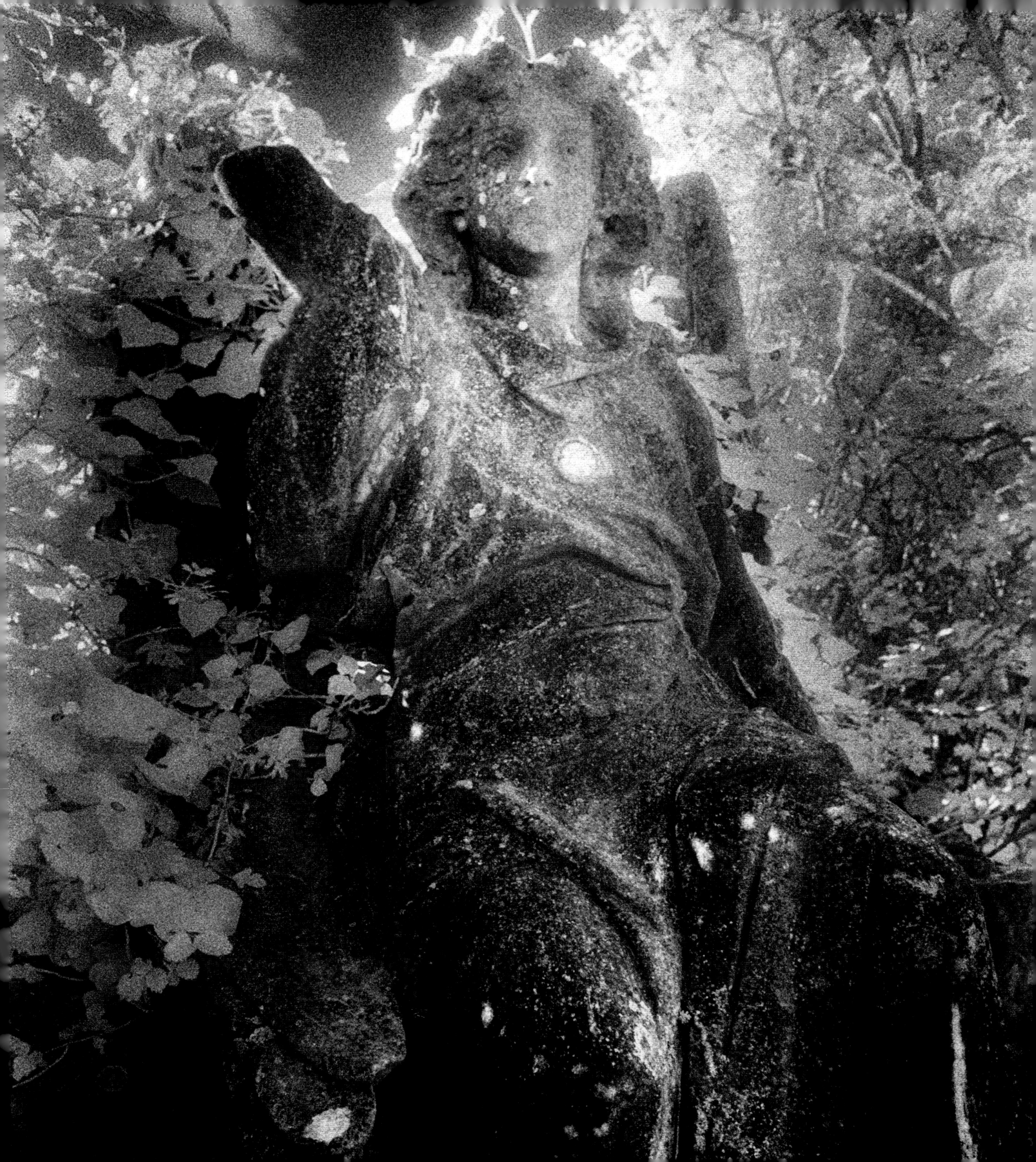

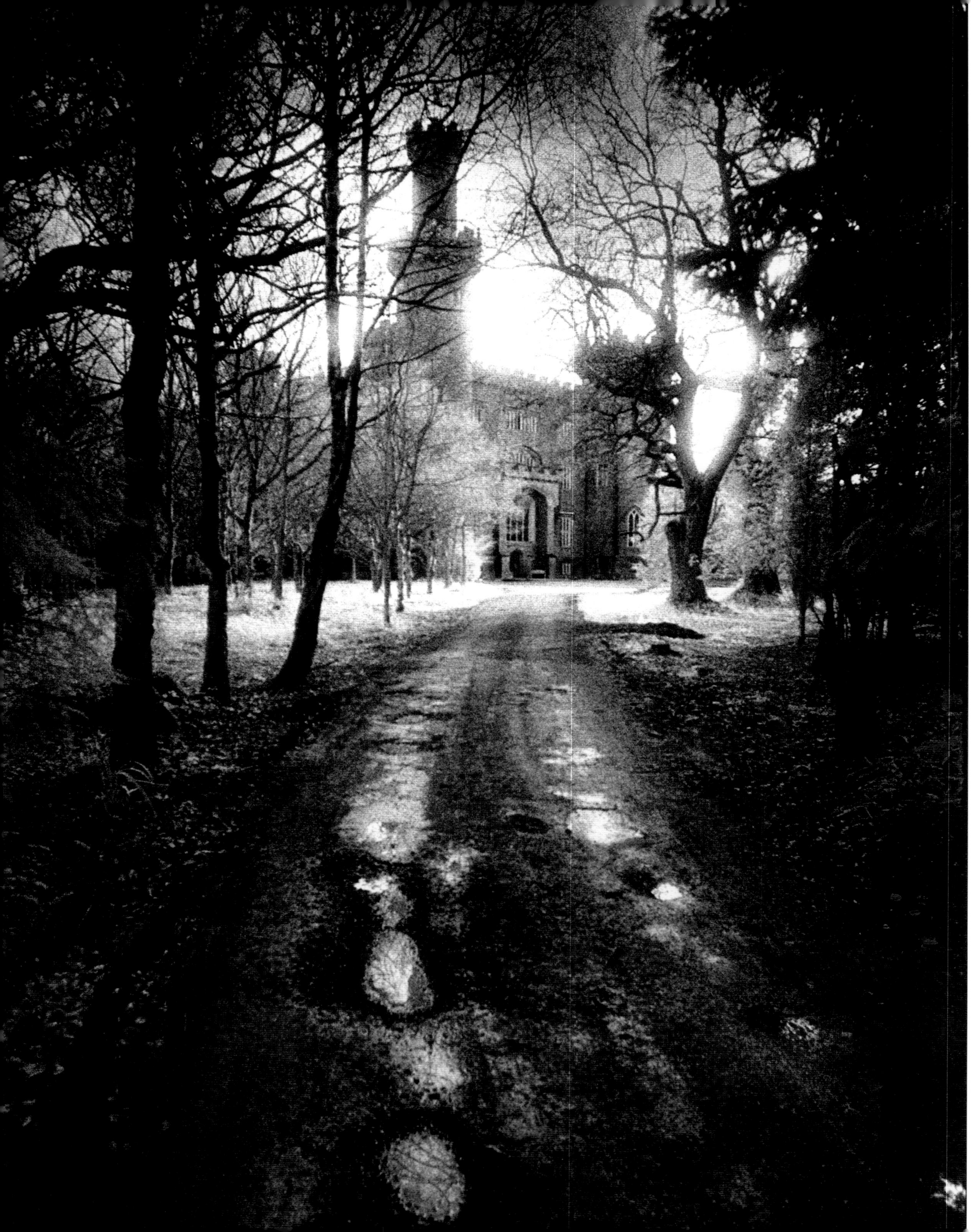

Carmilla

Joseph Sheridan le Fanu (1814–1873)

Le Fanu wurde als Kind eines wohlhabenden Geistlichen in Dublin geboren. Seine Familie zog später in die Gegend von Limerick, wo er seine Kindheit in einer von altem Aberglauben und Brauchtum erfüllten Umgebung verbrachte.

1837 schloss Le Fanu sein Jurastudium am Trinity College ab, und im Jahr darauf wurde sein erstes Werk *The Ghost and the Bonesetter* (*Der Geist und der Knocheneinrichter*) veröffentlicht. Er wurde schon bald der führende Repräsentant des Genres der viktorianischen Gruselgeschichten. Zu seinen bekannteren Werken zählen *Grüner Tee*, *The Familiar* (*Der Vertraute*) und *Carmilla*, die Geschichte eines weiblichen Vampirs mit lesbisch-erotischen Untertönen, die damals für Aufsehen sorgte. Noch heute gilt sie als die literarisch beste und gruseligste unter den Vampirgeschichten. Mit Ausnahme des Psychothrillers *Onkel Silas und das verhängnisvolle Erbe* waren seine Romane weniger erfolgreich. Nach dem Tod seiner Frau im Jahre 1858 fiel Le Fanu in tiefe Depression, und sein ganzer Pessimismus floss ein in seine Horrorgeschichten. Er lebte so zurückgezogen, dass man ihm den Spitznamen »Der unsichtbare Prinz« gab. Er starb 1873. ❖ *Carmilla*, meine persönliche Lieblingsvampirgeschichte, dürfte viele Vertreter des Genres inspiriert haben, so auch Bram Stoker bei seinem Meisterwerk *Dracula*. Le Fanus Erzählung beschreibt die seltsame und sehr schöne lesbische Beziehung zwischen Laura, der Erzählerin, und dem Vampir, der Gräfin Carmilla Karnstein, die eines Abends auf geheimnisvolle Weise Lauras Familienschloss in den steirischen Wäldern aufsucht. Laura gerät allmählich in Carmillas Bann, und obwohl sie sich von ihr sowohl angezogen als auch abgestoßen fühlt, scheint sie nicht die Energie aufzubringen, sich der Gräfin zu widersetzen. Hier ein paar Auszüge aus der Geschichte:

Sie schlang ihre schönen Arme um meinen Nacken, zog mich zu sich und legte ihre Wange an die meine. Sie flüsterte in mein Ohr: »Liebste, dein kleines Herz ist verwundet. Denk nicht, dass ich grausam wäre, weil ich dem unwiderstehlichen Gesetz meiner Stärke und Schwäche gehorche; wenn dein teures Herz verwundet ist, dann blutet auch das meine. Ich erniedrige mich, um in deinem warmen Leben zu leben, und du wirst sterben – sanft, ganz sanft – und in das meine kommen.«

Manchmal, nach einer Stunde der Teilnahmslosigkeit, nahm meine seltsame und schöne Gefährtin meine Hand und hielt sie mit sanftem Druck, den sie immer wieder erneuerte; sie errötete leicht, blickte mich mit ruhigen, brennenden Augen an und atmete so schnell, dass sich ihr Kleid mit jedem Atemzug hob und senkte. Es war wie das Glühen einer Liebenden; es beschämte mich, es war verhasst und doch überwältigend. Mit verzücktem Blick zog sie mich zu sich, und sie bedeckte meine Wangen mit den Küssen ihrer heißen Lippen. Sie flüsterte, von Seufzern erstickt: »Du bist die meine, du wirst die meine sein, du und ich werden für immer eins sein.«

So hatte ich dieser so seltsamen Geschichte gelauscht, die mit den großen und adeligen Toten verbunden war, deren Anwesen zwischen dem Staub und dem Efeu um uns verwitterten.

Linke Seite Charleville Forest, Tullamore, Grafschaft Offaly, Irland

Die Geschehnisse lasteten schwer auf meiner eigenen geheimnisvollen Vergangenheit an diesem verwunschenen Ort, der durch die überall über die stillen Mauern emporrankenden Blätter verdunkelt war. In dieser Einsamkeit kroch die Angst in mir hoch, und mein Herz sank, als ich daran dachte, dass meine Freunde diesen tristen, unheilvollen Ort doch niemals betreten und stören würden. ❦ *Die Augen des alten Generals waren auf den Boden gerichtet, als er seine Hand auf den Sockel einer zerfallenen Statue legte. Einer dieser dämonischen Grotesken, in denen sich die zynische und grässliche Fantasie der gotischen Bildhauerei ergötzte, ragte über einem niedrigen Torbogen hervor, unter dem zu meiner Freude die schöne Carmilla die schattige Kapelle betrat.* ❦ *Ich wollte soeben aufstehen und sie ansprechen; als Antwort auf ihr besonders einnehmendes Lächeln lächelte auch ich ihr zu. Da nahm mit einem Schrei der alte Mann an meiner Seite die Axt und sprang vor. Als sie ihn sah, verzerrten sich ihre Züge zu einer Grimasse. Während sie einen geduckten Schritt nach vorne tat, verwandelte sie sich plötzlich auf scheußliche Weise. Bevor ich laut aufschreien konnte, hieb er mit aller Macht auf sie ein, aber sie wich dem Schlag aus und packte ihn am Handgelenk. Er versuchte, sich zu befreien, doch dabei öffnete er die Hand, ließ die Axt zu Boden fallen und das Mädchen war verschwunden.* ❦ *Am nächsten Tag nahm das offizielle Verfahren in der Karnstein-Kapelle seinen Lauf. Das Grab der Gräfin Mircalla wurde geöffnet; der General und mein Vater erkannten beide in der Toten ihren heimtückischen und schönen Gast. Ihre Gesichtszüge waren gerötet vom warmen Hauch des Lebens, obwohl seit ihrem Tod 150 Jahre vergangen waren. Ihre Augen waren geöffnet; kein Leichengeruch entwich dem Sarg. Die beiden Ärzte – einer von Amts wegen, der andere im Auftrag der Antragsteller – bescheinigten den wundersamen Umstand, dass ihr Atem schwach, aber spürbar war und ihr Herz klopfte. Die Gliedmaßen ließen sich vollständig beugen, ihre Haut war elastisch, und ihr Körper lag fast zwanzig Zentimeter tief im Blut.* ❦ *Hier also waren alle anerkannten Zeichen und Beweise eines Vampirismus. Der Körper der Gräfin wurde daher, entsprechend den überlieferten Praktiken, aufgerichtet und ein spitzer Pflock durch das Herz des Vampirs getrieben, der dabei einen durchdringenden Schrei ausstieß – so wie er einem Lebenden im Todeskampf entweicht. Dann wurde der Kopf abgeschlagen, und ein Blutschwall strömte aus dem durchtrennten Nacken. Der Körper und der Kopf wurden auf einen Holzstapel gelegt, entzündet und bis auf die Asche niedergebrannt. Die Asche wurde in den Fluss gestreut.*

RECHTE SEITE *Sterbliche Überreste, Friedhof von Stamullen, Grafschaft Meath, Irland*

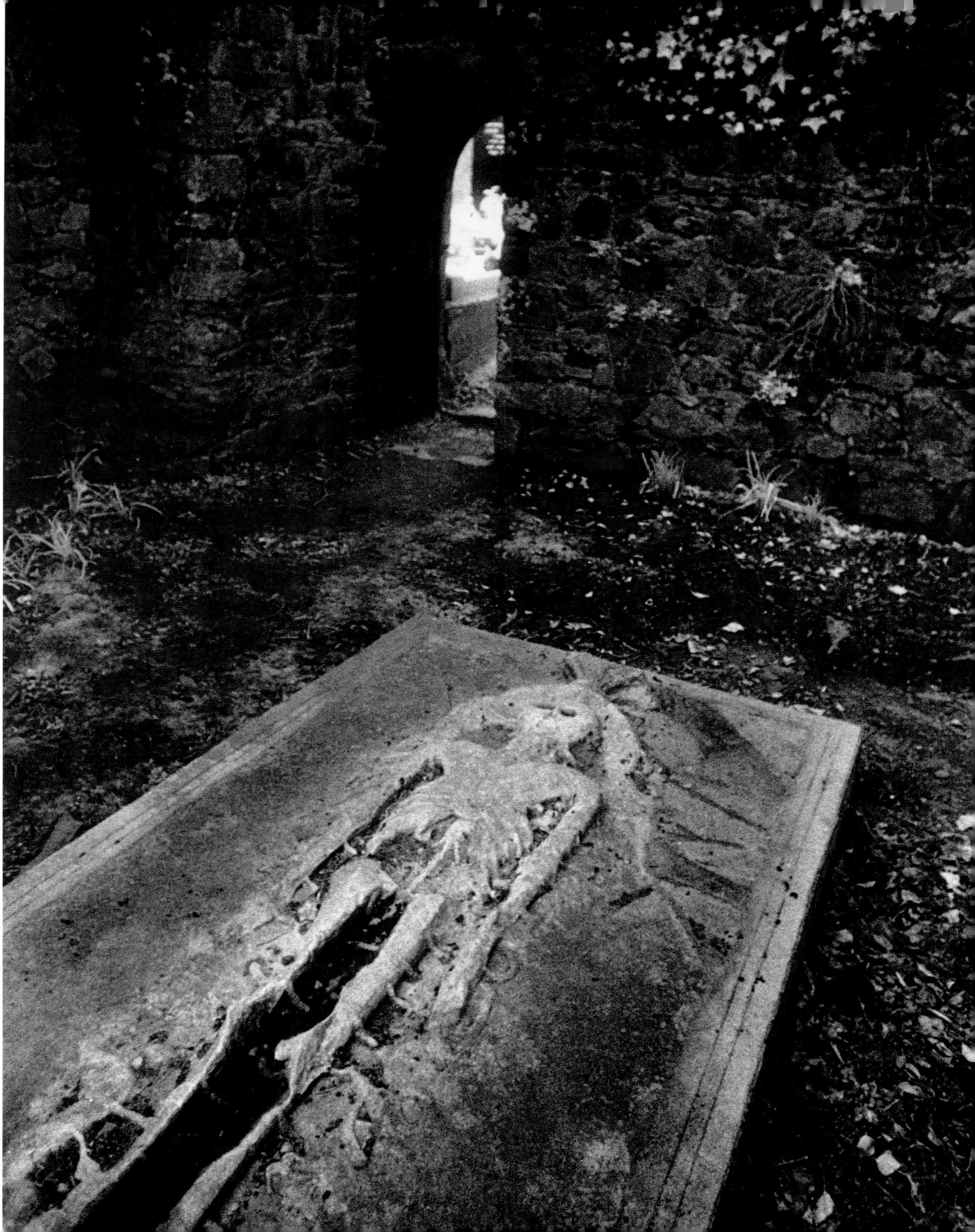

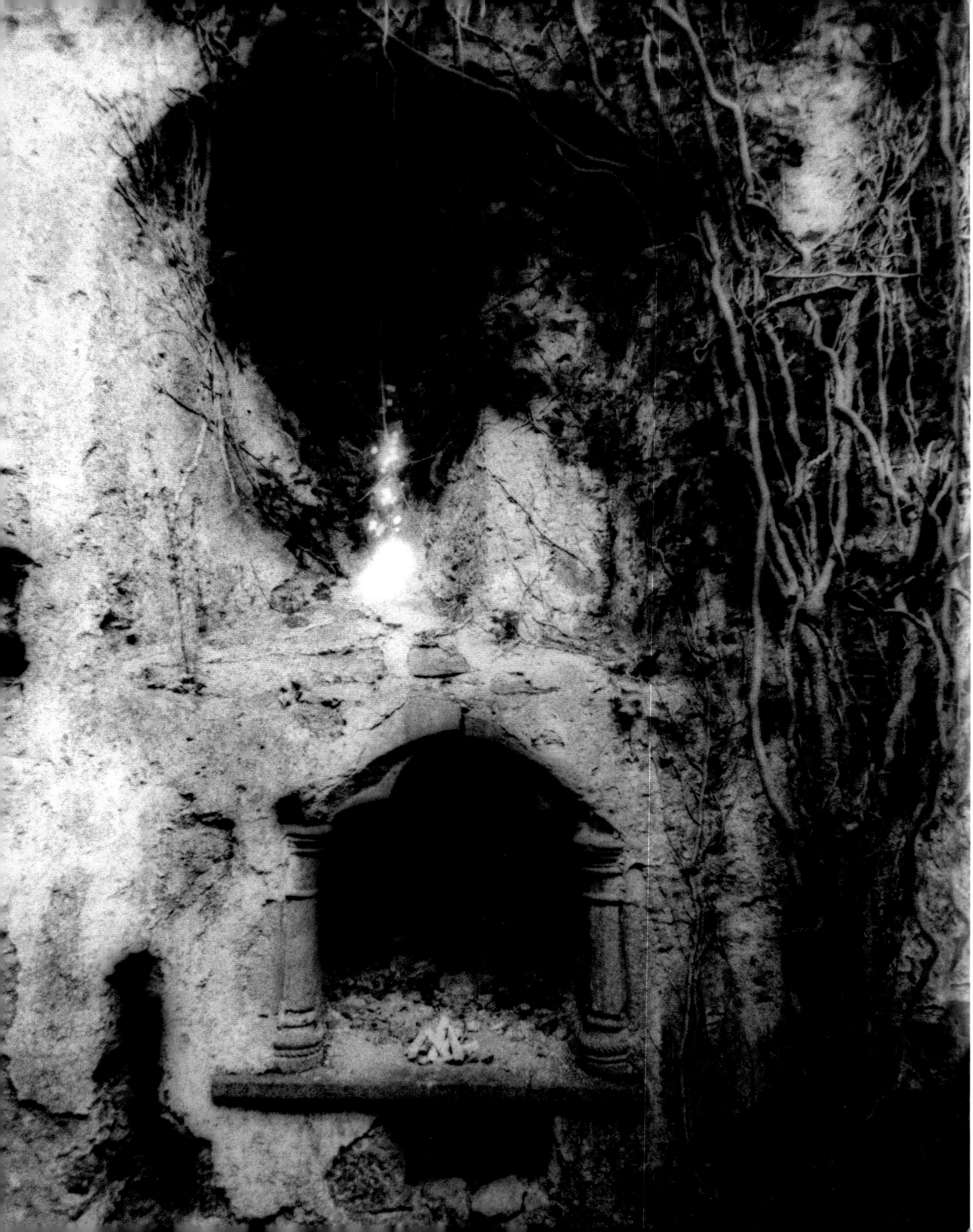

Die Zelle der schwarzen Hexe

Manisternagalliaghduff oder »Alte Abtei« Shanagolden, Grafschaft Limerick, Irland

*Dies schrecklich Ding ist nimmer mehr,
und wenn es ist, zu wandern nach dem Tod;
zu wandeln, wie es Geistern tun, den ganzen Tag
im Schatten bis zur Dunkelheit, auf Pfaden,
die zu Gräbern führen; und in der stillen Gruft,
wo deine eig'ne bleiche Hülle liegt, danach zu streben,
den verbot'nen Körper zu besitzen.*
John Dryden (1631–1700), *Oedipus*

Das einst riesige Anwesen des Nonnenklosters St. Katherine ist heute fast vollständig von dichtem Gestrüpp und windschiefen Bäumen umgeben, so dass es scheint, als sei es in einem tiefen, alten Wald versteckt.

Als die Dämmerung am Ende eines heißen Sommertages einsetzte, kämpfte ich mich durch die unheimlichen Ruinen. Ihre geheimnisumwitterte Aura der Einsamkeit gab mir das Gefühl, der Erste zu sein, der sich hier seit über 100 Jahren hineinwagte. ✤ Trotz seiner Größe und Bedeutung ist über die Geschichte dieses mittelalterlichen Augustiner-Eremitinnenklosters wenig bekannt. Es gibt keine Belege für seine Gründung, erstmals erwähnt wurde es im Zusammenhang mit der Inquisition 1298. Viele Sagen zu meist übernatürlichen Ereignissen ranken sich um die Gebäude. So sollen im Verlauf einer der zahlreichen Fehden zwischen den Familien Geraldine und Butler gegen Ende des 16. Jahrhunderts der Graf von Desmond und seine Gemahlin aus der nahe gelegenen belagerten Burg geflohen sein. Die Gräfin wurde dabei von einem Pfeil tödlich getroffen. Da er sie für tot hielt, floh der Graf in das verlassene Nonnenkloster, wo er sie hastig unter dem Altar der Hauptkapelle begrub. In tiefer Trauer reiste er weiter und rettete sich nach Askeaton, ohne zu ahnen, dass er seine Frau lebendig begraben hatte. Ihr gequälter Geist soll noch heute am Ort ihres schrecklichen Todes spuken. ✤ Im Laufe der Jahre wurden auf dem verfallenen Anwesen mehrere Skelette gefunden, doch was die Menschen wirklich bewegte, war die scheußliche Erscheinung einer ehemaligen Äbtissin, die von allen, die das Pech hatten, ihr zu begegnen, als düstere, vampirartige Gestalt mit blassen Zügen und roten, stechenden Augen beschrieben wurde. Dieser dämonischen Äbtissin wegen soll das Kloster schon 1541 vom Papst aufgehoben worden sein, hatte sie doch mit ihren schwarzmagischen Sexualpraktiken neben ihren Mitschwestern auch die Anwohner gegen sich aufgebracht. Nachdem die anderen Schwestern geflohen waren, beschloss die Äbtissin, allein in dem verlassenen Kloster zu bleiben. Sie wurde so alt, dass ihr Gesicht ganz schwarz gewesen sein soll. Sie zog sich in die Sakristei zurück, wo sie einsam gestorben sein

Linke Seite Die Zelle der schwarzen Hexe, *»Old Abbey«*, Shanagolden, Grafschaft Limerick, Irland

soll. Dieser Raum wurde später als die »Zelle der schwarzen Hexe« bekannt. Niemand weiß, wo sie begraben wurde, und manche glauben, dass ihr böser Geist noch immer durch die Ruinen der Abtei wandert. ❖ Als die Schatten länger wurden, begann die unheimliche Stille der zerfallenen Ruinen mich zu beunruhigen. Ich fühlte mich plötzlich sehr verletzlich – ein Sterblicher in einer gespenstischen und vergessenen Wildnis.

OBEN *Manisternagalliaghduff oder »Die alte Abtei« Shanagolden, Grafschaft Limerick, Irland*
RECHTE SEITE *Skulptur aus Schloss Toddington, Gloucestershire, England*

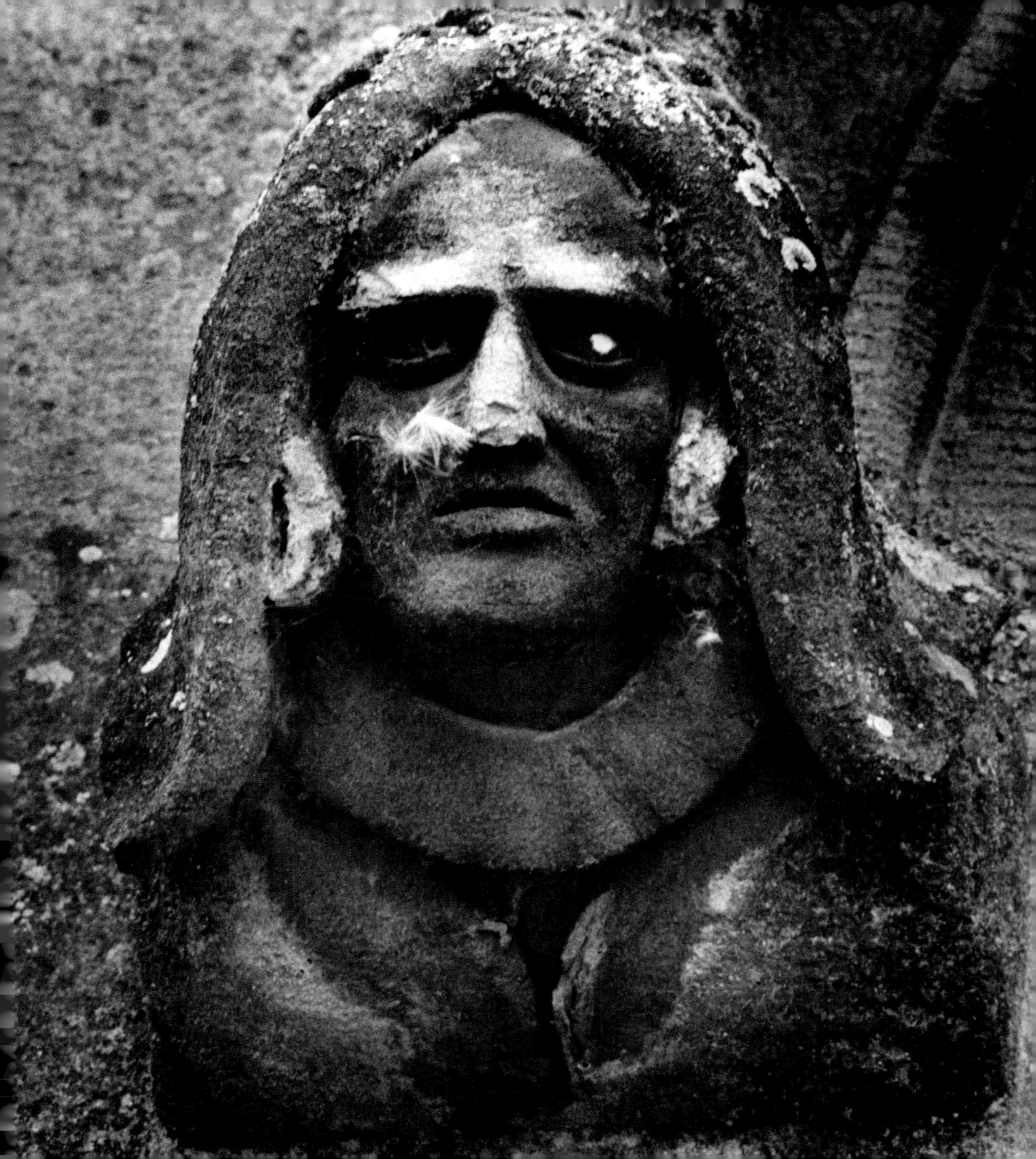

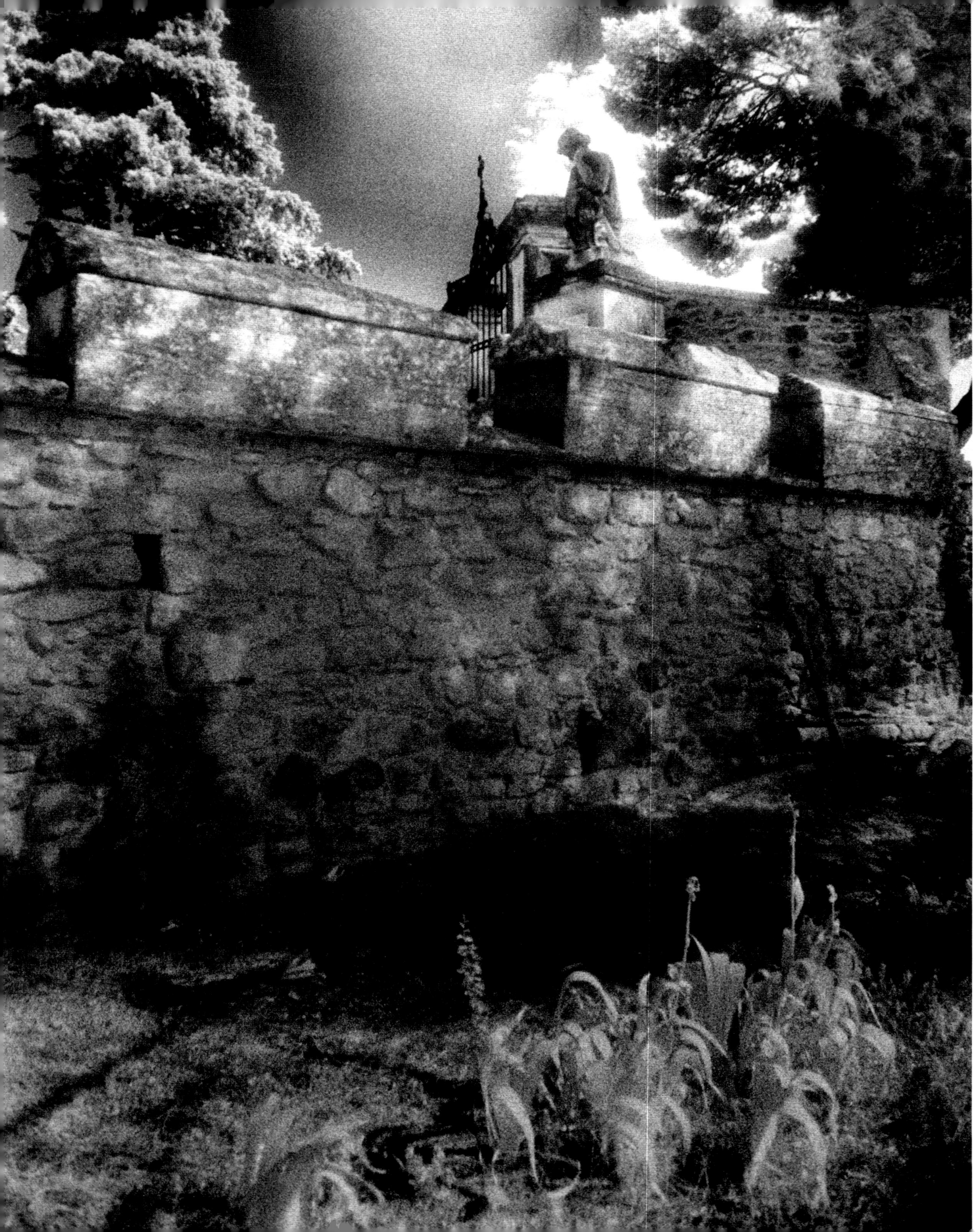

Das Versteck der Vampire

Der Friedhof von Mazan, Provence, Frankreich

Das Böse ist eine moralische Größe und keine geschaffene, eine ewige und keine verschwindende:
Es bestand schon vor dieser Welt, es ist das monströse, scheußliche Etwas, das solch eine grässliche Welt formte.
Es wird daher nach den Kreaturen bestehen, die diese Welt bevölkern.
Marquis de Sade (1740–1814)

UNZÄHLIGE ARCHÄOLOGISCHE AUSGRABUNGEN BEZEUGEN DIE BEDEUTUNG DER KLEINEN STADT MAZAN IN DER VERGANGENHEIT.

Es liegt versteckt in der bergigen Landschaft des Département Vaucluse und ist auch bekannt als einer der Hauptsitze der Familie de Sade. Der wohl bekannteste Vertreter dieses Geschlechts war der Marquis Donatien Alphonse François de Sade, der erotische Autor und Freigeist, der einen der Familiensitze in der Nähe von Mazan, Château LaCoste, bewohnte. Die vielen anstößigen und grausamen Taten des mehrfachen Vergewaltigers und Peinigers prägten den Begriff Sadismus. ❖ Ein Ring alter Steinsarkophage aus dem 6. und 7. Jahrhundert umrundet den Friedhof der Stadt. Diese geheimnisvollen Särge wurden im 18. Jahrhundert in den umliegenden Feldern entdeckt. Der Sage nach lebten die Anwohner stets in Angst vor vampirgleichen Wesen, die die Gestalt von Wölfen annahmen und das Blut der frisch Verstorbenen tranken. In jenen Tagen kamen die hungrigen Wölfe häufig von den Hügeln herab, sobald es dunkel wurde. Doch die Deckel dieser Sarkophage waren aus schwerem Stein, um Schändungen zu verhindern. Die Tatsache, dass die darin bestatteten Leichen dennoch häufig geschändet wurden, war wohl die Ursache für den hartnäckigen Glauben, dass nur die übernatürlichen Kräfte von Vampiren für derartige Schandtaten verantwortlich sein konnten. ❖ Am frühen Abend stieg ich den kleinen Hügel zum Friedhof hinauf. Wie auf den meisten Friedhöfen war die Atmosphäre sehr friedlich, obwohl die aufgereihten Sarkophage der Anlage fast das Aussehen einer Festung verleihen. Warum, so fragte ich mich, war diese Sage hier und nicht irgendwo anders in der Provence entstanden? Sollte eine solch ruhige, malerische Stadt etwa das Versteck einer Kolonie von Vampiren gewesen sein, die sich dem Tod entzogen hatten, indem sie sich am Blut ihrer ahnungslosen Nachbarn labten? Die Kirchenglocke läutete, als ich mein letztes Foto machte. Bei meinem Abstieg zurück zum Marktplatz fiel mir ein, dass ich noch das Schloss des Marquis de Sade besuchen wollte.

LINKE SEITE *Der Friedhof von Mazan, Provence, Frankreich*

Über Geistererscheinungen

Dom Augustin Calmet (1672–1757)

Dom Calmet, Benediktinermönch aus Sénones, war ein anerkannter Bibelgelehrter im Frankreich des 18. Jahrhunderts. Er wurde bekannt durch seine Abhandlung über Erscheinungen der Geister und Vampire in Ungarn und Mähren.

Der erste Band seines Werkes handelte von Geistern und Erscheinungen, der zweite von Wiedergängern und Vampiren, und er führte zu großen Kontroversen. Calmet war beeindruckt von den detaillierten Beweisen über Fälle von Vampirismus in Osteuropa. In der Einleitung schreibt er:

Zurzeit tut sich vor unseren Augen etwas Neues auf, so wie es sich vor etwa 60 Jahren schon in Ungarn, Mähren, Schlesien und Polen begeben hat. Menschen, so sagt man, die bereits seit Monaten tot waren, kamen zurück auf die Erde, redeten, gingen, suchten Dörfer heim, missbrauchten Menschen wie Tiere, tranken das Blut ihrer nahen Verwandten, zerstörten deren Gesundheit und verschuldeten letztendlich deren Tod. Die Menschen konnten sich nur vor ihren gefährlichen Besuchen und Verfolgungen schützen, wenn sie diese exhumierten, pfählten, köpften, ihnen das Herz herausschnitten und sie verbrannten. Diese Unwesen werden Vampire genannt, was Blutsauger bedeutet. Eigenschaften werden ihnen zugeschrieben, so einzigartig, so genau und gefolgt von so glaubhaften Umständen und so unparteiischen Aussagen, dass niemand daran Zweifel hegen mag, dass sie aus ihren Gräbern steigen und die Taten begehen, die ihnen zugeschrieben werden. ✣ *Ich will hier die Angelegenheit dieser Vampire behandeln, auch wenn ich erwarten muss, dafür kritisiert zu werden; ich werde sie besprechen. Diejenigen, die an sie glauben, werden mich der Unbesonnenheit und Vermessenheit bezichtigen, weil ich Zweifel hieran aufkommen lasse oder sogar deren Existenz und Wahrhaftigkeit geleugnet habe. Andere werden mir Zeitverschwendung vorwerfen, weil ich mich dieser frevelhaften und nutzlosen Sache angenommen habe.*

Die Arbeit stieß in der Tat auf heftige Kritik, sowohl innerhalb als auch außerhalb der Kirche, denn als Theologe versuchte Calmet die Existenz dieser Wesen mit der Kirchenlehre in Einklang zu bringen, vor allem in Hinblick auf das Leben nach dem Tode. Letztendlich kam er zu dem folgenden Schluss:

Es scheint sich doch sehr um eine Sinnestäuschung zu handeln. Selbst wenn etwas Wahres daran sein sollte, so können wir uns leicht wegen unserer Unwissenheit trösten, gibt es doch so viele natürliche Dinge, die in uns und um uns stattfinden und von deren Ursache und Geschick wir nichts wissen.

Oben *Dom Augustinus Calmet*
Rechte Seite *Statue eines Priesters beim Exorzismus, Kloster Mortemer, Normandie, Frankreich*

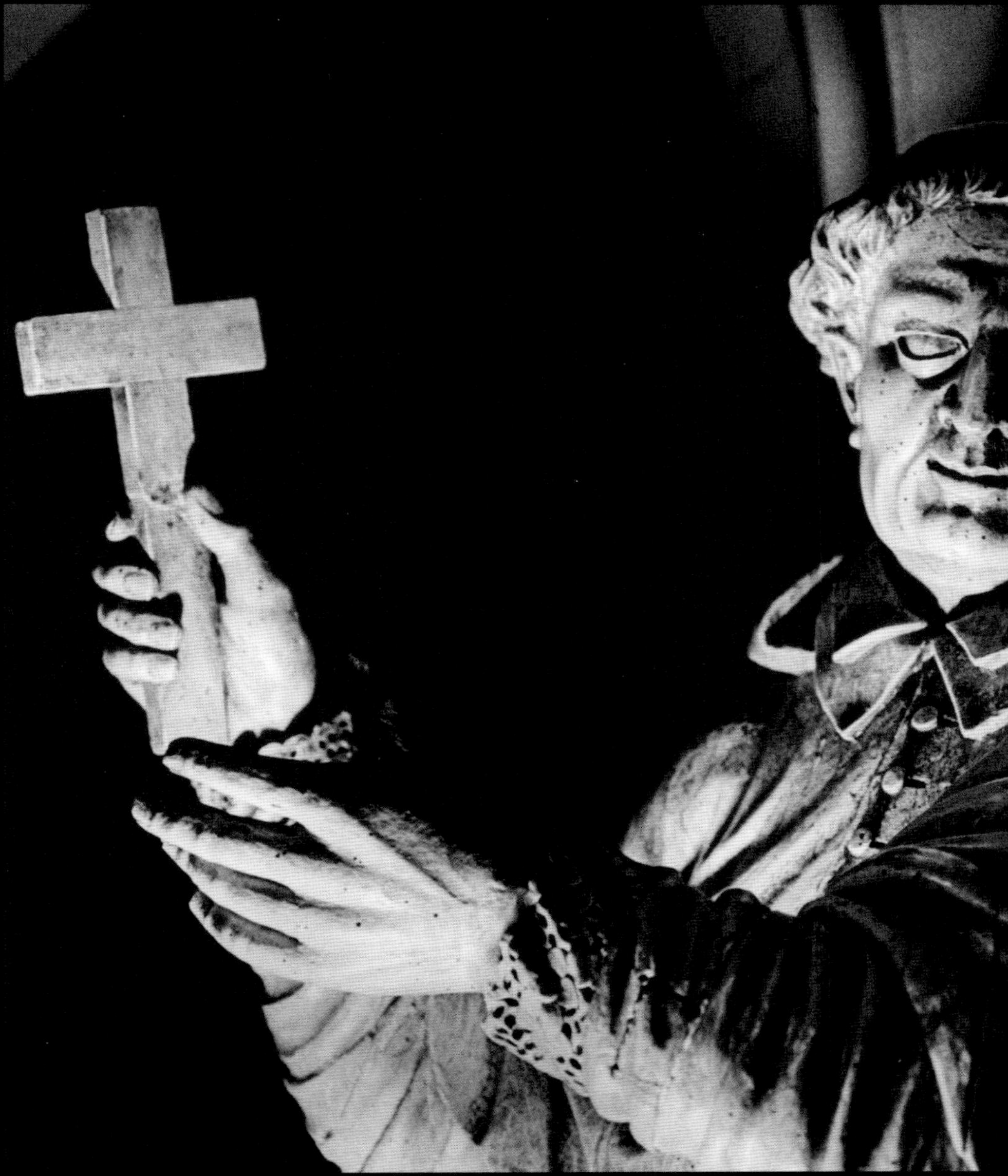

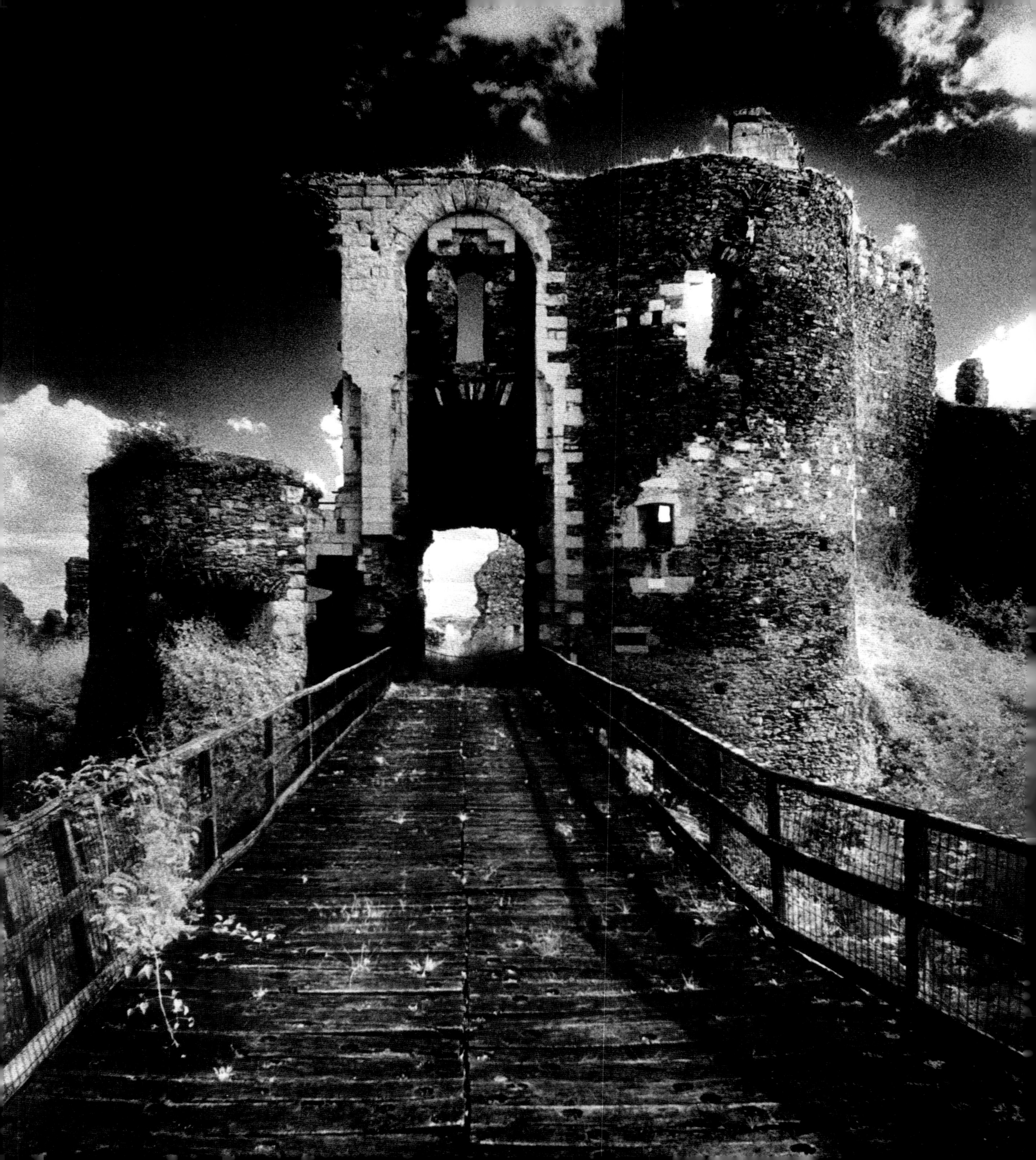

Der satanische Vampir

Château de Champtocé & Château de Tiffauges, Vendée, Frankreich

*Niemand wird je meine Taten verstehen,
denn niemand auf dieser Erde ist hierzu in der Lage.*
Gilles de Rais (1404–1440)

DER ÜBERLIEFERUNG NACH ERHELLTE IM WINTER 1404 EIN PLÖTZLICHES UND HEFTIGES GEWITTER DEN NACHTHIMMEL ÜBER CHÂTEAU DE CHAMPTOCÉ – GENAU ZU DER STUNDE, IN DER GUY DE LAVALS GEMAHLIN IHREN SOHN ZUR WELT BRACHTE.

Als sie erschöpft im Schwarzen Turm lag, hätte sie sich nie träumen lassen, dass dieser kleine Junge, den sie liebevoll in den Armen hielt, zu einem der schlimmsten Massenmörder der Geschichte – einem Vampir und Nekrophilen – heranwachsen würde. ❖ Gilles de Rais zählte zur Spitze der französischen Gesellschaft. Er war verwandt mit den vier mächtigsten Dynastien Westfrankreichs, den Häusern Laval, Rais, Machecoul und Craon. Seine Eltern starben, bevor er elf Jahre alt war (sein Vater wurde von einem wilden Keiler getötet), und er erbte bereits als Kind ein großes Vermögen. Sein gewalttätiger und skrupelloser Großvater, Jean de Craon, nahm Gilles unter seine Fittiche. Mit 16 Jahren mehrte er seinen Reichtum beträchtlich, indem er seine Kusine Cathérine de Thouars zuerst gewaltsam entführte und dann heimlich heiratete. Dies war der erste von vielen Skandalen, für die der junge Freigeist in seinem kurzen Leben sorgte. Er galt als ein »junger Mann von seltener Eleganz und erstaunlicher Schönheit«, ihm gehörten viele Schlösser in ganz Frankreich, doch schon bald gab er sich wilden Ausschweifungen hin, die sein aristokratisches Umfeld entsetzten und sein Vermögen minderten. ❖ Dieser Niedergang wurde 1429 unterbrochen, als König Karl VII. (1403–1461) ihn zu den Waffen rief und de Rais zum Marschall von Frankreich und Beschützer von Jeanne d'Arc machte. Er kämpfte heldenhaft an der Seite der Jungfrau von Orléans und wich während des Feldzugs gegen die Engländer nur selten von ihrer Seite. Offenbar hatte diese ungewöhnliche Frau seine Neigung zur Mystik geweckt, glaubte sie doch selbst, von Gott gesandt zu sein, um das französische Heer zu führen. Doch nach Johannas Gefangennahme und Tod auf dem Scheiterhaufen 1431 soll de Rais einem selbstzerstörerischen Wahn verfallen sein. So errichtete er eine große Theaterbühne, auf der er seine Heldentaten mit Johanna in Szene setzte. Hunderte von Schauspielern agierten in Kostümen, die nur einmal getragen werden konnten. Das Publikum hatte nicht nur freien Eintritt, es konnte sogar auf seine Kosten essen und trinken. ❖ Praktisch bankrott zog sich de Rais auf Château de Tiffauges zurück, wo er die Alchimie studierte, um unedles Metall in Gold zu verwandeln und so zu neuem Reichtum zu kommen. Die Alchimie war im 15. Jahrhundert von der Kirche und vom König verboten worden, aber das hinderte de Rais nicht daran, Hexenmeister aus ganz Europa einzuladen. Unter dem Einfluss des wohl schrecklichsten unter ihnen, Francesco Prelati, suchte er den Pakt mit dem Teufel. Um dessen Hilfe zu

LINKE SEITE *Ruine der Burg von Gilles de Rais, Champtocé sur Loire, Vendée, Frankreich* gewinnen, müsse er die denkbar abscheulichsten Verbrechen begehen. So entdeckte er die perverse Leidenschaft, die ihn zeit seines Lebens verzehrte: Folter, sexueller Missbrauch und das Töten von Kindern, zumeist Jungen. Über 200 soll er gemeuchelt haben, und zu seinen Perversitäten gehörten das Zurschaustellen abgetrennter Köpfe auf Tellern und Augen in Fläschchen voller Blut. Vielen Kindern wurden zuerst von seinen Komplizen die Hände abgeschlagen, damit man ihr Blut trinken oder bei schaurigen Ritualen verwenden konnte. Aufgrund seines hohen Ranges, seiner Macht und seines Kriegsruhms wagte niemand, ihn dieser Taten zu beschuldigen. ✤ De Rais wurde 1440 schließlich doch verhaftet und nach Nantes gebracht, wo er ein dramatisches Geständnis ablegte, noch bevor man ihn folterte. Er wurde zum Tode durch den Strang verurteilt. Vor seiner Hinrichtung hielt er vor großem Publikum eine lange Rede über die Gefahren einer zügellosen Jugend. Er bekannte seine Sünden und ermahnte die Leute, ihre Kinder streng und im festen Glauben zu erziehen. Seine aufrichtige christliche Demut und Reue soll viele der Anwesenden zum Weinen gebracht haben. Nach seinem Tod sollen fünf junge Frauen seinen Körper vom Galgen genommen und in Würde begraben haben. Sein ruheloser Geist soll aber noch immer in Tiffauges spuken, und es heißt, dass auch die Schreie der gemeuchelten Kinder noch mitten in der Nacht zu hören sind. ✤ 1847 beschrieb Gustave Flaubert Schloss Tiffauges als »ein taubstummes Gespenst, verlassen, verflucht und voll grausamen Widerhalls«. *Ich fand, dass sich in 150 Jahren wenig verändert hatte. Viele der große Mauern sind eingestürzt. Der Hauptturm ist für die Öffentlichkeit gesperrt und der Burggraben voller Müll. Selbst die Kapelle und die stimmungsvolle Krypta darunter haben eine bedrückende, geisterhafte Aura. Dies ist auch heute noch ein Ort, »an dem kein Vogel singt«.*

Oben *Gilles de Rais (1404–1440)*
Rechte Seite *Die Krypta der Burg Tiffauges, Vendée, Frankreich*

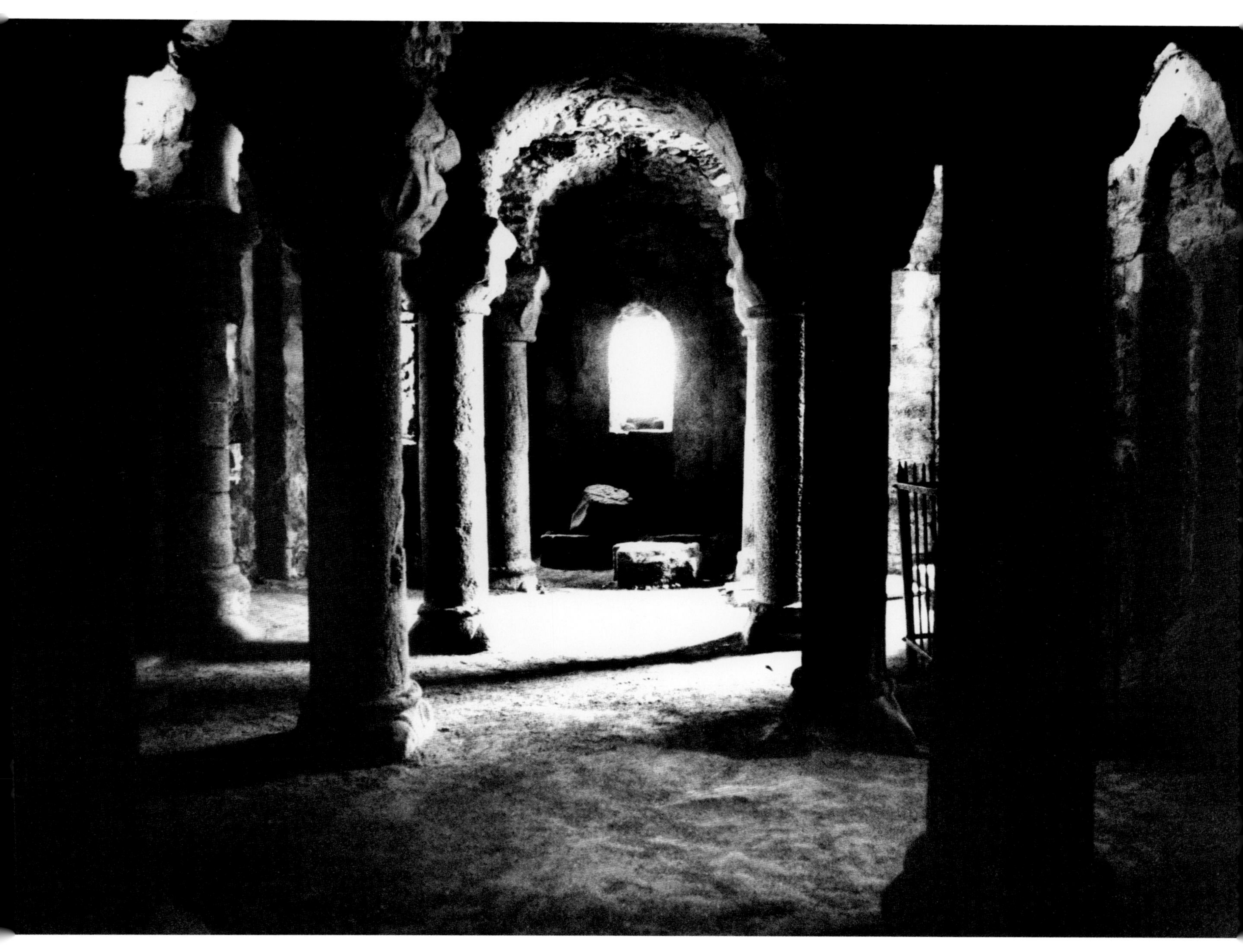

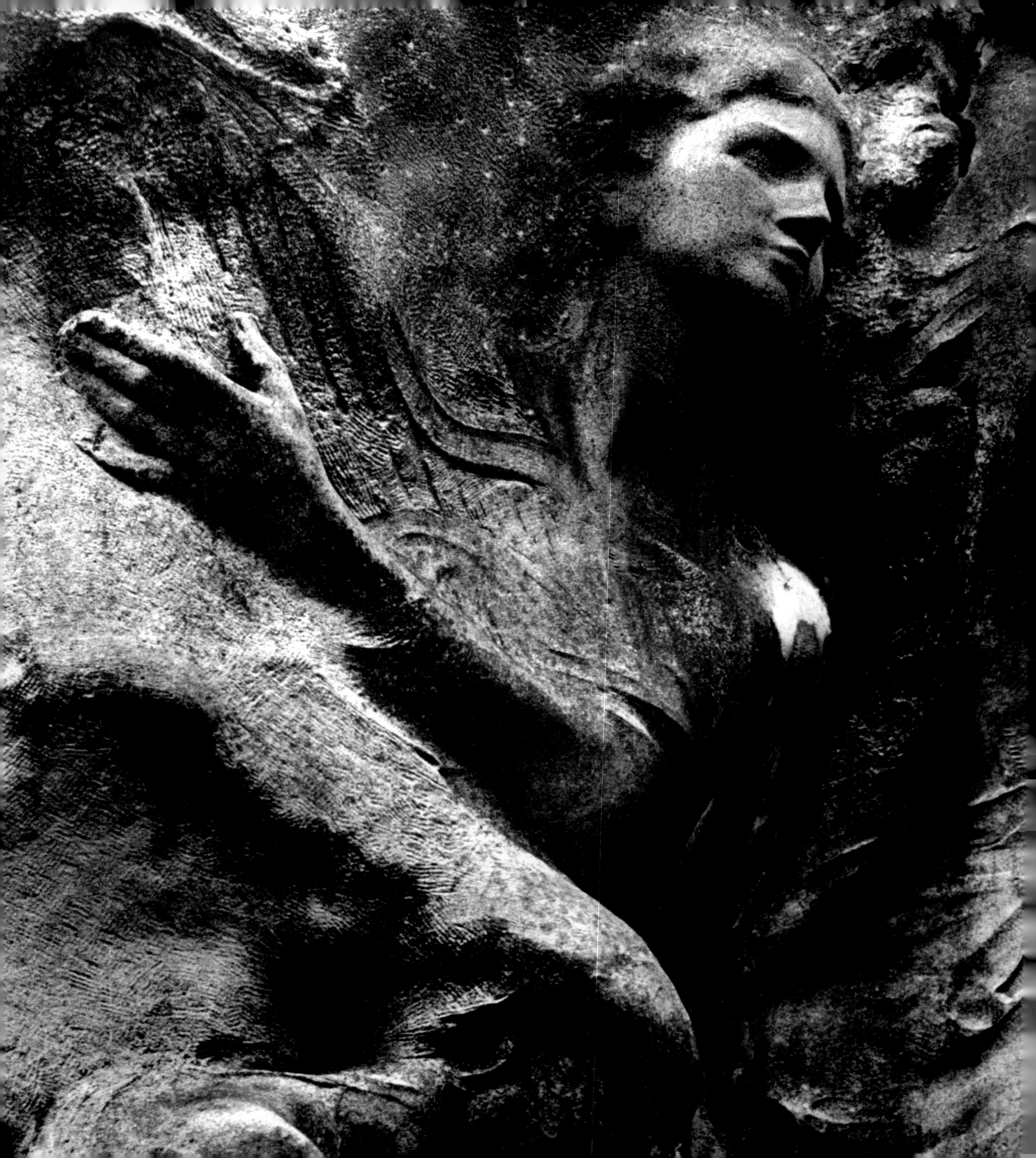

Vampire · Eine Reise in die Schattenwelt

𝔇as Reich der Vampire

Friedhof Père Lachaise, Paris

*Die Grenzen, die das Leben vom Tod trennen, sind bestenfalls vage und unbestimmt,
Wer soll sagen, wo das eine endet und wo das andere beginnt?*
Edgar Allan Poe (1809–1849), *Das vorzeitige Begräbnis*

Ich habe Stunden, Tage im Père Lachaise verbracht. Stets haben mich die vielen verzierten gotischen Statuen und zerfallenen Gräber inspiriert, die in wunderbarem Durcheinander an den Hängen eines Pariser Hügels liegen.

Viele gepflasterte und überwucherte Straßen schlängeln sich an den traurigen Gesichtern verwitterter Steinengel entlang. Die Augenhöhlen starren von den alten Monumenten, während streunende Katzen deinen Weg kreuzen, bevor sie in düsteren Krypten verschwinden. Viele Geister sollen auf den überwucherten Pfaden zwischen den schaurigen Grüften wandeln – etwa der große polnische Komponist Frédéric Chopin (1810–1849) oder der mystische Dichter Gérard de Nerval (1808–1855). Bei diesem Besuch suchte ich jedoch die prächtige Grabstätte einer russischen Prinzessin, eines angeblichen Vampirs. ✤ Prinzessin Marie-Elisabeth Demidoff, geborene Stroganoff, war eine bemerkenswerte Schönheit. Sie heiratete den sagenhaft reichen Grafen Nicolas Demidoff, dessen Familie mit Gold-, Silber- und Kupferminen in Zentralasien ein enormes Vermögen gemacht hatte. Demidoff war Diplomat, und als Anhänger Napoleons lebte das Paar in Paris. Doch ihre Ehe war nicht glücklich, und die schöne Prinzessin fand ihren Mann bald langweilig. Er ging zurück nach Russland, während sie den Rest ihres Lebens zurückgezogen in Paris verbrachte. Nach ihrem Tod wurde sie in einem der großartigsten und höchsten Mausoleen des Friedhofs bestattet. Die Mausoleen gleichen römischen Tempeln und sind mit vielen Skulpturen verziert, darunter auch Köpfen von Wölfen – die Diener der Vampire. Seltsamerweise hatte die Prinzessin in ihrem Testament verfügt, dass diejenige Person zwei Millionen Rubel erhalten solle, die es wage, sich ein Jahr lang zusammen mit ihrem Leichnam in der Marmorgruft einschließen zu lassen. ✤ Für Anhänger des Vampirismus ist diese Grabstätte eine Verbindung zu den Untoten. Dies schließen sie aus dem Todestag der Prinzessin, dem 18. April 1818, der dreimal die Zahl acht enthält: »888« ist eine magische Zahl für Vampire. Dazu liegt das Mausoleum in der Allée du Dragon, dem Drachenpfad. Doch noch außergewöhnlicher ist, dass ihr Grab unweit vom Grab des Georges Bibesco

Oben *Portrait der Marie-Elisabeth Demidoff, ca. 1805 von Robert Lefevre (1755–1830), Öl auf Leinwand*
Linke Seite *Detail von der Familiengruft des Hauses Bourdeney, Friedhof Père Lachaise, Paris*
folgende Doppelseite *Detail vom Grabmal Étienne-Gaspard Robertsons, Friedhof Père Lachaise, Paris*

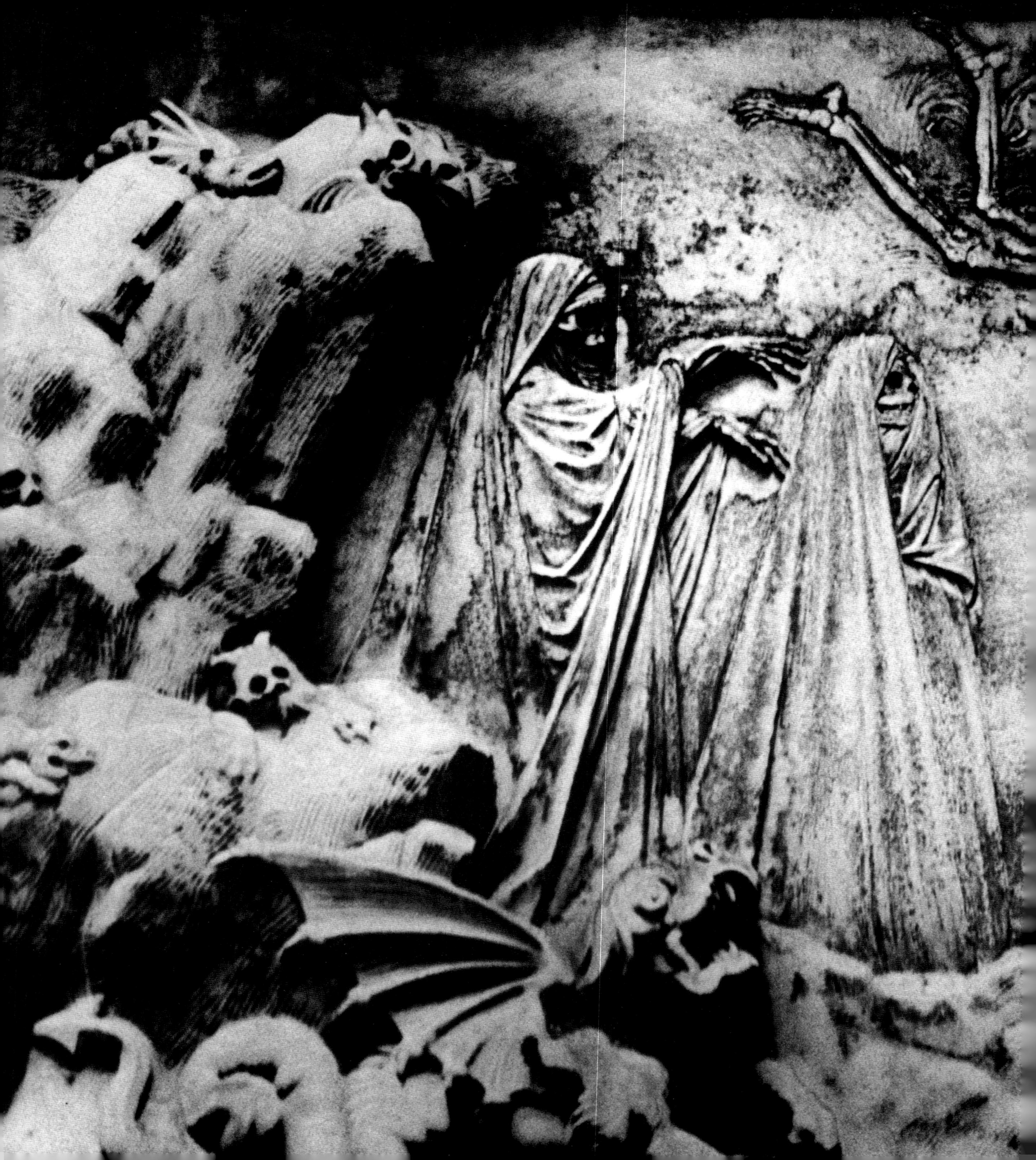

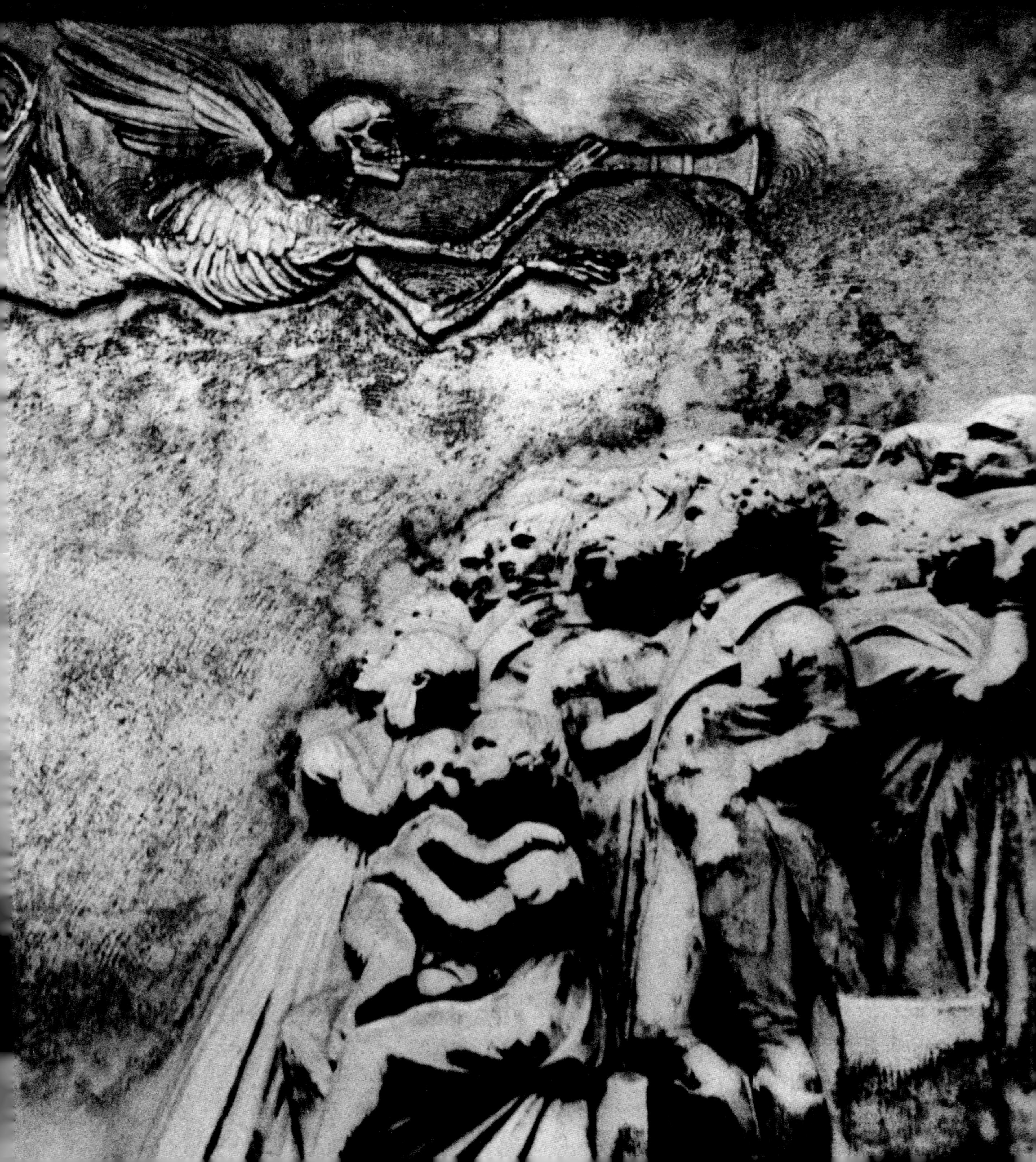

liegt, eines Prinzen der Walachei und damit Nachfolgers des Grafen Dracula. Dieses Grab wird von der goldenen Statue eines Adlers bewacht, der in seinen Krallen einen Pfahl und ein Kruzifix hält – Instrumente, mit denen man Vampire tötete. ❖ 1849 kursierten Aufsehen erregende Berichte von einer schattenhaften Gestalt, die in diesem und anderen Pariser Friedhöfen Tote ausgrub und verstümmelte. Die Behörden sprachen von Vampirismus, und die französische Presse nannte das Monster »Vampir von Paris«. Doch als die Polizei den Eindringling verhaftete, war es ein junger Soldat namens François Bertrand. Sein Prozess im Juli 1948 stand im Mittelpunkt des öffentlichen Interesses. Er bekannte sich schuldig. In seiner Jugend auf dem Land habe er oft lange Zeit allein im Wald verbringen müssen und sei darüber depressiv geworden. Seit er an der Beerdigung eines Dorfnachbarn teilgenommen habe, fühle er den Trieb in sich, Tote auszugraben, deren Körper zu verstümmeln und deren Blut zu trinken. ❖ Freunde von Anne Rice's *Chronik der Vampire* glauben, dass der fiktive Vampir Lestat auf diesem Friedhof begraben ist, und zwar in einem Grabmal mit der Aufschrift »Prinz Armand«. Es soll auch einen Geheimtunnel im Friedhof geben, der mit den Pariser Katakomben verbunden ist – ein weiteres mögliches Vampirversteck. ❖ Zweifellos spukt es hier, wo die Seelen der Verstorbenen nicht immer in Frieden ruhen. Sobald der Tag zu Ende ging und die Dämmerung einsetzte, fühlte ich mich den Toten zu nah und den Lebenden zu fern.

OBEN *Büste eines Offiziers, Friedhof Père Lachaise, Paris*
RECHTE SEITE *Familiengruft des Hauses Raspail, Friedhof Père Lachaise, Paris*

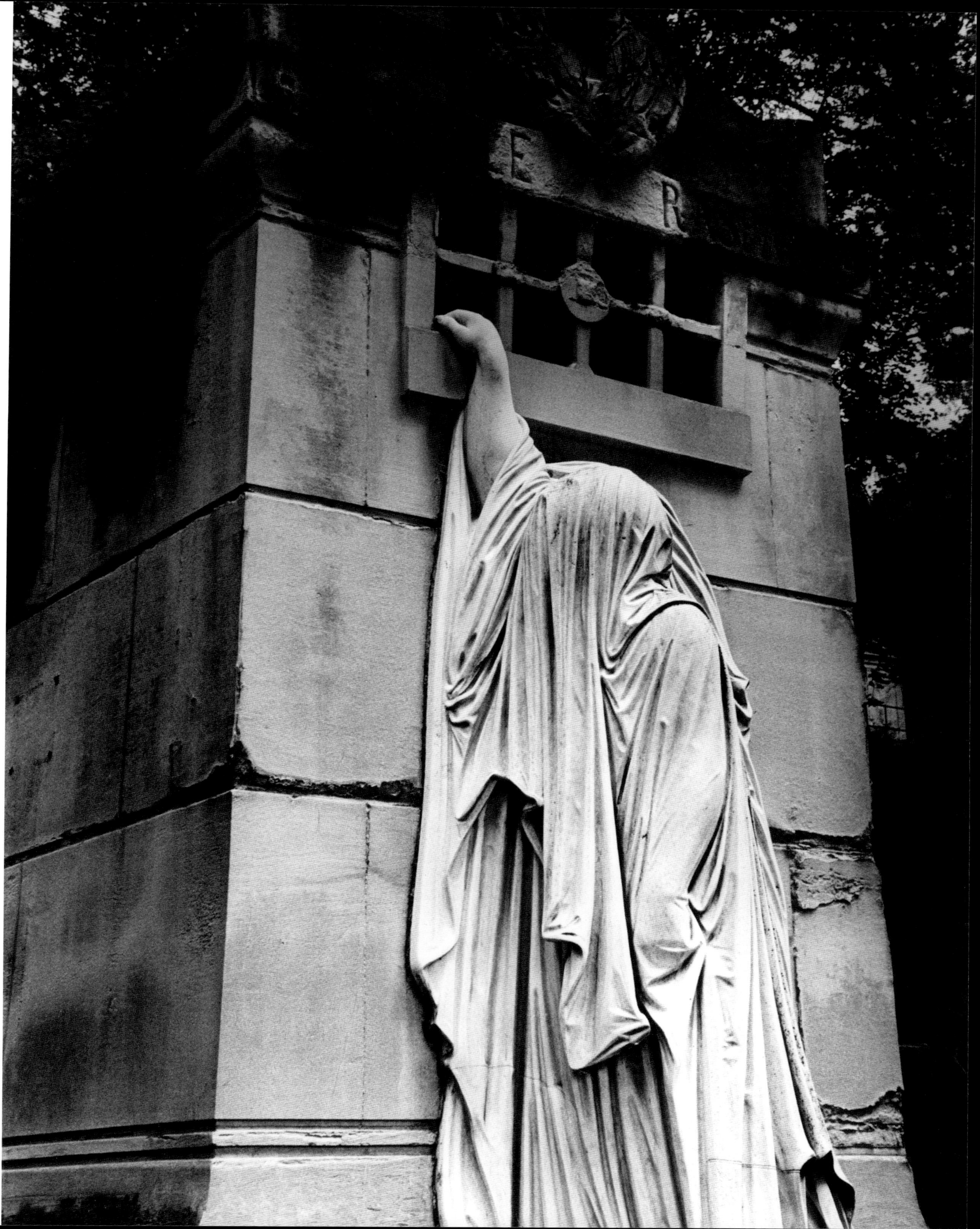

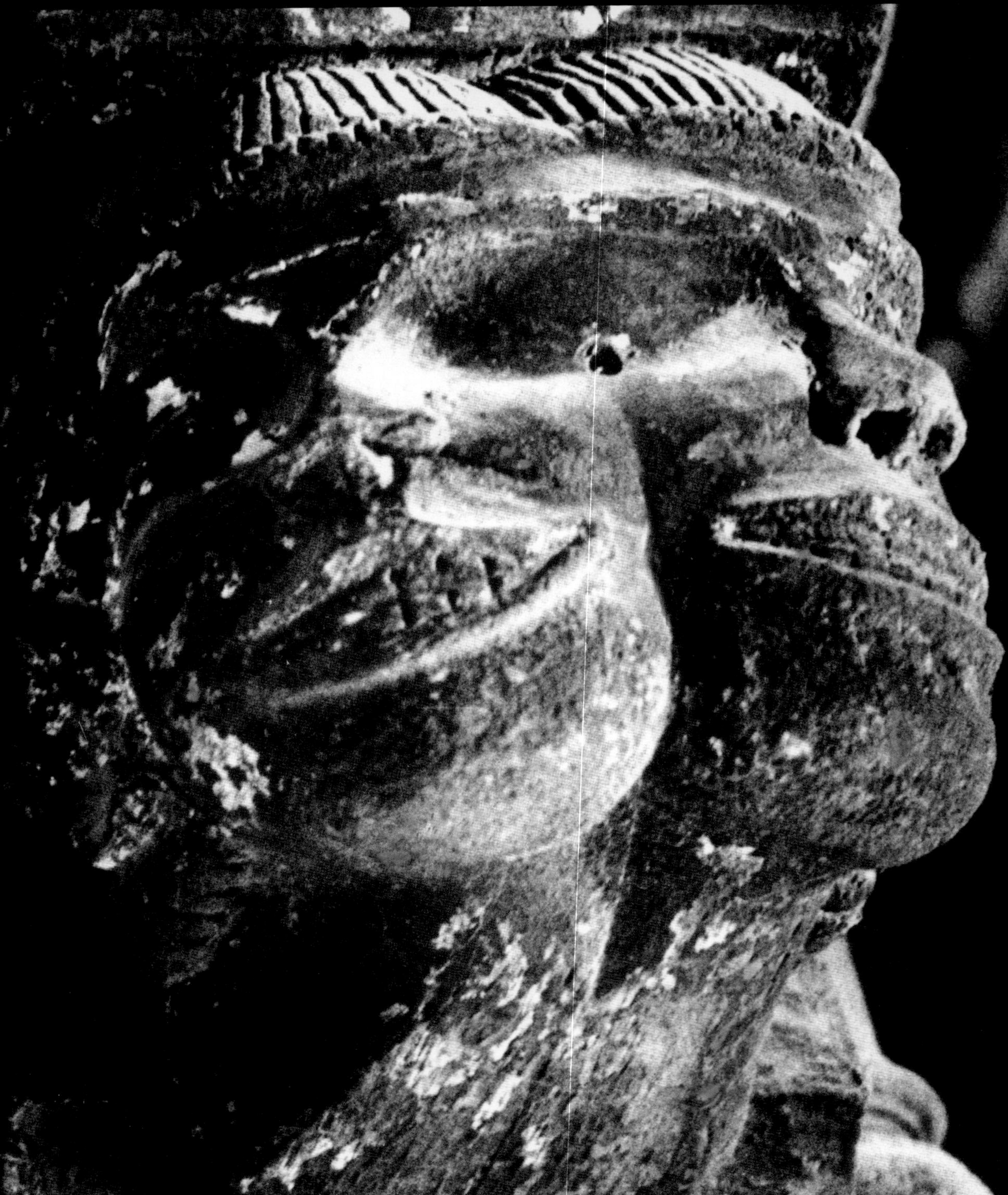

Der Horla

Guy de Maupassant (1850–1893)

Der grosse französische Erzähler Guy de Maupassant verbrachte seine Kindheit in der Normandie, und auch seine Geschichten spielen in dieser Gegend.

Väterlicherseits war er von adeliger Herkunft, und sein Großvater war der Patenonkel von Gustave Flaubert. Dieser führte Maupassant in seine literarischen Zirkel ein und machte ihn mit Émile Zola, Iwan Turgenew und Henry James bekannt. Mit 20 Jahren erkrankte Maupassant an Syphilis, und in der Folge verdüsterte sich sein Geist, was auch in seinen beklemmenden Geschichten zum Ausdruck kam, etwa in *Die Erscheinung* oder *Wer weiß?* oder in *Der Horla* (1887), der beklemmendsten von allen. Sie handelt von Vampiren, Wahnsinn und schließlichem Selbstmord. Die Geschichte beginnt damit, dass ein junger normannischer Edelmann von seinem Fenster aus ein brasilianisches Schiff beobachtet. Er begrüßt es, doch seine Geste scheint den »Horla« herbeizurufen, eine unsichtbare Gestalt, die eng mit dem Vampir verwandt ist. Seine Ankunft kündigt den Untergang der Menschheit an. Der Erzähler, der von diesem unsichtbaren Wesen verfolgt wird, zündet schließlich sein eigenes Haus an, um seinen Peiniger zu vernichten, doch nur seine Diener kommen in den Flammen um. Als er erkennt, dass der Horla noch immer sein Unwesen treibt, beschließt er, sich das Leben zu nehmen. Hier ein paar Auszüge:

4. Juli – *Ich bin wirklich von neuem krank, das alte Alpdrücken kehrt wieder. Diese Nacht habe ich gefühlt, wie jemand auf mir saß, seinen Mund an den meinen gepresst hatte und mir das Leben zwischen den Lippen heraussog. Ja, er sog es mir aus der Brust wie ein Blutegel. Dann stand er auf, gesättigt. Ich bin aufgewacht, so kaputt, zerbrochen und zerschlagen, dass ich mich nicht mehr bewegen konnte.*

13. August – *Ich habe keine Kraft mehr, keinen Mut, keine Selbstbeherrschung, keine Möglichkeit, meinen Willen auf irgendetwas zu konzentrieren, ich kann nicht mehr wollen, aber ein anderer will für mich, und ich gehorche.*

19. August – *Die Zeit, da der Mensch herrschte, ist vorüber. Er ist gekommen, er, der die erste Furcht der frühesten, naiven Völker war, er, den die geängstigten Priester austrieben, den die Zauberer in dunklen Nächten anriefen, ohne dass er je erschienen wär', dem die Fantasie der vergänglichen Herren dieser Welt all die riesigen oder zierlichen Gestalten der Riesen, Gnomen, Geister, Feen und Kobolde vermachte. Nach den groben, aus einer primitiven Furcht geborenen Vorstellungen empfanden feinsinnigere Menschen ihn deutlicher. Mesmer hatte es geahnt, und seit zehn Jahren schon haben die Ärzte genau das Wesen seiner Macht erkannt, noch ehe er sie ausgeübt hatte. Sie haben mit der Waffe des neuen Herrschers gespielt: der Fähigkeit, einen geheimen Willen der gefesselten menschlichen Seele anfzuzwingen, sie haben es Magnetismus, Hypnotismus, Suggestion genannt … Wir unglücklichen, unseligen Menschen! Er ist gekommen, der – der, wie heißt er – der – es ist mir, als riefe er mir seinen Namen zu und ich höre ihn doch nicht, der – ja, er ruft ihn, ich lausche, ich kann nicht, wiederhole, der – Horla, – ich habe es gehört, – der Horla, – der ist's, – der Horla – ist da!*

Linke Seite *Mittelalterliche Fratzen*, Haus der Konsuln, *Mirepoix, Département Arieges, Frankreich*

Die Insel des Todes

POVEGLIA, VENEDIG, ITALIEN

*Weiter gingen wir, strömten dem Herzen dieses fremden Platzes entgegen
– überall um uns Wasser, wo Wasser niemals anderswo war.
Häuser, Kirchen und stattliche Gebäude entwuchsen ihm
und über allem lag dieselbe außergewöhnliche Stille.*
Charles Dickens (1812–1870), *Ein Traum in Italien*

BEREITS IM 5. JAHRHUNDERT N. CHR. ERHOB SICH DAS VENEZIANISCHE REICH AUS DEM NEBEL SEINER EINSAMEN LAGUNE. EINWANDERER AUS DEN UMLIEGENDEN STÄDTEN DES VENETO FLOHEN VOR DEN GOTEN UND HUNNEN AUF DIE VIELEN KLEINEN INSELN.

Heute sind viele dieser Inseln verlassen, ihre zerfallenen Mauern und windschiefen Bäume sind verwildert. Manche sind im dunklen Wasser versunken, nachdem die Bewohner der Armut und der Pest zum Opfer fielen. Doch eine Insel erfüllt noch heute die Venezianer mit Furcht: Poveglia, auch »Insel der Toten« genannt. ❖ Als der Schwarze Tod im 14. Jahrhundert in fast ganz Europa wütete, starben auch mehr als ein Drittel der Venezianer. Die Toten mussten in den Straßen aufgeschichtet werden, der Gestank war entsetzlich, und die Obrigkeit musste handeln. So wurde Poveglia als Friedhof für die Verstorbenen ausgewählt. Die Leichname wurden auf die Insel gebracht und in große Gruben geworfen oder verbrannt. Doch als die Pest die Stadt noch ärger heimsuchte, gerieten die Menschen in Panik. Alle, die nur die mindesten Symptome der Krankheiten zeigten – auch Kinder und Säuglinge –, wurden auf die Insel gebracht. Viele dieser Unglücklichen starben dort qualvoll zwischen verwesenden Toten. Gerüchte über Vampirismus auf Poveglia machten die Runde, und die Venezianer suchten auf jede erdenkliche Weise zu verhindern, dass das Blut der Toten wieder zurück in die Stadt kam. ❖ Noch heute glauben viele, dass die gepeinigten Geister dieser armen Seelen auf

OBEN *Skulptur an der Fassade der Scuola Grande di San Marco, Venedig*
RECHTE SEITE *Insel und Kirche San Giorgio Maggiore von der Piazza San Marco aus gesehen, Venedig*

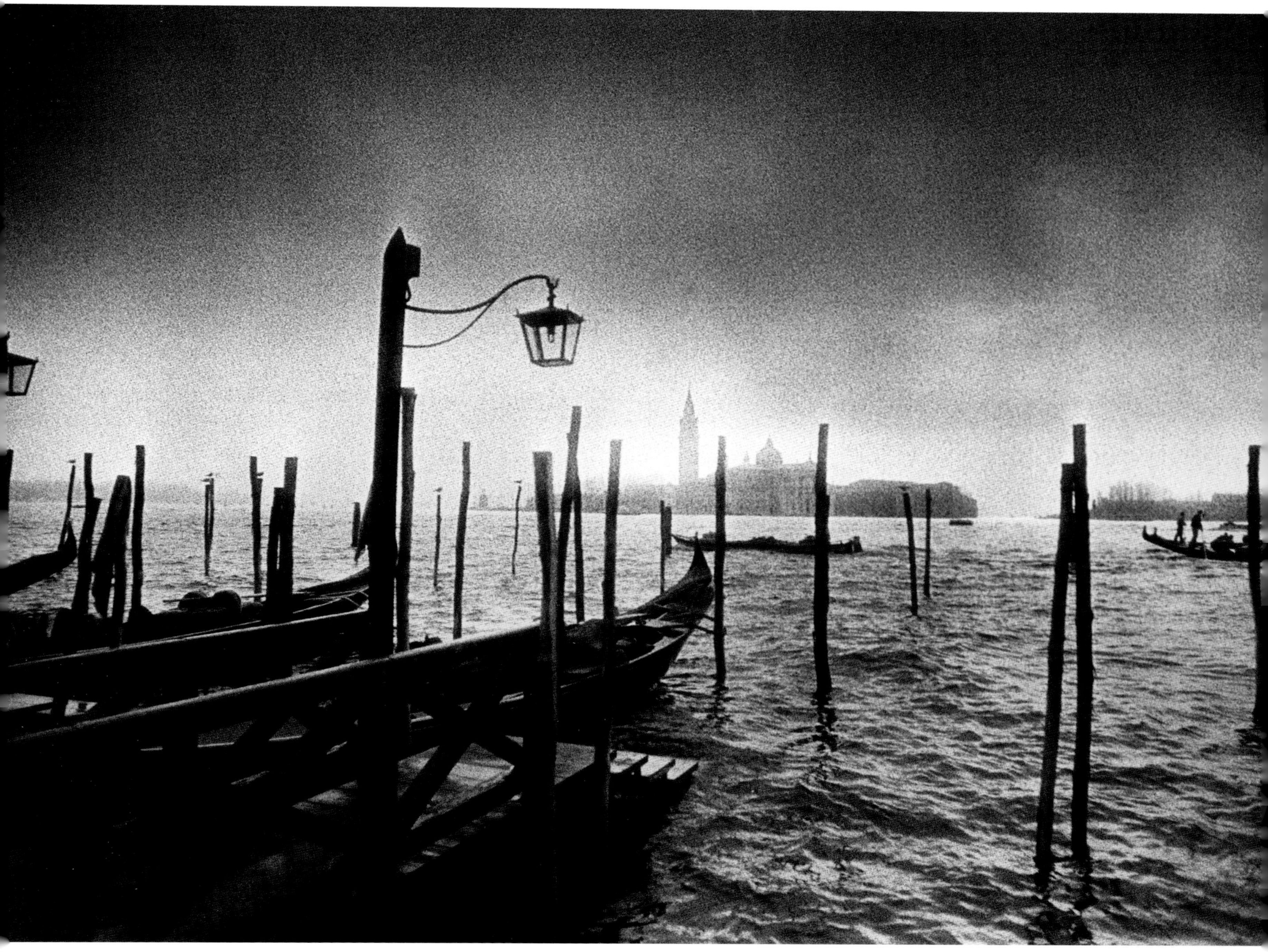

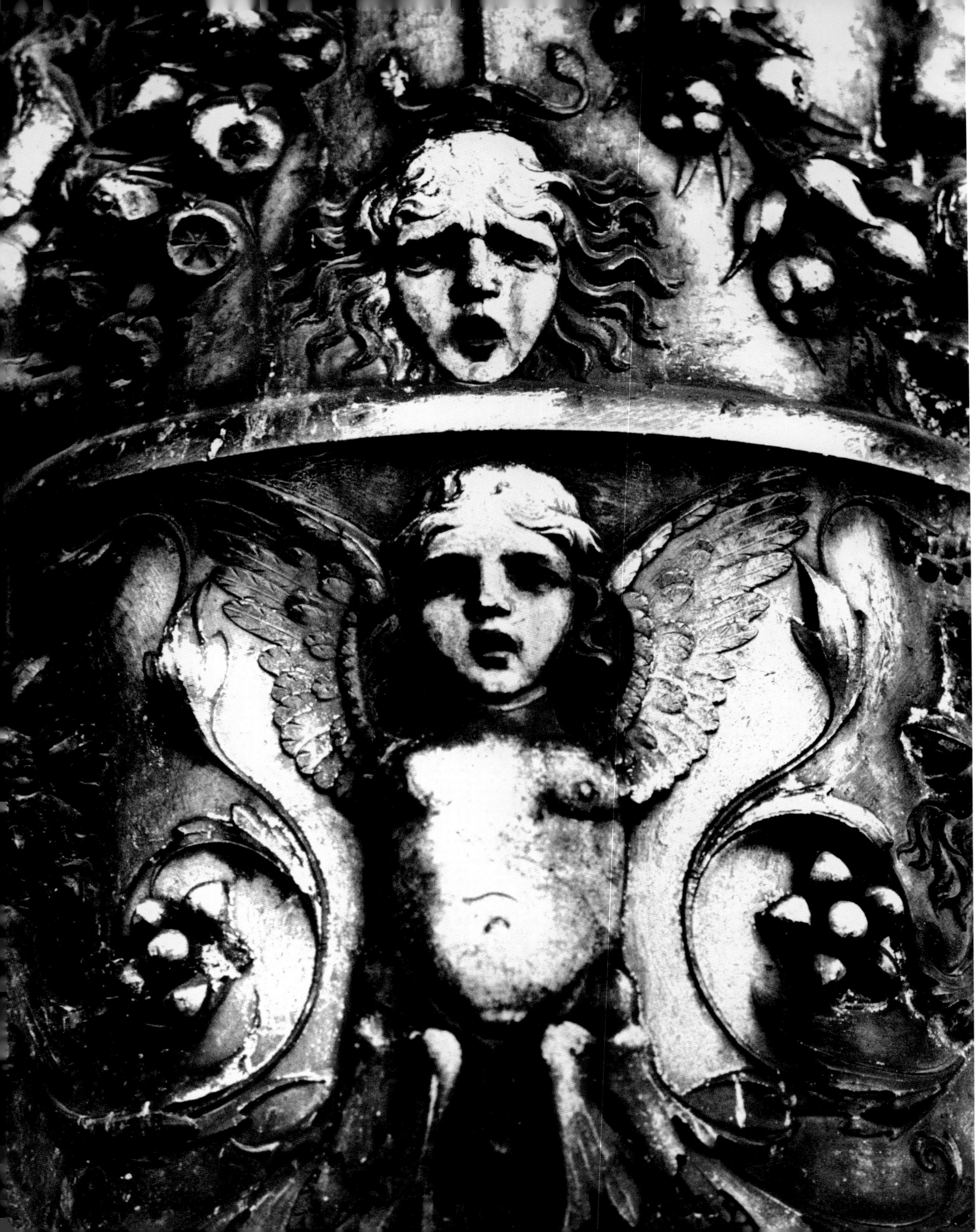

der Insel spuken. Immer wieder tragen die Wellen, die an ihre dunklen Strände schlagen, deren Gebeine fort. 1922 wurde eine Nervenklinik auf der Insel erbaut, doch Patienten wie Personal litten unter dieser düsteren Umgebung. Ein Arzt soll sich von einem Turm des heute zerfallenen und verlassenen Gebäudes gestürzt haben. Ich selbst empfand die Insel als so beunruhigend, dass ich dort nicht fotografieren konnte. Noch nie zuvor war mir so etwas passiert. ❖ Interessanterweise berichtete die internationale Presse im März 2009, dass Archäologen auf einer Insel nahe Venedig in einem Massengrab mit Pestopfern ein weibliches Skelett gefunden hätten, zwischen dessen Zähnen ein großer Stein steckte – im Mittelalter die übliche Praxis der Totengräber bei mutmaßlichen Vampiren. Die Furcht der Venezianer vor Vampiren stammt aus dieser Zeit. Ihre Angst, blutsaugende Wesen könnten die Pest verbreiten, war so groß, dass sie bewaffnete Trupps durch die dunklen Gassen der Stadt patrouillieren ließen. Selbst Gebäude wurden abgebrochen in dem verzweifelten Versuch, die Vampire zu vertreiben. Diese Angst kehrte im 18. Jahrhundert zurück, da Venedig mit seinem Trubel und seinem Hedonismus zu einem Treffpunkt der Jugend aus den adeligen und reichen Häusern ganz Europas verkam. Hier konnte man sich hemmungslos Spielsucht, Saufgelagen und fleischlichen Sünden hingeben. Dass sich darunter auch Söhne und Töchter bisher unbekannter Adelsfamilien aus Osteuropa befanden –, wo Fälle von Vampirismus umfassend belegt waren – schürte noch die Angst der Bevölkerung vor den Untoten. ❖ Zu Beginn des 19. Jahrhunderts kehrte der Vampir als literarisches Thema in die Salons zurück. Zügellose Bonvivants wie die romantischen Dichter Byron und Shelley zählten damals zur venezianischen Gesellschaft. Sie trugen bei zum schaurigen Bild des gefallenen Aristokraten, der sein Opfer zuerst verführt und dann sein Blut aussaugt, um ewiges Leben zu erlangen. Besonders das Benediktinerkloster auf der Insel San Servolo wurde zu einem Zufluchtsort für Adelssprosse. Shelley verewigte es in seinem Gedicht *Julian und Maddalo* als ein »fensterloses, hässliches und düsteres Gebäude«, in dem »ich durch die schwarzen Gitter bei Sturm und Wind lange, wirre Locken sah, die wie Unkraut auf einem zerstörten Palast wuchsen und wild hin und her schwangen«. Die weniger Reichen zogen hingegen Tag und Nacht durch die Straßen. Shelleys Begleiter Byron kam 1816 nach Venedig und gab sich dort bereitwillig seinen Fantasien hin. Er residierte im Palazzo Mocenigo am

Oben *Detail einer Urne, Scuola Grande di San Marco, Venedig*
Linke Seite *Karnevalsmaske, Venedig*
Folgende Doppelseite *Die den Markusplatz beherrschenden Säulen der Stadtheiligen Markus und Theodorus, Venedig*

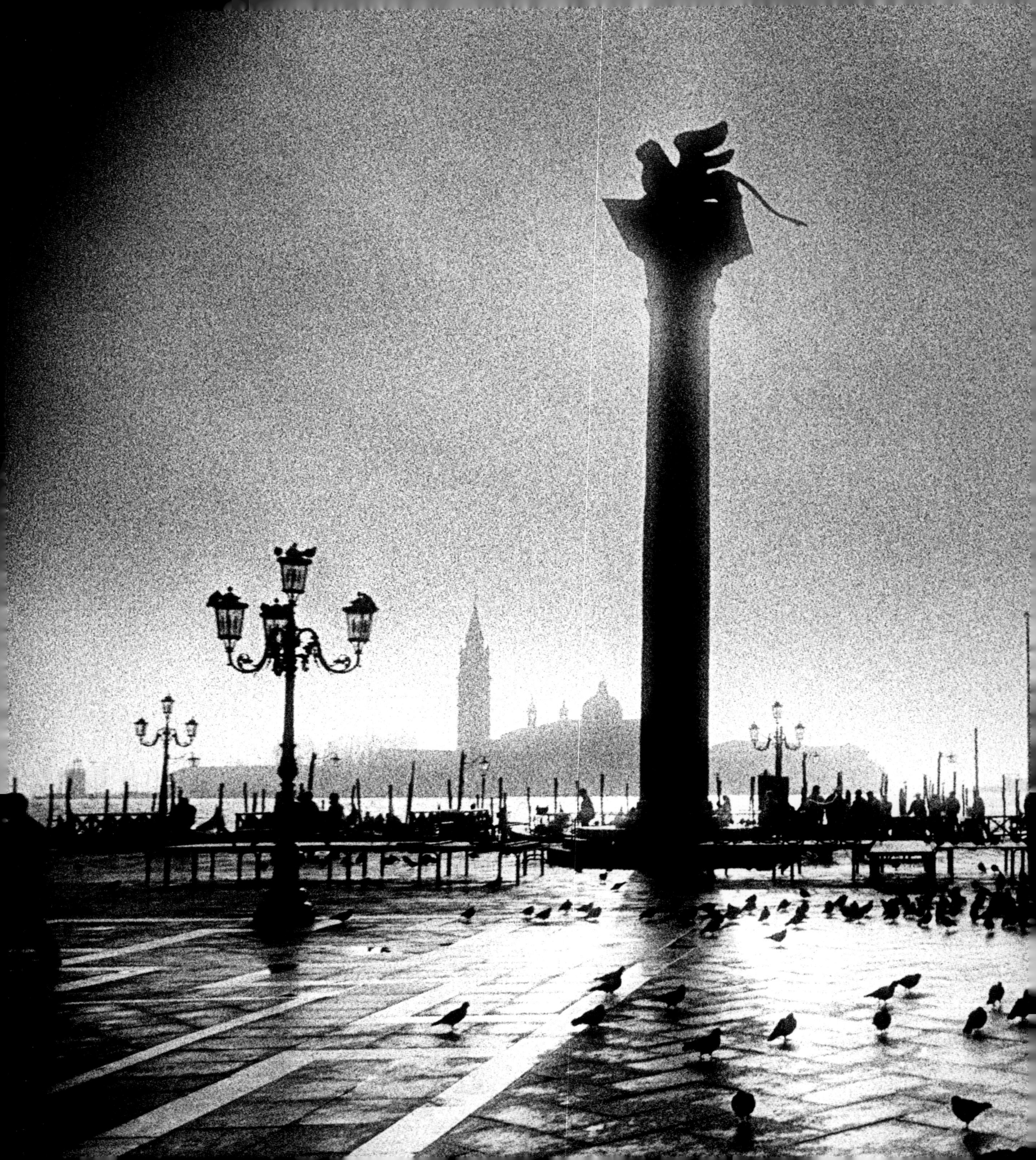

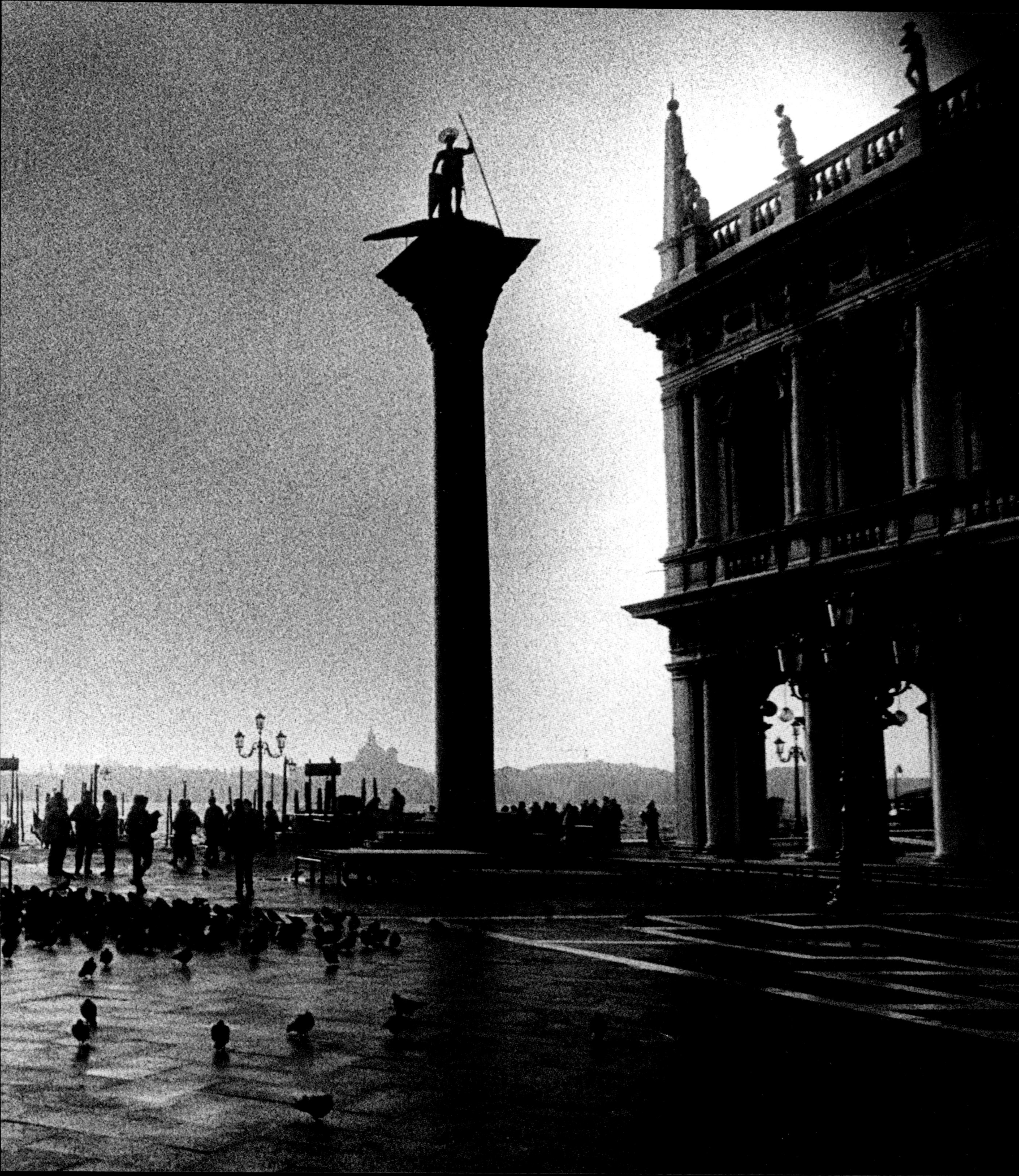

Canale Grande mit 14 Bediensteten, mehreren Hunden, zwei Affen, einem Fuchs, einem Wolf und einer endlosen Reihe von Geliebten. »Alles an Venedig ist wie ein Traum«, schrieb der Dichter. ❖ In keiner anderen Stadt der Welt ist man von so viel Schönheit umgeben. Venedig ist ein magischer, betörender Ort, ein erhabenes Monument menschlicher Kunst, ein sinnliches Gefühl, bei dem man nach Belieben seine Fantasien ausleben kann. Im Karneval faszinierte mich, wie die zeitlosen, verwitterten Gesichter der antiken Statuen allmählich denen der maskierten Nachtschwärmer glichen, die als geisterhafte Gestalten an den verblassenden Palazzi vorbeiglitten.

Manchmal stieß ich auf einen großartigen, halb verfallenen Palazzo, der im Schatten dank des silbernen Strahls gerade noch zu sehen war; die Fensterscheiben in den zerbrochenen Fenstern leuchteten plötzlich wie Spiegel; eine Brücke zeichnete jetzt ihren schwarzen Bogen in einem Stück bläulichen Wassers nach, über dem ein leichter Nebel hing; ein Pfad aus rotem Feuer fiel später aus einem Leuchtturm in der Dunkelheit eines schlafenden Kanals; ein verlassener Platz tauchte zuweilen auf, aus dem malerisch eine Kirchturmspitze herausragte, bedeckt mit Statuen, die in der Dunkelheit wie Gespenster aussahen.

Théophile Gautier (1811–1872), *Reise in Italien*, aus: Gesammelte Werke, Band IV

OBEN *Statue in den Giardini Pubblici, Castello, Venedig*
RECHTE SEITE *Der Canal Grande mit der Kirche Santa Maria della Salute, Venedig*

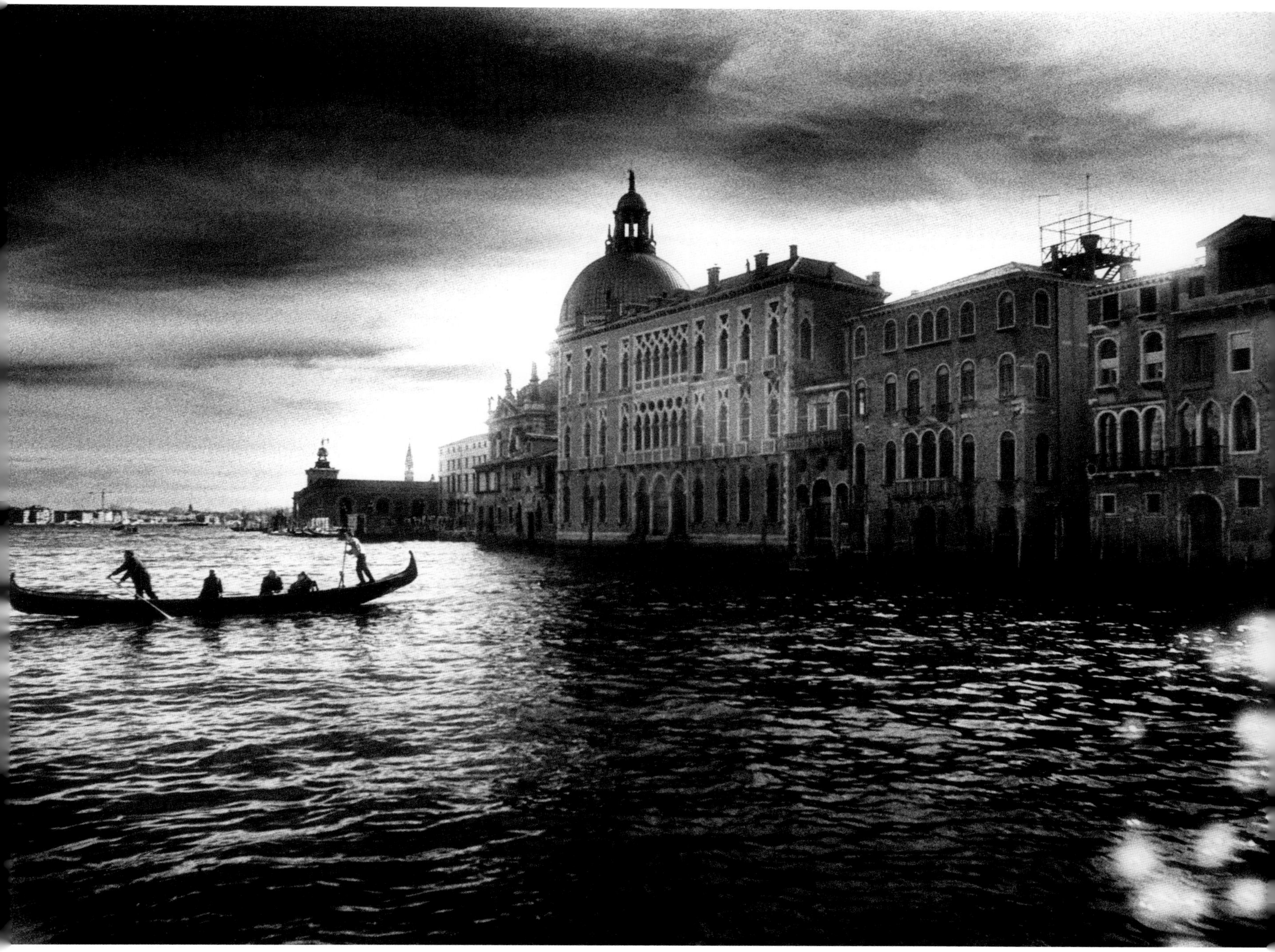

Denn das Blut ist das Leben

Francis Marion Crawford (1854–1909)

CRAWFORD WURDE IN BAGNI DI LUCCA IN DER TOSKANA GEBOREN UND WAR DER EINZIGE SOHN EINES AMERIKANISCHEN BILDHAUERS. ER BESUCHTE SCHULEN IN ITALIEN, ENGLAND, DEUTSCHLAND UND DEN USA UND ARBEITETE AUCH ALS ZEITUNGSREDAKTEUR IN INDIEN.

Als Erwachsener verbrachte er jedoch die meiste Zeit in Italien. Crawford war ein anerkannter Romancier, doch er schrieb auch einige schaurige Kurzgeschichten, die häufig in Anthologien dieses Genres veröffentlicht werden. Hierzu zählen *The Upper Birth* (1886), *The Dead Smile* (1899) und *The Screaming Skull* (1908). Die bekannteste ist jedoch *Denn das Blut ist das Leben* (1905), eine Vampirgeschichte, die ebenso poetisch wie gruselig ist. ✤ In Crawfords Geschichte gibt es zwei Hauptpersonen – einen namenlosen Erzähler und dessen Malerfreund Holger. Sie sitzen auf einem historischen Turm in Süditalien und sprechen über ein geheimnisvolles Grab, das sie von dort aus sehen. Fasziniert steigt Holger herab zur Grabstätte, und bei seiner Rückkehr zum Turm erfährt er die dazugehörige Geschichte: Ein junger Mann namens Angelo ist besessen von einem toten Zigeunermädchen, Cristina. Diese wurde umgebracht, erwachte aber als Vampir wieder zum Leben. Nach der letzten Szene mit einem Exorzismus wird die Rahmenhandlung mit der Turmszene wiederaufgenommen. Hier ein Auszug:

Dann ging er weiter bis zum Grabhügel und blieb dort stehen. Ich konnte ES noch immer sehen, nur dass es jetzt nicht mehr lag, sondern kniete. Es hatte die weißen Arme um Holgers Körper geschlungen und sah zu ihm auf. Der Nachtwind kam von den Hügeln herab, und eine kühle Brise streifte mein Haar, doch sie fühlte sich an wie ein Hauch aus einer anderen Welt. ✤ *ES wollte sich offensichtlich aufrichten und zog sich dabei an Holger hoch, während dieser dastand, als bemerke er davon nichts – es schien, als sehe er zum Turm, der sehr malerisch aussieht, wenn das Mondlicht von jener Seite darauf fällt.* ✤ *»Komm her!«, rief ich. »Steh nicht die ganze Nacht da herum!«* ✤ *Mir schien, als bewege er sich nur zögerlich und doch mit Mühe, als er vom Grabhügel stieg. Das war es – ES hatte noch immer seine Taille fest umklammert, konnte sich aber nicht vom Grab lösen. Als Holger langsam voranschritt, wurde ES gedehnt und in die Länge gezogen wie eine Nebelschwade, dünn und weiß. Ich sah deutlich, wie Holger sich schüttelte, als fröstelte es ihn. In diesem Augenblick trug der Wind ein leises Wehklagen zu mir – es mochte der Schrei eines Käuzchens gewesen sein, das zwischen den Felsen lebt – und die nebelhafte Erscheinung glitt rasch von Holger ab und lag wieder ausgestreckt auf dem Grabhügel.*

Er war nicht immer allein; oft, wenn er auf dem Baumstumpf saß, wo der schmale Pfad in die Schlucht hinabführt, war er sich sicher, dass sich eine Frau, lautlos wie auf nackten Sohlen, über den rauen Felsen hinweg näherte. Sie stand unter einer Gruppe von Kastanienbäumen, gut fünf Meter entfernt, und winkte ihn wortlos heran. Obwohl sie im Schatten stand, wusste er, dass ihre Lippen rot waren und dass sie, wenn sie ihn anlächelte, zwei kleine, scharfe Zähne entblößte. Er spürte es eher als dass er es sah und wusste, es war

RECHTE SEITE *Statue im Park der Villa Garzoni, Toskana, Italien*

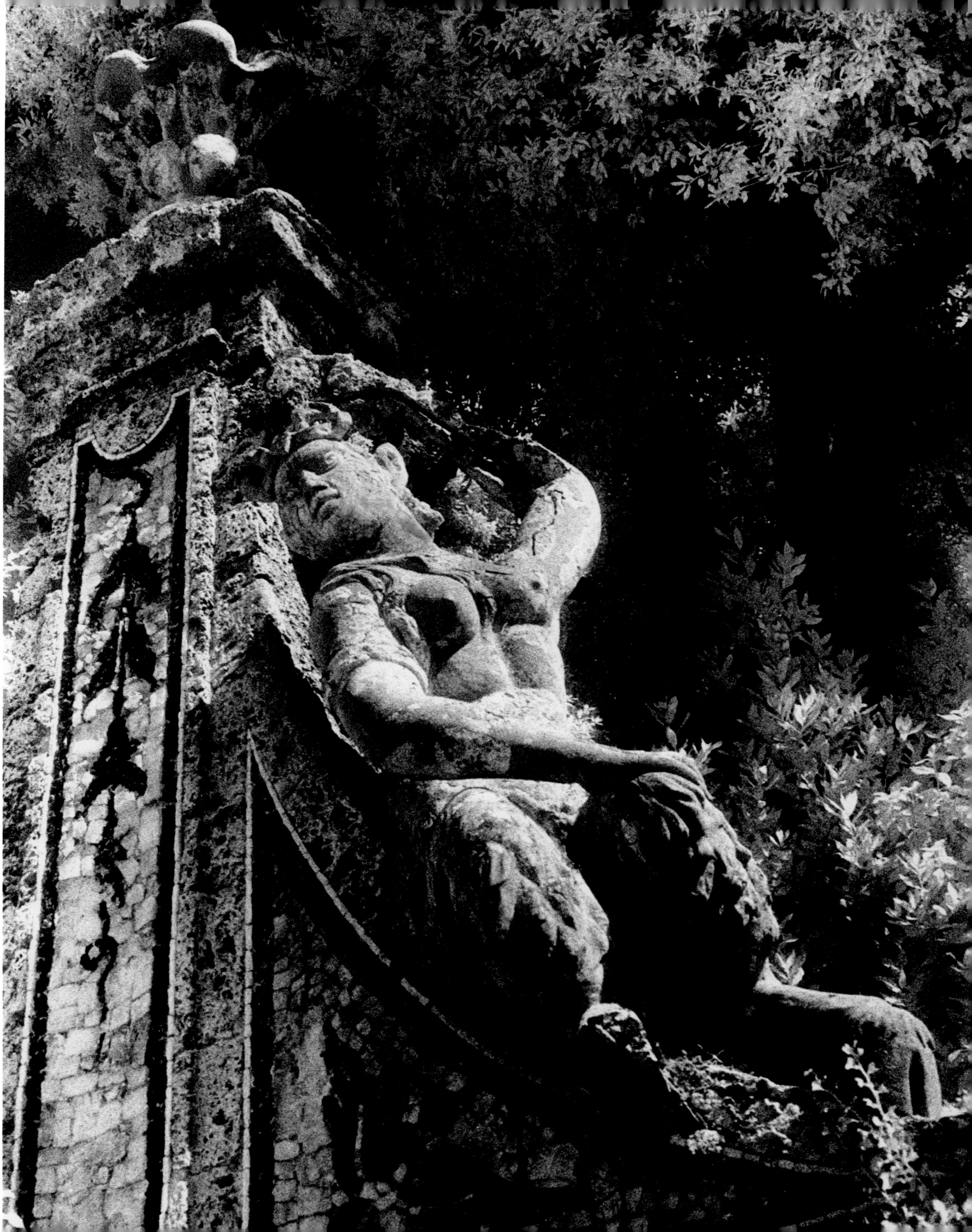

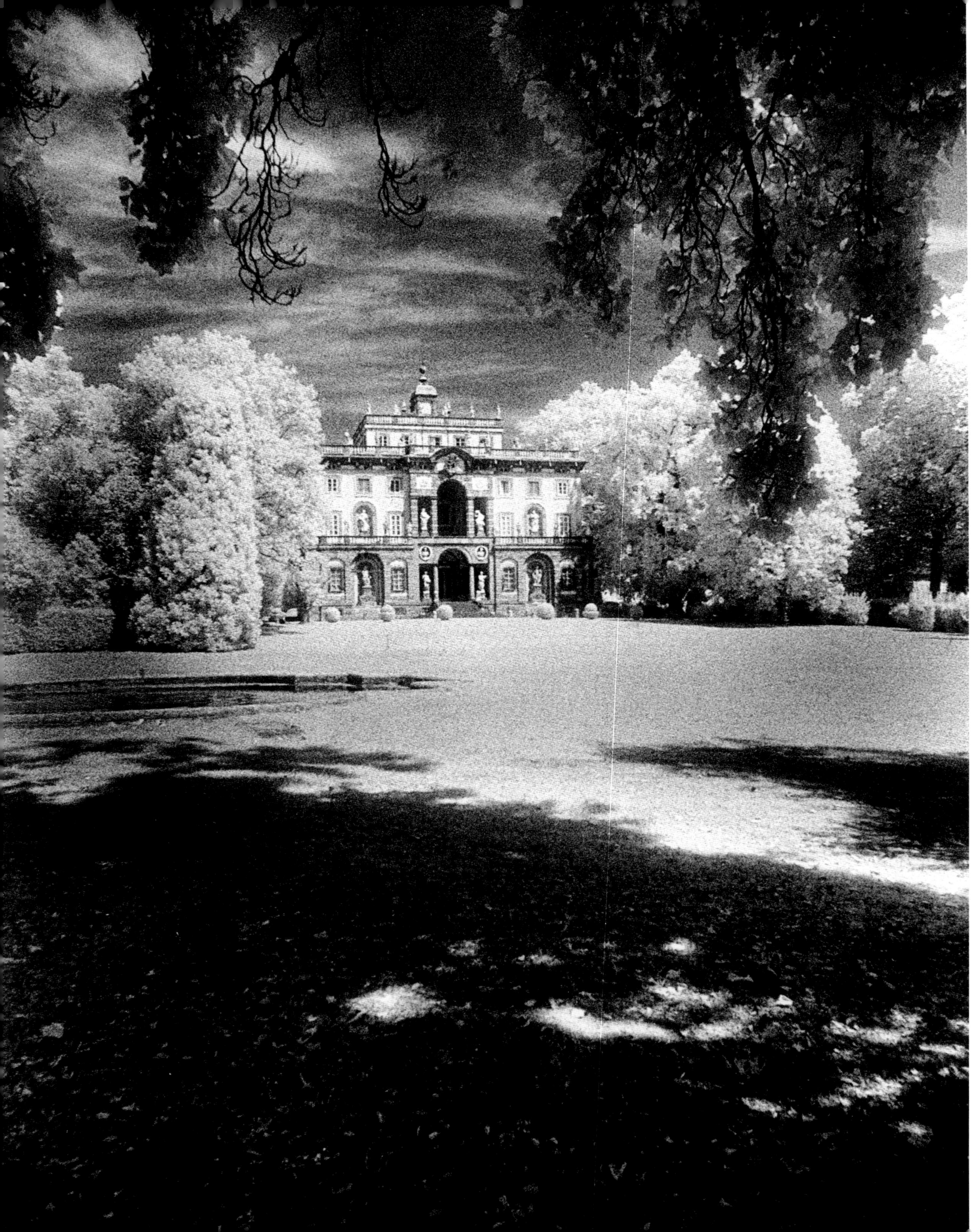

Cristina und dass sie tot war. Dennoch hatte er keine Angst; er fragte sich nur, ob es ein Traum war, denn wäre es keiner, so hätte er sich fürchten müssen. ❖ *Abgesehen davon hatte die tote Frau rote Lippen, und das konnte nur im Traum so sein. Stets wenn er nach Sonnenuntergang zur Schlucht ging, wartete sie dort bereits auf ihn oder aber erschien bald darauf. Er war sich allmählich sicher, dass sie ihm jedes Mal näher kam. Anfangs erkannte er nur ihren blutroten Mund, aber jetzt wurde jeder ihrer Züge deutlicher, und das bleiche Gesicht sah ihn mit tiefen, hungrigen Augen an – mit Augen, die immer dunkler wurden. Allmählich begriff er, dass der Traum eines Tages nicht mehr enden würde, wenn er sich auf den Heimweg machte, sondern ihn in die Schlucht hinabführen würde, aus der die Erscheinung aufstieg. Sie war jetzt ganz nahe, als sie ihn zu sich winkte. Ihre Wangen waren nicht bleich wie die einer Toten, sondern blass vor Auszehrung. In ihren Augen lag ein wilder, körperlicher Hunger. Sie labten sich an seiner Seele und belegten ihn mit einem Bann, endlich waren sie den seinen ganz nahe und hielten sie gefangen. Er konnte nicht sagen, ob ihr Atem heiß wie Feuer oder kalt wie Eis war. Er wusste nicht, ob ihre roten Lippen die seinen versengten oder gefrieren ließen. Er konnte nicht unterscheiden, ob er wach war oder träumte, ob er lebendig oder tot war, aber er wusste, dass sie ihn liebte – sie allein unter allen Geschöpfen im Diesseits wie im Jenseits.*

OBEN *Statue, Villa Garzoni, Toskana, Italien*
LINKE SEITE *Villa Torrigiano, Camigliano, Toskana, Italien*

Vampire mit Geschichte

Volterra, Toskana, Italien

Italiens Vampirsagen gehen zurück auf das römische Reich, ja sogar noch davor. Während dieser Zeit der Triumphe war der Kult des »Bluttrinkens« nichts Ungewöhnliches.

Unfruchtbare Frauen glaubten, dass sie geheilt würden, wenn sie das Blut fruchtbarer Frauen tranken, Männer glaubten damit ihre Potenz zu steigern. Geheime Religionen, wie der Mithraskult, der um 1400 v. Chr. in Indien entstand, durchdrangen die römischen Legionen; die Soldaten badeten nicht nur in Stierblut, sie tranken es auch. Viele dieser Geheimbünde wurden im 4. Jahrhundert geächtet. Doch 100 Jahre später, als das Reich schließlich zusammenbrach, sollen Vampire durch die nahezu verlassenen Straßen und verfallenen Gebäude Roms gezogen sein, sich am Blut der Kranken gelabt haben und in einer Orgie des Schreckens gestorben sein. ❖ Die etruskische Siedlung Volterra in der Toskana spielt eine wichtige Rolle in der *Twilight-Saga* der amerikanischen Schriftstellerin Stephenie Meyer. In *Bis(s) zur Mittagsstunde* schildert sie diese als Wohnort der Volturi, der größten und mächtigsten Vampirsippe der Welt, die dort bereits seit über 1000 Jahren lebt. Diese Romanfiguren zerstören alles und jeden, der sich ihrer Autorität widersetzt. Da sie Jagd auf Werwölfe machen, sind sie in Europa und Asien so gut wie ausgestorben. Sie sind bekannt für ihre außergewöhnlichen Kräfte. Aro, einer ihrer Anführer, verfügt über die Gabe, bei Berührung alle Gedanken, die sein Gegenüber – ob Mensch oder Vampir – je gedacht hat, lesen zu können. Die Zwillinge Jane und Alec gehören zur Wache und werden verehrt, weil sie über äußerst nützliche übernatürliche Kräfte verfügen. Jane kann anderen ohne jegliche Berührung massiven mentalen Schmerz zufügen, so dass die Volturi ihre Feinde leichter bekämpfen können. Alec kann anderen jegliche Wahrnehmung rauben, so dass sein Gegenüber weder sehen, hören, fühlen oder riechen kann. ❖ Wenn Stephenie Meyer gefragt wird, warum sie Italien und insbesondere Volterra als Schauplatz für den Vampirsitz gewählt hat, antwortet sie, dass sie »einen Ort mit sehr langer Geschichte brauchte«. Ursprünglich hatte sie an eine fiktive italienische Stadt nahe Florenz gedacht, die sie Volturin nennen wollte. Doch dann studierte sie eine Landkarte der Toskana und fand Volterra, das nur eine Autostunde von Florenz entfernt liegt. Volterra hatte genau die Architektur, die sie sich vorgestellt hatte, und sie erzählt, dass sie das ziemlich unheimlich fand. ❖ Die Etrusker, die hier vor den Römern siedelten, waren ein geheimnisvolles Volk, und bis heute sind sich die Historiker über ihre Herkunft nicht einig. Viele Archäologen glauben, dass sie aus Kleinasien stammen, andere glauben, dass sie aus der Villanovakultur hervorgegangen sind. ❖ Da sie weder religiöse noch philosophische Texte hinterlassen haben, weiß man wenig über ihre Herkunft. Das Wenige, das wir wissen, entstammt meist den vielen archäologischen Funden in ihren kunstvoll verzierten Gräbern. Auch die Frühgeschichte von Volterra ist unbekannt. Heute steht die mittelalterliche Stadt auf den Überresten einer einst mächtigen etruskischen Stadt, die Vealthri hieß und um 700–800 v. Chr. erbaut wurde. Kilometerlange,

Rechte Seite *Ruinen des römischen Theaters, Volterra, Toskana, Italien*

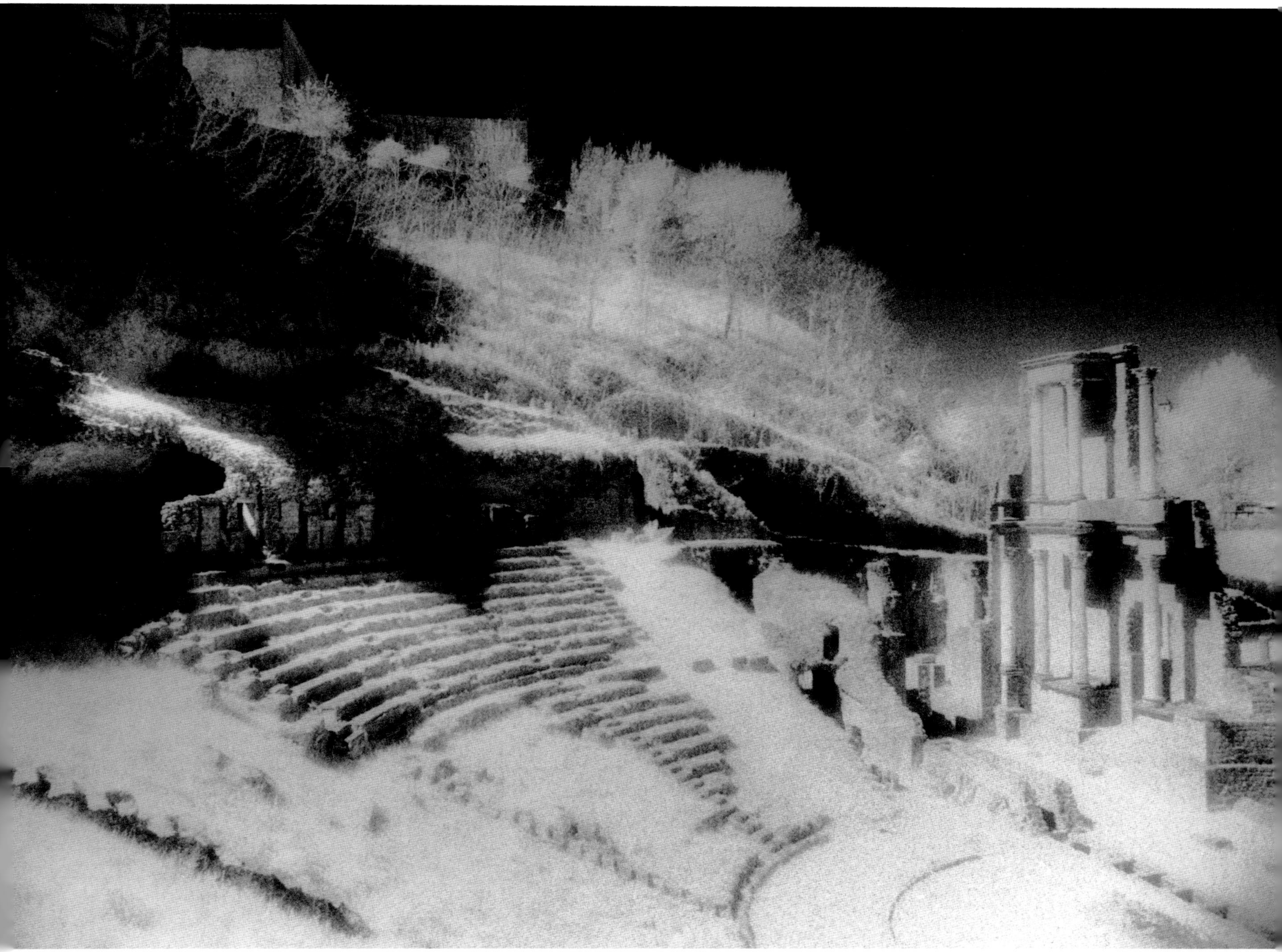

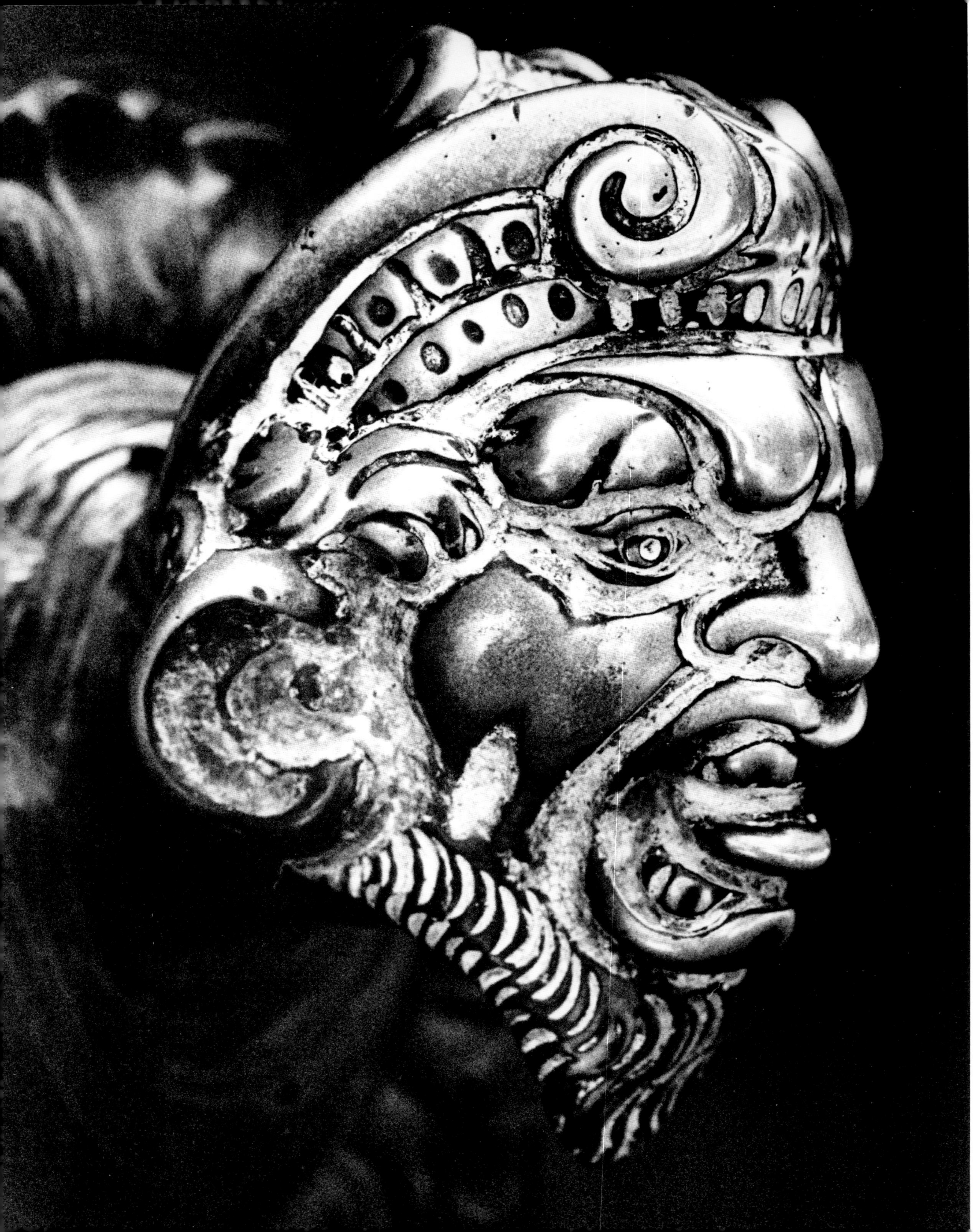

kurvenreiche Landstraßen führen immer höher hinauf in die Hügel, bis die Türme und Mauern der Zitadelle am Horizont zu sehen sind. Äußerst beeindruckend ist sicherlich die Fortezza, die Festung, auf der höchsten Stelle des Hügels. Sie wurde von den Florentinern auf den Überresten etruskischer Mauern gebaut. ✤ Wir gelangten in die Stadt durch eines der alten Tore und befanden uns in einem Gewirr aus dunklen, engen Gassen mit mittelalterlichen Bögen und seltsamen Skulpturen. In dem beeindruckenden etruskischen Museum befindet sich eine Vielzahl von Graburnen aus Alabaster, die in der Gegend gefunden wurden. Der Tote wurde stets liegend auf dem Grabdeckel dargestellt, während die Seiten der Urnen mit Szenen aus einem Leben nach dem Tode verziert wurden. Diese vielen historischen Artefakte, die Ruinen und die alten Kirchen verleihen Volterra einen wahrhaft altertümlichen Glanz – es ist ein zeitloser Ort, dessen Geheimnisse, wie die der Etrusker selbst, wohl nie aufgedeckt werden.

OBEN *Detail einer etruskischen Urne*
LINKE SEITE *Türklopfer, Volterra, Toskana, Italien*

Der nackte Ritter

Kampehl, Brandenburg, Deutschland

»Sein Körper ist nicht verwest. Ich habe ihn als Teenager gesehen und werde diesen Schrecken nie vergessen, vor allem, weil es das erste Mal war, dass ich einen Toten sah.

Wenn Sie wirklich nach einem Untoten suchen, dann fahren Sie nach Kampehl, etwa 70 Kilometer nordwestlich von Berlin, und machen Sie sich selbst ein Bild von diesem schaurigen Leichnam.« Der Wirt stellte mir ein Bier hin und nahm mein Geld. Es war etwas in seiner Stimme, das mich veranlasste, dieser bizarren Geschichte nachzugehen. ❈ Fast sechs Monate später wurde ich in einen sehr kleinen, dunklen Raum neben der Dorfkirche von Kampehl geleitet. Dort stieg ich einige Stufen hinab und befand mich direkt vor einem großen hölzernen Sarg. Der Ritter war nicht sehr groß, und seine Hände waren wie zum Gebet gefaltet. Bis auf einen Lendenschurz war er nackt. Er hatte noch seine Zähne, ein paar Haare auf dem Schädel, einen Penis, und unter der dunkelbraunen, ledernen Haut erkannte man die Venen. ❈ Ich war auf einen solchen Anblick nicht vorbereitet und musste mich am Sarg festhalten. In einer schwach beleuchteten Ecke des Raumes saß eine alte Dame, die die Mumie bewachte. Sie bemerkte mein Entsetzen und begann mit langsamer, klarer Stimme die Geschichte des Ritters zu erzählen. Er hieß Christian Friedrich von Kahlbutz und wurde 1651 auf dem Schlossgut zu Kampehl geboren. Er war ein kühner Ritter, aber auch ein Tyrann, ein arroganter Mann und ein Frauenheld. Er zeugte mit seiner Frau elf Kinder, hatte aber weitere 44 mit Mädchen aus der Nachbarschaft. Zu seinen vielen Gräueltaten zählte, dass er häufig auf seinem Jus primae noctis bestand, das ihm das Recht auf die erste Nacht mit der Braut seines Leibeigenen gab – eine Qual für den rechtmäßigen Bräutigam. ❈ Einmal gelüstete es ihn nach einer besonders hübschen Jungfrau namens Maria Leppin. Sie war einem Schäfer aus dem Nachbardorf Bückwitz versprochen, und sie liebte ihn aufrichtig. Die Avancen des Ritters wies sie entsetzt zurück. Der rächte sich, indem er ihren Bräutigam eines Nachts auf einem Feld außerhalb des Dorfes erschlug. Es gab keine Zeugen, aber jeder wusste, dass Kahlbutz der Mörder war. Verzweifelt beschuldigte Maria ihn vor dem gesamten Dorf und brachte ihn vor Gericht. Doch seines hohen Ranges wegen wurde der Wüstling freigesprochen. Voll Übermut schwor er: »Wenn ich schuldig bin, soll meine Leiche nicht verwesen.« Er starb 1702, doch erst 1794, als die Kirche von den neuen Herren des Guts renoviert wurde, öffneten Arbeiter die Familiengruft der Kahlbutz. Unter den vielen Särgen befand sich auch der mit dem unversehrten Körper des Ritters. Er war von seinem eigenen Fluch verdammt worden. Es heißt, dass seine Seele niemals Ruhe finden kann und sein Geist noch heute im Dorf und am Tatort zu sehen ist. ❈ Als die alte Dame zum Ende kam, hatte auch ich mich wieder gefangen und fragte, ob ich die Leiche fotografieren dürfe. Sie erklärte, dass sie hierzu leider nicht befugt und dass dies wohl auch noch niemandem gestattet worden sei. Ich solle aber den Gemeindepfarrer fragen, der gleich zum Gottesdienst kommen werde. Der Geistliche hörte mir aufmerksam zu.

Rechte Seite *Der unverweste Leichnam des Ritters Christian Friedrich von Kahlbutz, Kampehl, Brandenburg*

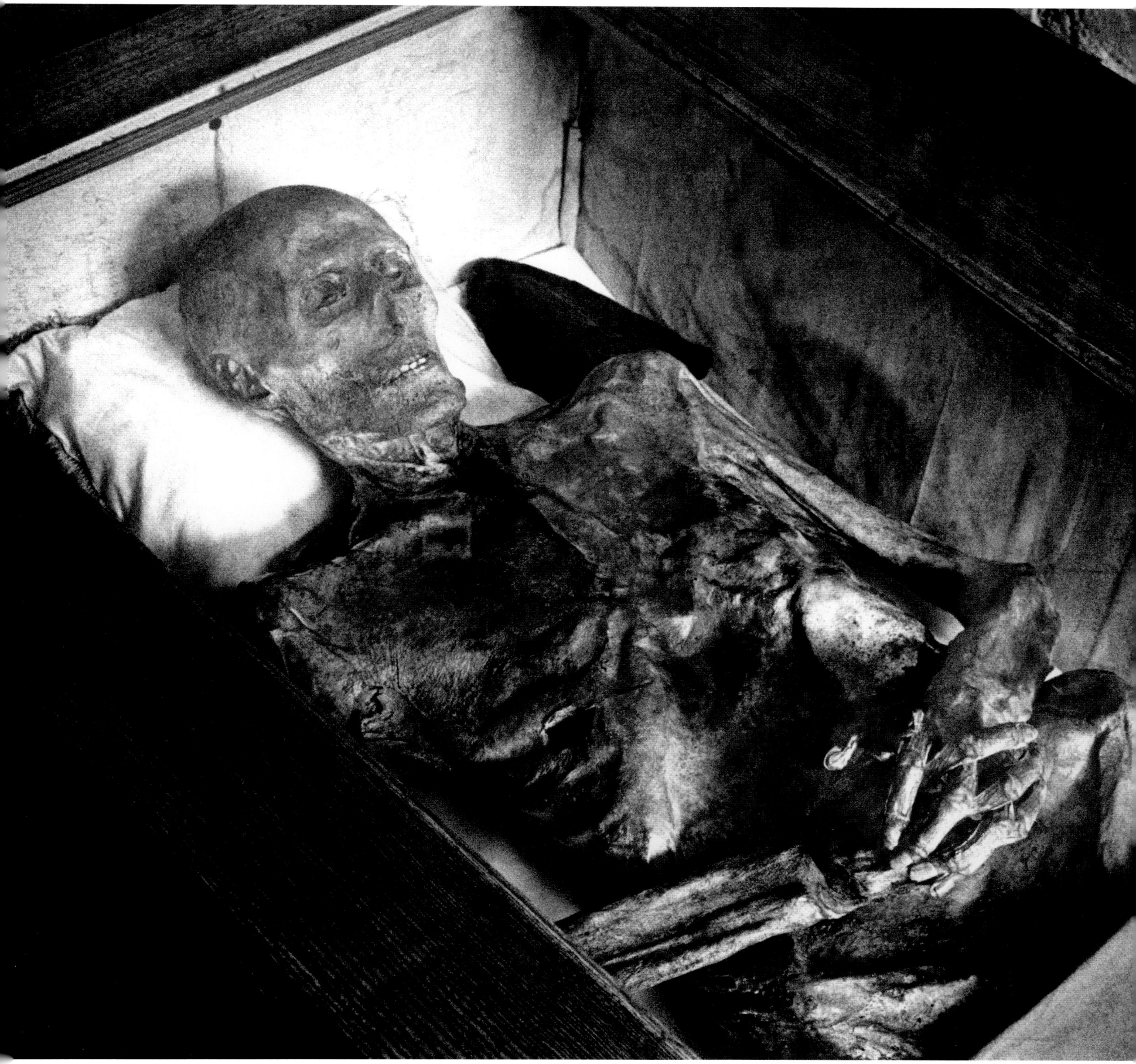

Er hielt die Bibel fest vor seine Brust gedrückt, als ich ihm erklärte, warum ich diese unheilige, vampirähnliche Gestalt fotografieren wolle. Er zauderte und erst als ich ihm einige meiner früheren Bücher zeigte, erteilte er mir die Erlaubnis. ❖ Während ich mein Stativ aufstellte, erzählte mir die alte Dame noch andere Sagen, die sich um dieses einzigartige Phänomen rankten. ❖ 1806 fanden eindringende französische Soldaten den Leichnam des Ritters, nahmen ihn aus dem Sarg und versuchten, ihn an ein großes Holzkreuz in der Kirche zu nageln. Doch als sie ihn hochheben wollten, traf ein Arm des Ritters einen der Soldaten ins Gesicht – und der unglückselige Mann starb augenblicklich an einem Herzschlag. Man erzählt sich auch, dass in den 1900er-Jahren die jungen Männer des Dorfes die Mädchen erschreckten, indem sie den Ritter nach Einbruch der Dunkelheit durch die Straßen trugen. Später wurde der Leichnam geborgen und viele Jahre lang im Wartezimmer einer Arztpraxis im nahe gelegenen Neustadt ausgestellt. ❖ Ich fragte die alte Dame, wie viele dieser Überlieferungen wohl Sagen und religiöse Legenden seien. Sie lächelte und meinte, dass man sich nicht sicher sein könne. Ganz sicher war hingegen, dass in den 1890er-Jahren zwei berühmte und anerkannte Pathologen, Rudolf Virchow und Ferdinand Sauerbruch, eine umfangreiche Autopsie an dem Leichnam vornahmen, aber keinerlei Spuren einer Balsamierung finden konnten. Sie hatten keine wissenschaftliche Erklärung dafür, warum der Leichnam nicht verwest war. Auch eine Vielzahl anderer medizinischer Fachleute und Organisationen seien nicht in der Lage gewesen, das Rätsel zu lösen. ❖ Später suchte ich noch nach dem Schlossgut, dem Geburtsort des Ritters, doch es gab keine Spuren mehr. Alles, was ich sah, war das gespenstische Gesicht des 300 Jahre alten Leichnams, das ich zuvor vor der Kamera gehabt hatte.

OBEN *Statue in der Krypta der Schlosskirche von Schloss Altenburg, Thüringen*
RECHTE SEITE *Der Himmel im Zwielicht*

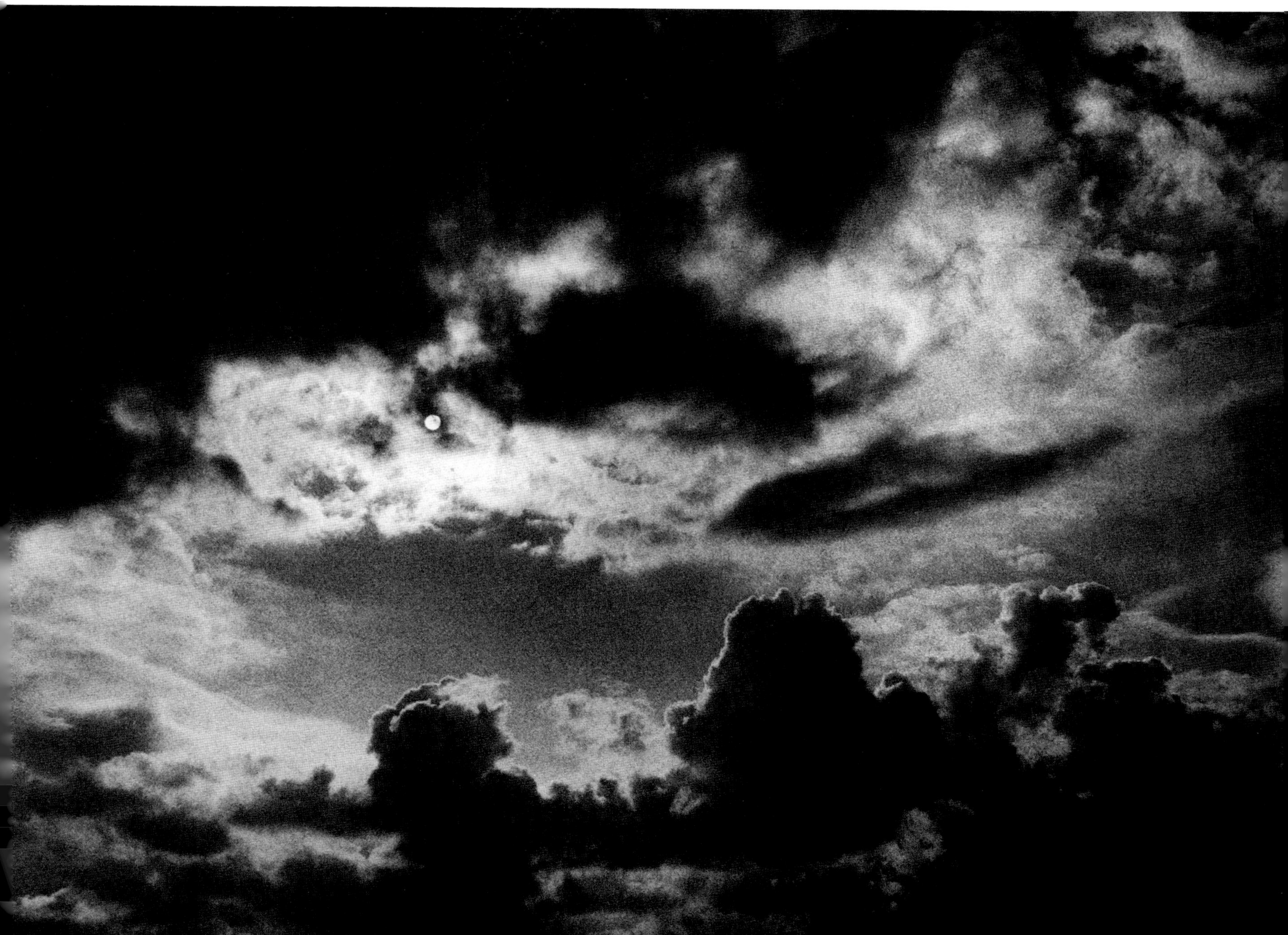

Blutdurst

Burg Kriebstein, Sachsen, Deutschland

Hoch oben über der Zschopau thront auf einem steilen Granitfelsen die mittelalterliche Burg Kriebstein, deren Bau auf das Ende des 14. Jahrhunderts zurückgeht.

Sie liegt im romantischen Tal der Burgen und dürfte in dieser wunderschönen Landschaft wohl das beste Beispiel für einen Rittersitz sein. Dietrich von Beerwalde ließ den großen Wohnturm erbauen, der noch heute die Burg dominiert. Im Laufe der Jahrhunderte wechselte sie mehrfach ihren Besitzer. Zuletzt wohnte dort 120 Jahre lang die Familie von Arnim, bevor sie 1945 enteignet wurde. Heute dient der Bau als staatliches Museum. Bei meinem Besuch war ich von den wunderbaren gotischen Wandmalereien, Gemälden und Möbelstücken beeindruckt, die von vergangener Pracht zeugen. ✤ Ich sprach mit einer Museumsführerin über die Geschichte der Burg, und sie erzählte mir, dass man noch 1986 einige wertvolle Bücher, Silber und Porzellan in einem Schornstein versteckt gefunden habe. Heinrich Graf von Lehndorff hatte diese während des 2. Weltkriegs von seinem Schloss in Ostpreußen nach Kriebstein gebracht und dort versteckt. Der Graf hatte sich 1944 an dem Anschlag auf Hitler beteiligt und wurde daher verhaftet und hingerichtet. Ich fragte sie auch, ob es auf der Burg spuke. Sie wusste von verschiedenen Geistergeschichten, glaubte aber nicht so recht an deren Wahrheitsgehalt. Die Besucher, vor allem die Kinder, würden diese jedoch gerne hören, vor allem im Rahmen besonderer Veranstaltungen zu »Geisterthemen«. Sie erinnerte sich aber daran, dass ihre Großeltern ihr eine Sage von einem Vampir erzählt hatten. Dieser sei ein wunderschönes, junges Mädchen gewesen, das manchmal bei Anbruch der Dämmerung am Fluss unterhalb der Burg erschienen sei. Niemand kannte ihren Namen, und manche glaubten, sie sei dort ermordet worden, andere wiederum, sie sei von den Burgmauern zu Tode gestürzt. Sicher ist, dass ihr untoter Geist nach Menschenblut verlangt. Vom Ufer aus winkt sie vorbeifahrende Bootsleute heran, lockt ihr Opfer in den nahe gelegenen Wald, verführt es und versenkt ihre scharfen Zähne in seinen Körper, um ihr Verlangen nach ewigem Leben zu stillen. Jahrhundertelang machten abergläubische Bootsleute das Kreuzzeichen, wenn sie sich dieser Flussschleife näherten, um die böse Kreatur abzuwehren. ✤ Als ich später unterhalb der Burg am Flussufer saß, war alles still, nur der Fluss ließ sein leises Murmeln hören. Die Nachmittagssonne verblasste, und der dunkle Schatten der Burg auf dem ruhigen Wasser kündete von einer anderen Welt, die neben unserer realen existiert – ein unsichtbares Reich der Unsterblichen, der Geister und Dämonen, von denen wir manchmal, ganz unerwartet, einen Blick erhaschen.

Rechte Seite *Burg Kriebstein, Sachsen, Deutschland*

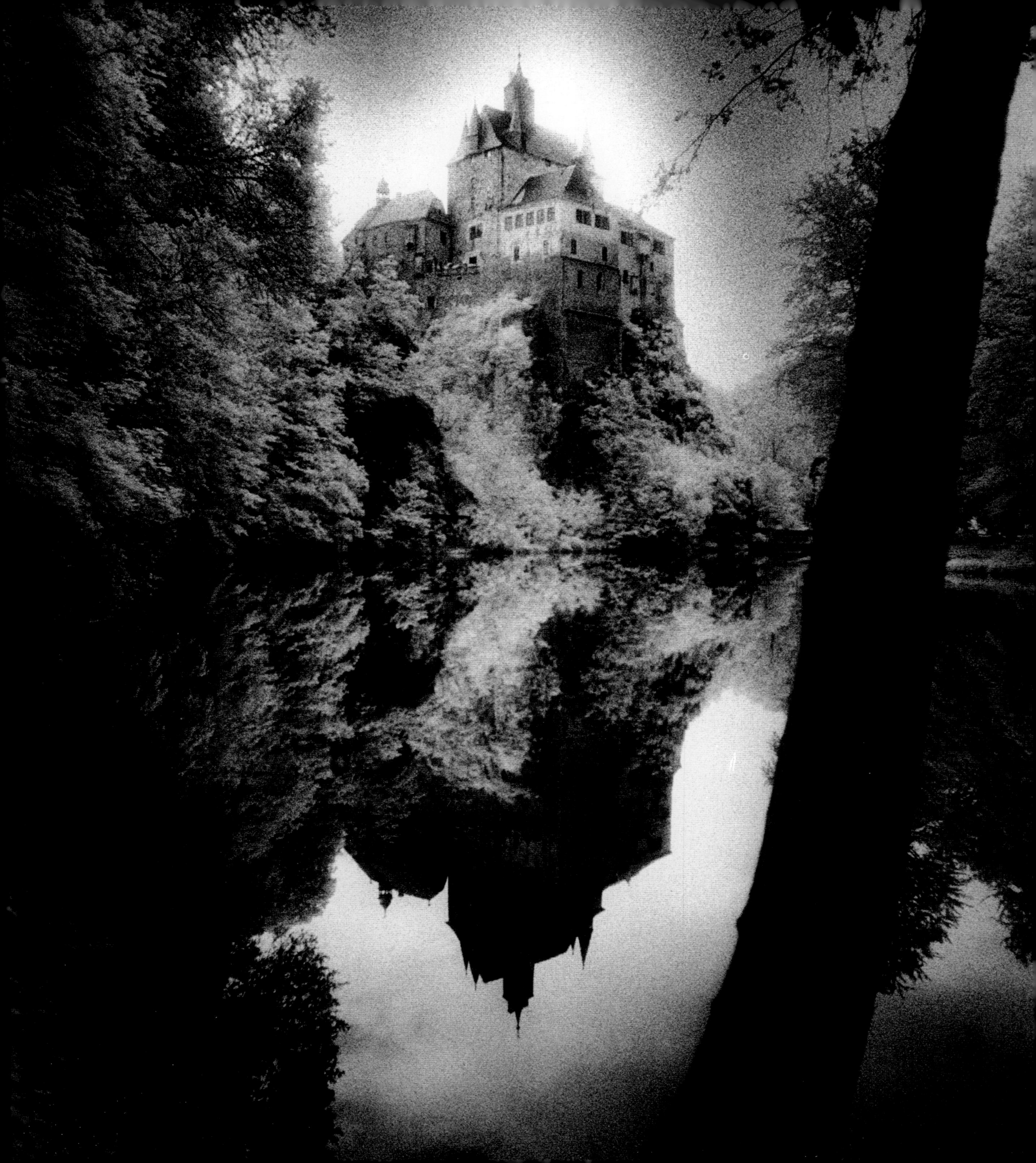

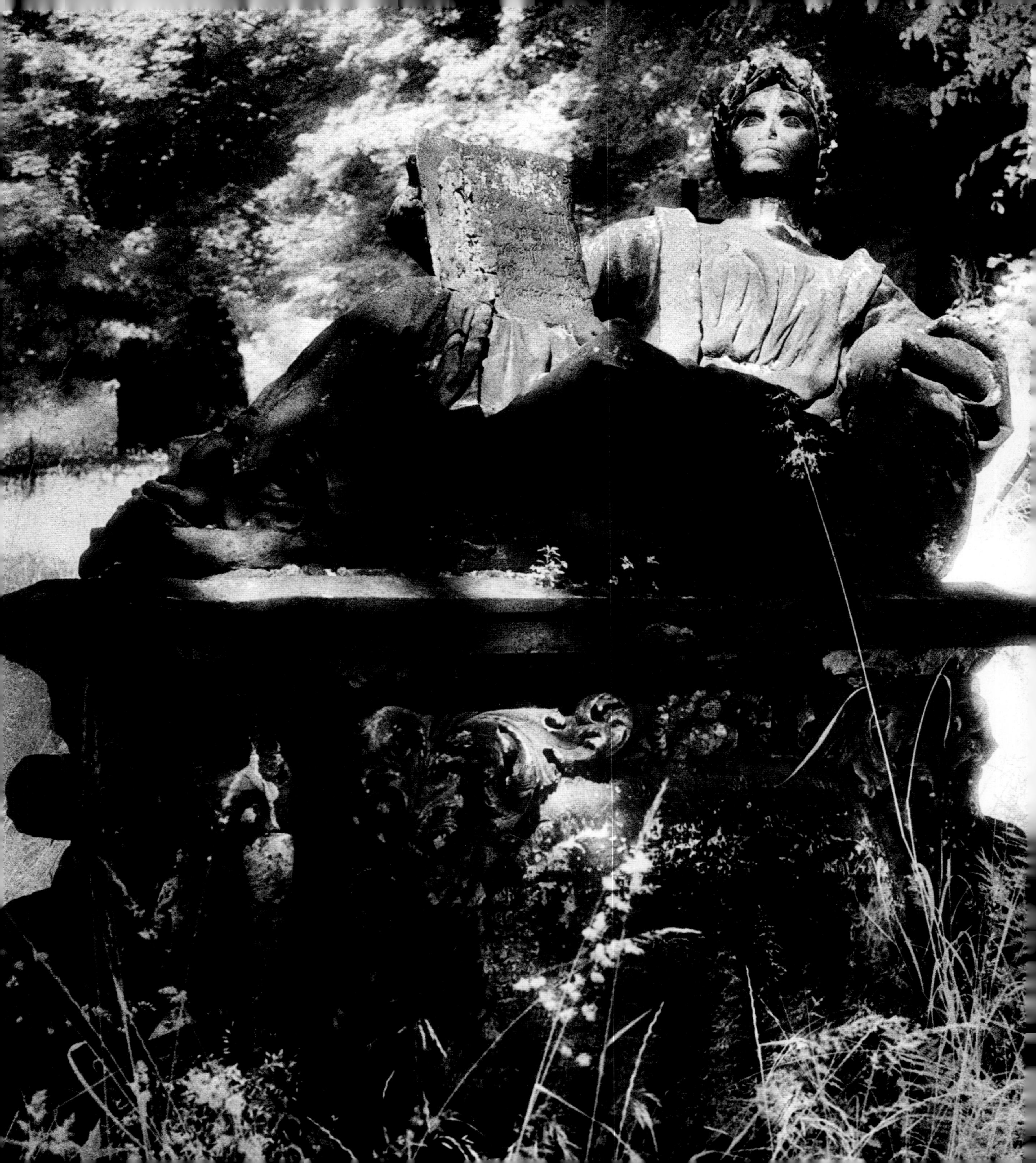

Aurelie

E. T. A. Hoffmann (1776–1822)

Ernst Theodor Amadeus Hoffmann wurde als Sohn eines Anwalts 1776 in Königsberg geboren. Seine erste Liebe galt der Musik, doch als er erkannte, dass er nie ein grosser Komponist werden würde, wandte er sich dem Schreiben zu.

Tagsüber arbeitete er als Anwalt, nachts dachte er sich Fantasiewelten aus. Am bekanntesten sind jene seiner Geschichten, in denen er das Element des Grotesken und Bizarren erkundet – auf eine Art, wie es kein anderer deutscher Schriftsteller der Romantik vermochte. ❖ *Aurelie* (1819) ist eine von 29 Geschichten in Hoffmanns Sammlung *Die Serapionsbrüder*, die er kurz vor seinem Tod verfasste. Er starb 1822 in Berlin an den Folgen einer progressiven Paralyse. Die Serapionsbrüder waren vier Freunde und Schriftsteller, die sich regelmäßig trafen, um miteinander nach dem »Serapiontischen Prinzip« ihre Werke zu besprechen und zu bewerten. Serapion war eine literarische Figur, die Hoffmann geschaffen hatte: ein geisteskranker Adeliger, der als Eremit lebte und sich dem Schreiben übernatürlicher Geschichten verschrieben hatte, die freilich aufgrund ihres psychologischen Realismus bemerkenswert waren. *Aurelie* tritt im vierten Band im achten Abschnitt dieser Reihe in Erscheinung und konfrontiert die Serapionsbrüder mit dem grausigen Thema des »Vampirismus«.

»Ich merke«, sprach Ottmar, »daß du wieder etwas sehr Tolles und Greuliches zu Markte bringen wirst ... Darum beginne, o mein Cyprianus, und sei düster, schrecklich, ja entsetzlich, trotz dem vampirischen Lord Byron ...« ❖ *Die nächste Nacht sollte ihm das entsetzliche Geheimnis erschließen, das allein die Ursache des unerklärlichen Zustandes der Gattin sein konnte.* ❖ *Die Gräfin pflegte jeden Abend selbst den Tee zu bereiten, den der Graf genoß, und sich dann zu entfernen. Heute nahm er keinen Tropfen, und als er seiner Gewohnheit nach im Bette las, fühlte er keineswegs um Mitternacht die Schlafsucht, die ihn sonst überfallen. Demunerachtet sank er zurück in die Kissen und stellte sich bald, als sei er fest eingeschlafen.* ❖ *Leise, leise verließ nun die Gräfin ihr Lager, trat an das Bett des Grafen, leuchtete ihm ins Gesicht und schlüpfte hinaus aus dem Schlafzimmer. Das Herz bebte dem Grafen, er stand auf, warf einen Mantel um und schlich der Gattin nach. Es war eine ganz mondhelle Nacht, so daß der Graf Aureliens in ein weißes Schlafgewand gehüllte Gestalt, unerachtet sie einen beträchtlichen Vorsprung gewonnen, auf das deutlichste wahrnehmen konnte. Durch den Park nach dem Kirchhofe zu nahm die Gräfin ihren Weg, dort verschwand sie an der Mauer. Schnell rannte der Graf hinter ihr her, durch die Pforte der Kirchhofsmauer, die er offen fand. Da gewahrte er im hellsten Mondesschimmer dicht vor sich einen Kreis furchtbar gespenstischer Gestalten. Alte halbnackte Weiber mit fliegendem Haar hatten sich niedergekauert auf den Boden, und mitten in dem Kreise lag der Leichnam eines Menschen, an dem sie zehrten mit Wolfesgier.* ❖ *Aurelie war unter ihnen!*

Linke Seite *Grabmal, Nikolaifriedhof, Görlitz, Sachsen, Deutschland*

Dissertatio Historico
Philosophica de Masticatione Mortuorum

Dr. Philipp Rohr

ICH KONNTE NUR SEHR WENIG ÜBER DAS LEBEN DES DEUTSCHEN THEOLOGEN PHILIPP ROHR FINDEN, DER EINE WICHTIGE ABHANDLUNG »VON DEM KAUEN UND SCHMATZEN DER TODTEN« SCHRIEB, DIE ENDE DES 17. JAHRHUNDERTS IN LEIPZIG VERÖFFENTLICHT WURDE.

In seiner Dissertation versucht er zu erklären, warum in jener Zeit die Furcht so verbreitet war, dass manche Menschen in der Lage sein könnten, ihren Gräbern zu entsteigen, um sich am Fleisch und Blut der Lebenden zu ergötzen und sogar sich selbst zu verspeisen. Diese Wesen sind Teil eines sehr viel umfangreicheren Vampirglaubens und werden auch als Nachzehrer bezeichnet. Sie tranken kein Menschenblut, sondern entzogen ihren Opfern den Lebenswillen, indem sie ihr eigenes Leichenhemd aßen. Durch diese mystische Form des Vampirismus wurden ihre noch lebenden Verwandten immer schwächer und daher häufig mit der Verbreitung der Pest in Verbindung gebracht. Damals wusste man noch nichts von Bakterien, und mit derartigem Aberglauben erklärten sich die verängstigten Menschen die Pestepedemien in Europa, die im Mittelalter Millionen töteten und Gegenstand hitziger Debatten zwischen Theologen, Philosophen und Wissenschaftlern waren. ❧ Im Folgenden ein Auszug aus der Dissertation des protestantischen Professors, das im Original in lateinischer Sprache vorliegt:

Unsere einfachen Leute versuchen die Gefahr des Kauens zu verhindern, indem sie unter das Kinn des Toten etwas frisch ausgegrabene Erde tun, damit er nicht den Mund öffnen und an den Gelenkbändern kauen kann ... Andere, die dies nicht als ausreichend sichere Methode erachten, legen einen Stein und eine Münze in den Mund, bevor sie diesen schließen, damit für den Fall, dass der Tote im Grab zu kauen beginnt, der Stein und die Münze ihn davon abhalten. Dieser Umstand wurde damals an vielen Orten in Sachsen von Gabriel Rollenhagen belegt: Buch IV, Mirab. Peregrinat, Kapitel 20, Nr. 5 in Kornmann. Zu den ersten, der Licht in diese Volkssitte brachte, gehört Garmannus (in de Mirac. Mort. Seite 28). Er berichtet, dass dies ganz klar dem Brauchtum entspricht, denn auch die Griechen (δανακην) legten eine Münze in den Mund des Toten und bezahlten damit den Charon, damit dieser ihn über den Totenfluss bringe. Man könnte an dieser Stelle einwenden, dass dies vorbeugende Maßnahmen des einfachen Volkes sind, mit denen sie das Böse von sich wenden wollen, bevor es sie selbst trifft. Denn wenn die Toten wirklich aus eigenem Antrieb kauen, könnte jemand unter uns versuchen, einen Pfahl in sie zu treiben, was jedoch nur ein äußerst unglückseliger Versuch wäre. Sie wollten die exhumierten kauenden Leichen strafen, indem sie sie köpften und an in der Erde steckenden Pfählen mitten durch den Körper aufspießten. Dies war das Schicksal, das die oben erwähnten Leichen im Jahr 1345 und 1603 traf und zuletzt auch an ebendiesem Ort. Ein derartiges Mittel wird in der Tat von den Vernünftigen nicht gebilligt, da es ein moralisches, körperliches und politisches Übel ist. Moralisch insofern als jemand gegen Gott sündigt, der (uns) verbietet, die Toten zu schänden; denn es geht in der Tat von

RECHTE SEITE *Detail an einem Mausoleum in Zittau, Sachsen*

> Herr lehre doch
> mich, daß ein End
> mit mir haben muß
> und mein Leben ein
> Ziel hat, und ich
> davon muß.
> 1639.

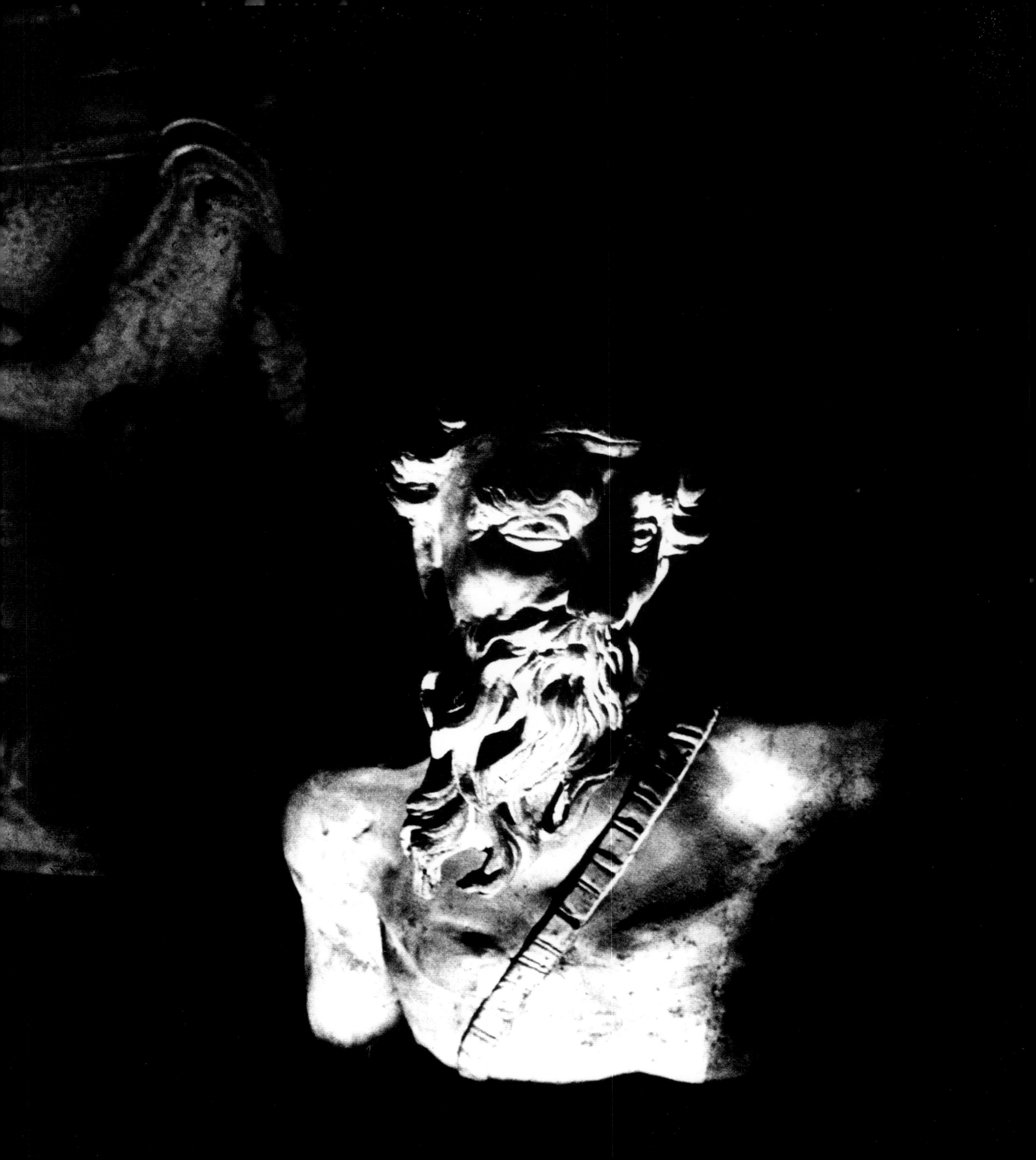

den Toten ein Schaden aus, wenn man sie exhumiert, will man doch verhindern, dass ihre pestbringenden Säfte sich verteilen. Es ist eine Sünde gegenüber dem Nächsten, dessen Ruf darunter leidet, wenn er aus seinem Grab gehoben, enthauptet und gepfählt wird. Man begeht einen Fehler, denn niemand hat einen Vorteil von dieser Exhumierung; nahe gelegene Orte (das sind körperliche Nachteile) könnten von den verderblichen Dämpfen erfüllt werden und es kommt zu einem Anstieg der vom Teufel selbst geförderten Pest, der zweifellos versucht, dies durch das Kauen zu erreichen. Aus diesem Grund gaben die Theologen, die von anderen Fachleuten zu diesem Übel befragt wurden, zur Antwort, dass niemand die Gräber schänden, sondern sie unversehrt lassen und die Toten nicht stören solle.

OBEN *Mausoleum, Zittau, Sachsen*
LINKE SEITE *Statue an einem Sarkophag in der Krypta der Schlosskirche St. Trinitatis, Weissenfels, Sachsen-Anhalt*

Der irre Mönch

Alexanderpalast, Tsarskoe Selo, St. Petersburg

ES WURDE STETS BEHAUPTET – UND DIES MIT GUTEM GRUND –, DASS DER BERÜCHTIGTE RUSSISCHE MYSTIKER GRIGORI JEFIMOWITSCH RASPUTIN EIN VAMPIR GEWESEN SEI. ER WURDE 1869 IN SIBIRIEN ALS SOHN EINES BAUERN GEBOREN.

Man sagt ihm nach, dass er die Gesellschaft von Zigeunern bevorzugte, und bereits in frühen Jahren stand er im Ruf eines zügellosen Trunkenbolds. Später trug er Mönchskutten und gab sich als Geistheiler aus. Er machte sich auf ins Heilige Land und kam 1903 nach St. Petersburg. Seine Mystik und sein Charisma machten ihn zum Liebling der russischen High Society, wo den Gerüchten nach Alkoholexzesse stattfanden. 1905 rettete er Alexei, den Sohn des Zaren Nikolaus II. und der Zarin Alexandra vor den Folgen der Bluterkrankheit. Angeblich bediente sich Rasputin der Hypnose. Alexandra war begeistert vom Retter ihres Sohnes, und die Gunst der Familie Romanow verlieh ihm große Macht. Damit wurde er zur Bedrohung für den Adel, der befürchtete, Rasputin werde seine geheimnisvollen Kräfte zu dessen Nachteil einsetzen. ❖ In der Nacht vom 16. Dezember 1916 lockte eine Gruppe russischer Adliger unter Führung des Fürsten Jussopov Rasputin in den Moika-Palast, wo sie ihn vergifteten, erschossen und schließlich zu Tode prügelten – so dachten sie jedenfalls –, bevor sie ihn in den Kanal warfen. Als sein Körper einige Tage später gefunden wurde, waren seine Arme ausgestreckt und seine Finger gebogen, so als hätte er versucht, das Eis, das ihn bedeckte, zu brechen. ❖ Doch es ranken sich noch mehr Geheimnisse um ihn. Alexandra ließ ihn in einem nicht gekennzeichneten Grab beerdigen, das sich in der Nähe des zerstörten Arsenals im Zarenpark befand. Bald nach der Oktoberrevolution 1917 wurde sein Leichnam von einer Gruppe früherer Gutsarbeiter ausgegraben und auf einen Holzstoß gelegt, um ihn zu verbrennen. Rasputins Leichnam soll nur langsam in den Flammen verbrannt sein, als ob er noch am Leben gewesen sei. Die Bauern flohen angsterfüllt und ließen seine Asche im Holz verglühen. Diese mächtige, geheimnisvolle Figur, die den eigenen Tod und den der letzten Romanows vorhergesagt hatte, verfügte sicher über übernatürliche Kräfte ähnlich denen der Vampire. Ich stand in den Wäldern, die noch heute das Arsenal umgeben, und mein russischer Führer erklärte mir genau, wo Rasputins Grab gewesen war. Ein unheimlicher, grauer Nebel senkte sich und hüllte die Bäume und den grauen Turm ein. Als ich meine Kamera hob, zitterten meine Hände. Was ich wohl auf meinen Film bannen würde?

OBEN *Grigori Jefimowitsch Rasputin (1869–1916)*
RECHTE SEITE *Das Arsenal im Alexanderpark, Alexanderpalast, Tsarskoe Selo, St. Petersburg, Russland*

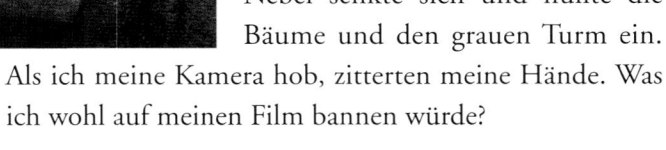

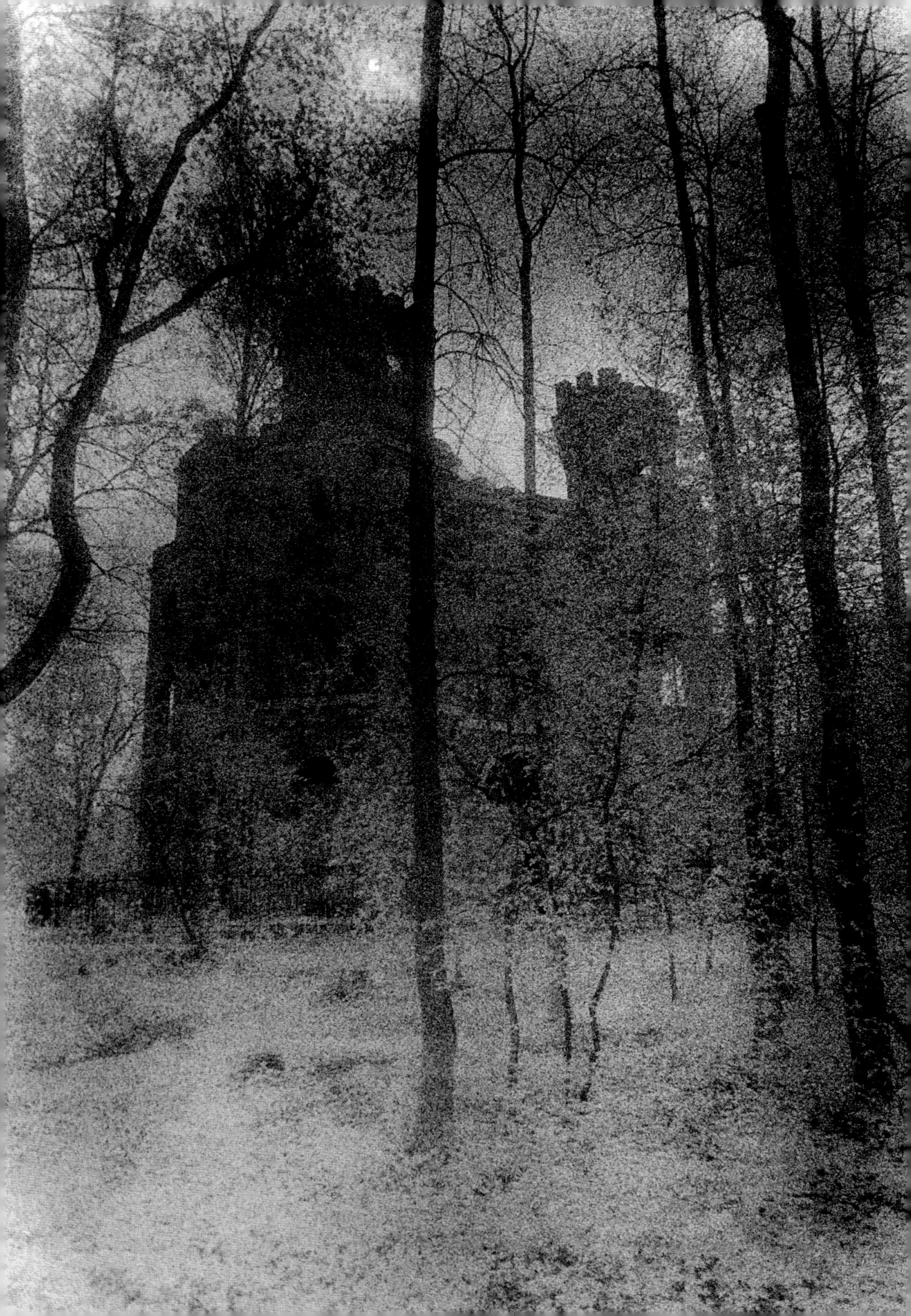

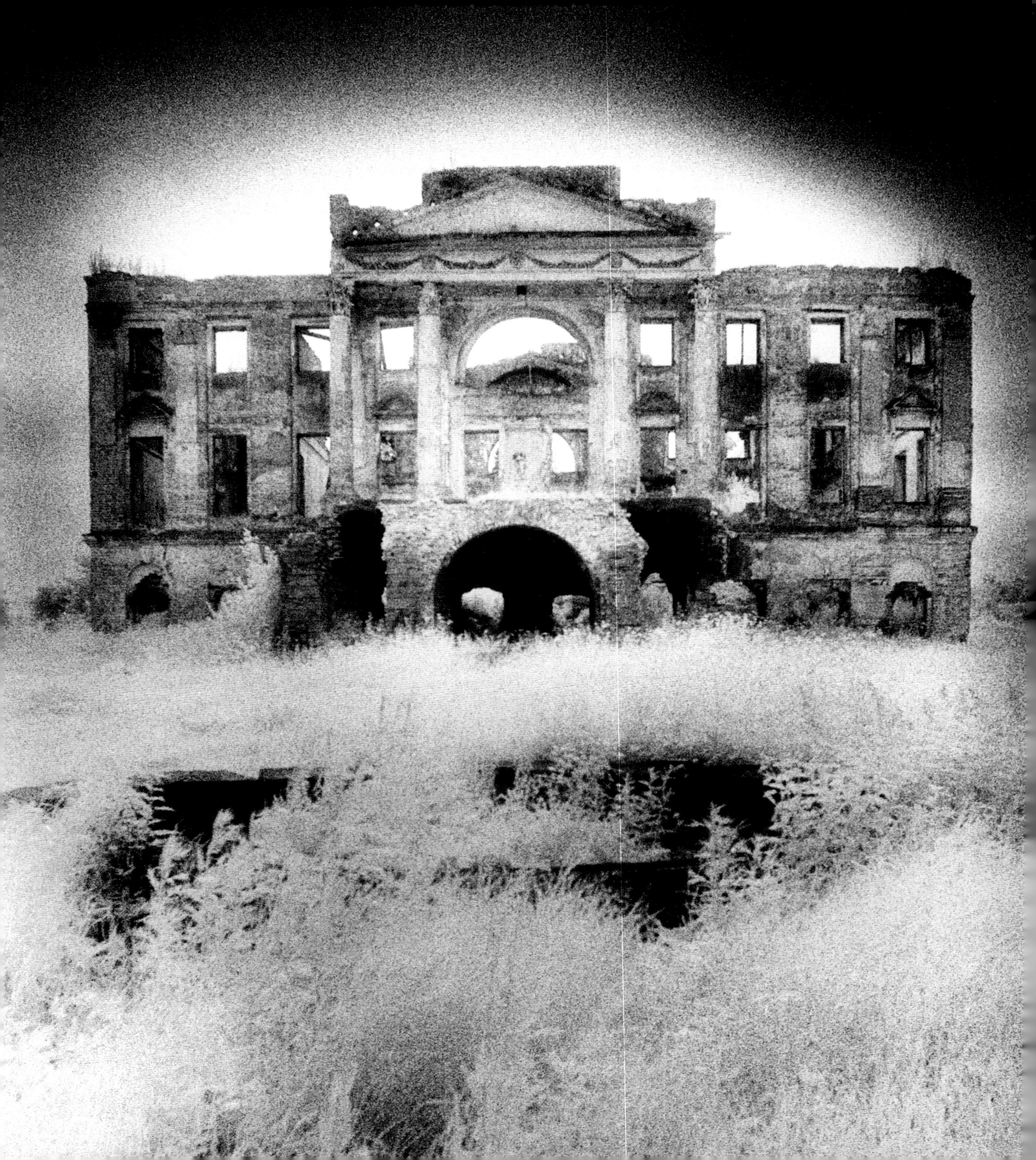

Die Familie des Vampirs

Graf Alexei Konstantinowitsch Tolstoi (1817–1875)

Graf Alexei Tolstoi war ein älterer, entfernter Vetter des sehr viel berühmteren russischen Autors des 19. Jahrhunderts, Lew Tolstoi. Allerdings erlangte der Graf eine ganz eigene literarische Bedeutung.

Er war bekannt für seine historischen Werke, von denen viele zur Zeit Iwans des Schrecklichen spielten. Doch der Graf war auch ein Freund von Gruselgeschichten, von denen er unter dem Pseudonym Krasnogorsky einige selbst verfasste, so auch *Die Familie des Vampirs.* Seine Romane wurden von der zeitgenössischen Kritik verrissen, weil er Morphinist war. Die Geschichte wurde daher erst 1884 veröffentlicht – neun Jahre nach seinem Tod an einer Überdosis Morphium. Sie verbindet die Urängste der Volkssagen mit sexuellem Verlangen:

Eines Tages kam ich in ein kleines Dorf. Ich fand diejenigen, in deren Haus ich wohnen wollte, im Zustand der Verwirrung. Dies schien mir wunderlich, da es doch Sonntag war, ein Tag, an dem die Serben sich gewöhnlich Freuden wie Tanzen, Schießen oder Ringen hingaben. Ich schrieb die Verwirrung meiner Gastgeber auf ein noch nicht lange zurückliegendes Unglück zurück und wollte mich gerade zurückziehen, als ein Mann von etwas 30 Jahren, groß und beeindruckend, auf mich zukam und mir die Hand schüttelte. ❖ »Komm herein, Fremder«, sagte er. »Lass dich nicht von unserer Trauer anstecken, du wirst uns verstehen, sobald du den Grund erfährst.« ❖ Er erzählte mir dann, dass sein alter Vater (er hieß Gorcha), ein Mann von wildem und ungezügeltem Temperament, eines Tages aufstand und sein langes türkisches Gewehr von der Wand nahm. ❖ »Meine Kinder«, sagte er zu seinen beiden Söhnen Georg und Peter, »ich gehe in die Berge und schließe mich den tapferen Gesellen an, die diesen Hund Ali Bek (das war der Name eines türkischen Banditen, der eine Zeit lang in der Gegend geplündert hatte) jagen. Wartet zehn Tage lang geduldig auf mich, wenn ich am zehnten Tag nicht zurück bin, dann lasst eine Totenmesse für mich lesen, denn dann hat man mich getötet. Wenn ich aber –«, so fügte Gorcha hinzu und blickte sehr ernst, »und dann beschütze euch Gott – nach diesen zehn Tagen zurückkehren sollte, so lasst mich unter keinen Umständen herein. Ich befehle euch, falls dies passiert, zu vergessen, dass ich euer Vater war. Treibt mir einen Pfahl aus Espenholz durchs Herz, egal was ich sage oder tue, denn ich bin dann kein Mensch mehr, sondern ein verfluchter Vourdalak, der nach eurem Blut trachtet.« ❖ An dieser Stelle ist es wichtig, Ihnen zu erzählen, dass Vourdalaks (der slawische Name für Vampire) der Sage nach Tote sind, die aus ihren Gräbern steigen und den Lebenden das Blut aussaugen. In dieser Hinsicht verhalten sie sich wie alle anderen Vampire, aber sie haben noch eine weitere Eigenschaft, die sie noch schrecklicher macht. Die Vourdalaks trinken am liebsten das Blut ihrer engsten Verwandten und besten Freunde, und sobald ihre Opfer tot sind, werden diese selbst zu Vampiren. Es heißt, dass in Bosnien und Ungarn ganze Dörfer auf diese Weise mit Vourdalaks bevölkert wurden. Abt Augustin Calmet beschreibt in seinem seltsamen Buch über Erscheinungen viele schreckliche Beispiele. ❖ Offensichtlich wurden schon häufig Kommissionen von deutschen Kaisern eingesetzt, die

Linke Seite *Landsitz Puschino-Na-Nare, Serpuchow, Oblast Moskau, Russland*
Folgende Doppelseite *Turm und Mauer auf Gut Gontscharow, Oblast Moskau, Russland*

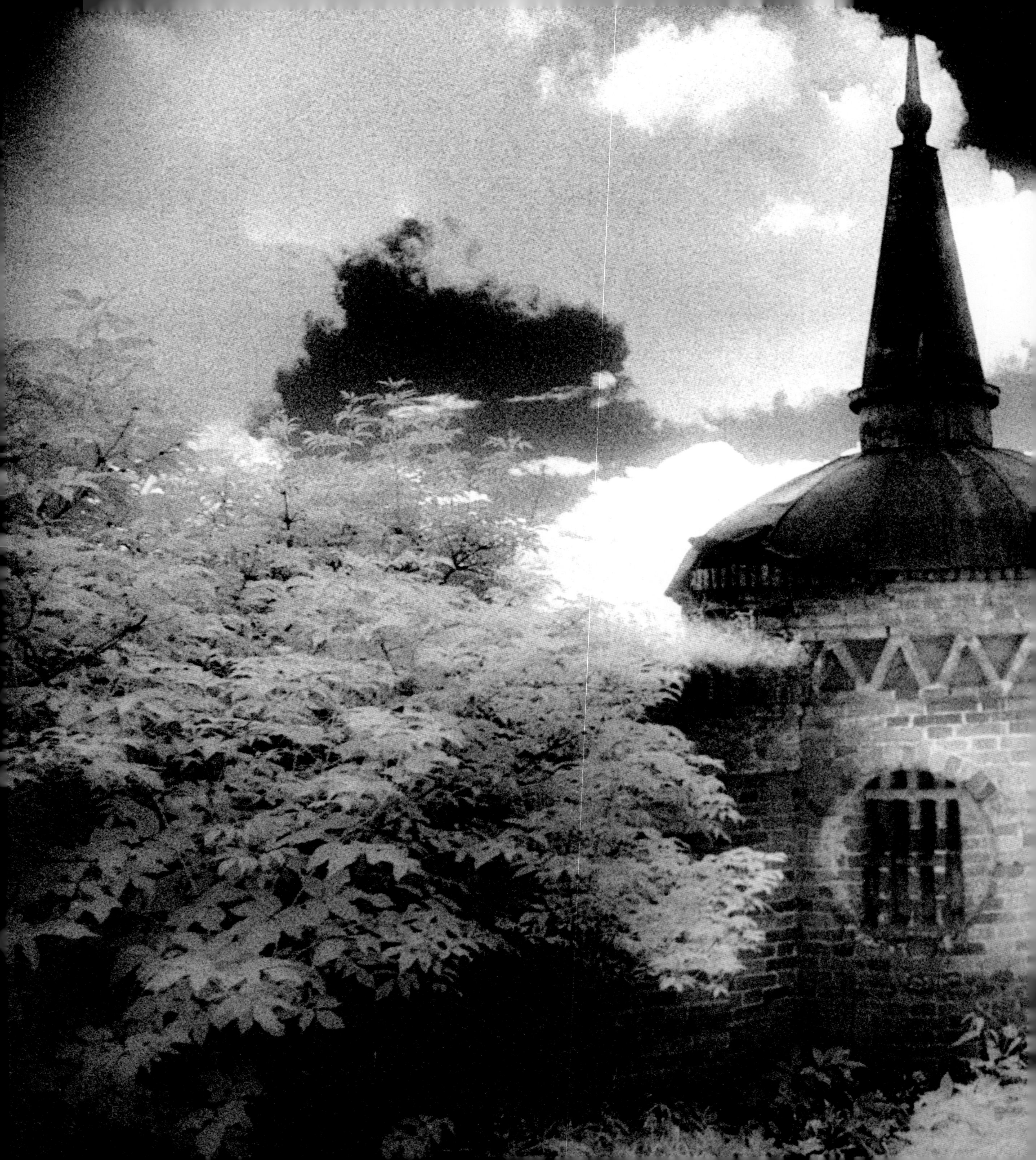

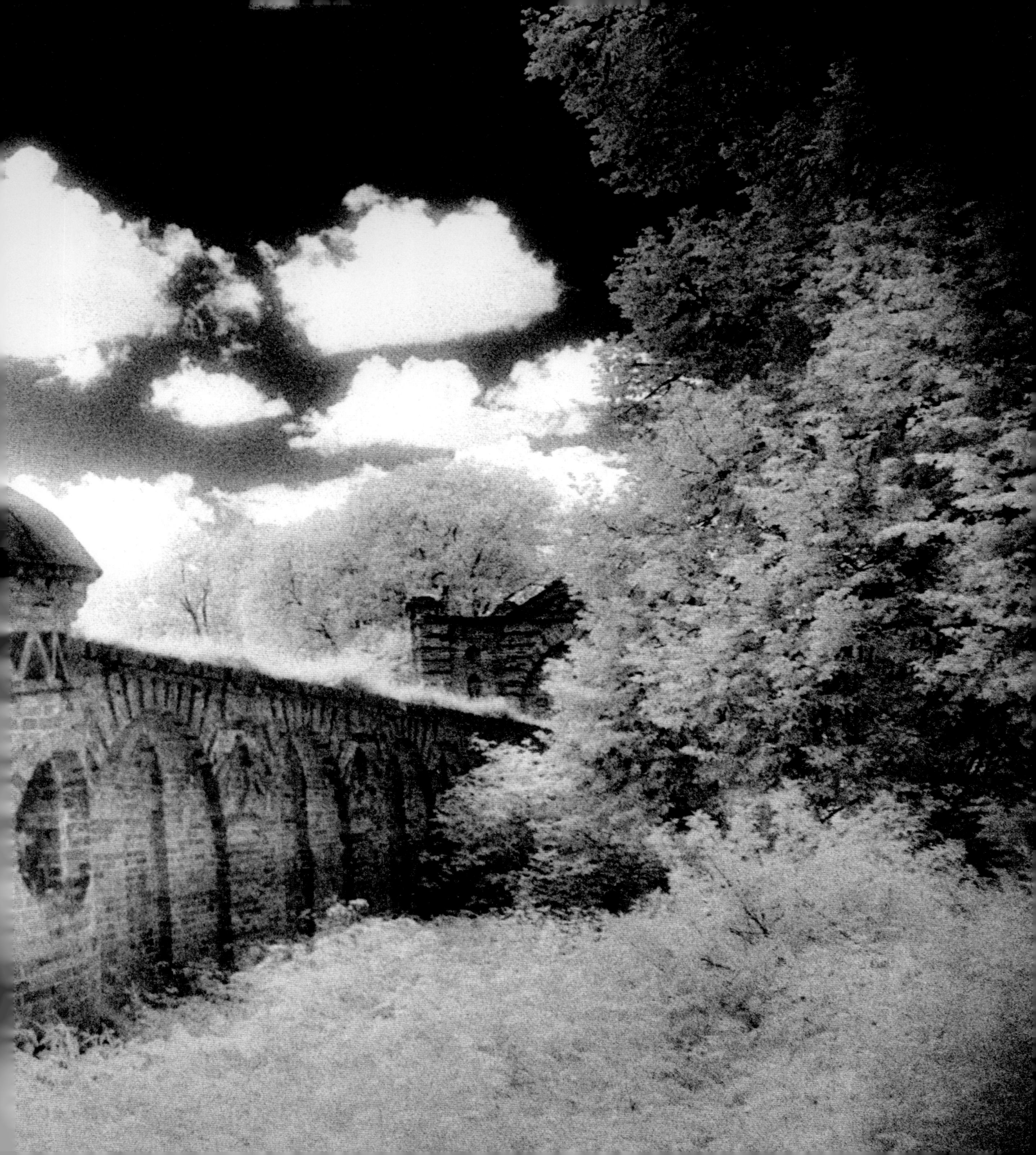

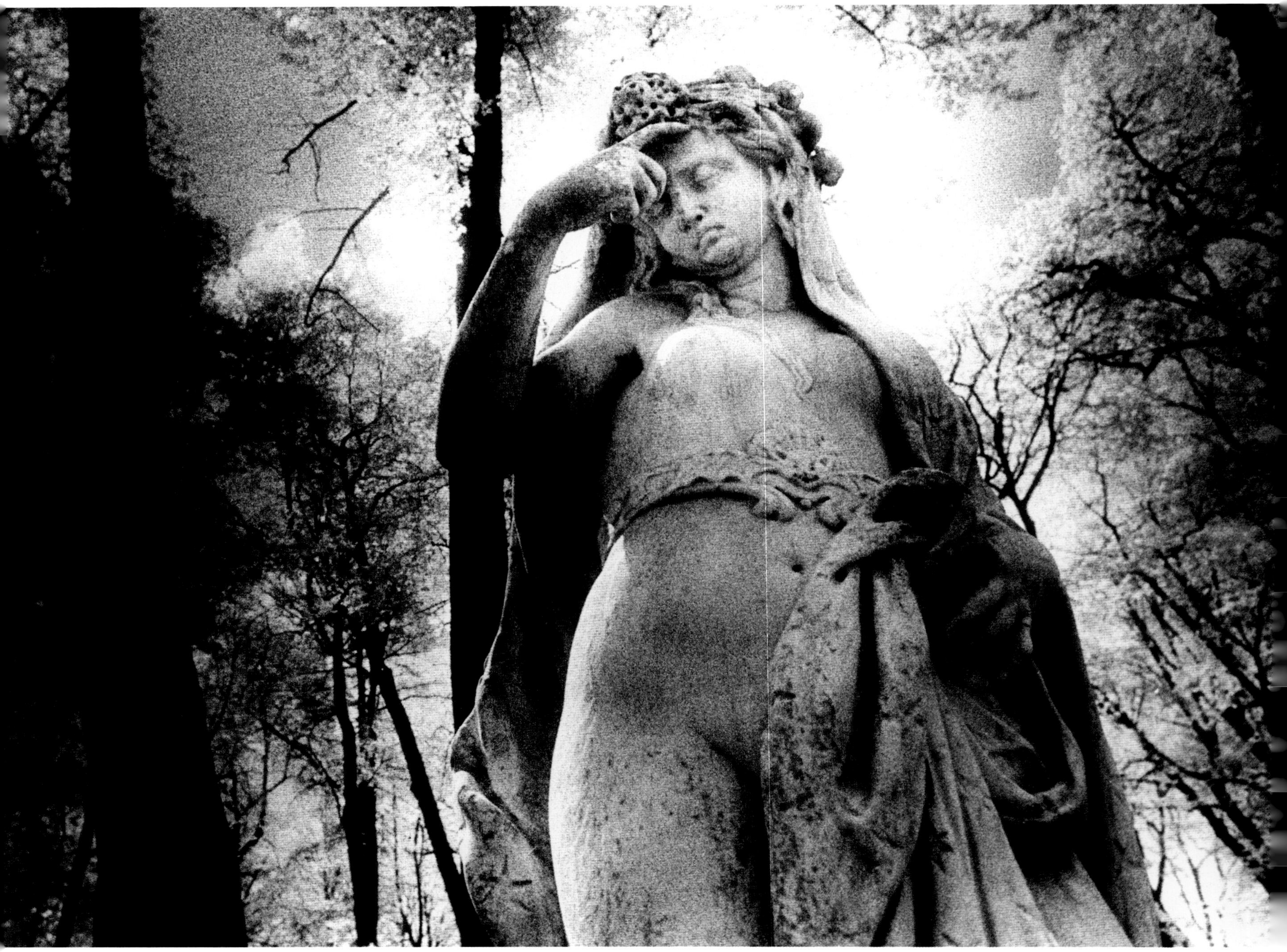

diese angeblichen Vampirseuchen untersuchen sollten. Diese Kommissionen sammelten viele Augenzeugenberichte, sie exhumierten Körper, die mit Blut vollgesogen waren, und befahlen, diese öffentlich zu verbrennen, nachdem man ihnen einen Pflock durchs Herz getrieben hatte. Beamte, die diesen Hinrichtungen beiwohnten, schworen unter Eid, dass diese toten Körper Grauen erregende Schreie ausstießen, als ihnen der Scharfrichter den Pfahl ins Herz stach. Sie haben hierzu offizielle Erklärungen abgegeben, mit ihrer Unterschrift bestätigt und einen Eid auf die Bibel geleistet.

Dann geschah etwas Seltsames. Eine dieser sonderbaren Enthüllungen, die ich niemals werde erklären können. Wenn Sie mich damals gefragt hätten, dann hätte ich gesagt, dass es so etwas nicht gibt, aber heute weiß ich es besser. Ich hielt Zdenka eng an mich gepresst; das Kreuz, das mir die Herzogin von Gramont bei meiner Abreise geschenkt hatte, stach mir in die Brust. Der Schmerz traf mich wie ein Blitz, der durch meinen Körper lief. Als ich zu Zdenka aufsah, sah ich zum ersten Mal, dass ihre Züge, auch wenn sie noch immer schön waren, einem Leichnam glichen: Ihre Augen sahen nichts, und ihr Lächeln war die verzerrte Grimasse eines verwesenden Schädels. Im selben Moment vernahm ich im Raum den Fäulnisgeruch des Leichenhauses. Die schreckliche Wahrheit zeigte sich mir in all ihrer Hässlichkeit und ich erinnerte zu spät, was der alte Eremit mir gesagt hatte. Ich erkannte, in welch misslicher Lage ich mich befand. Alles hing von meinem Mut und meiner Selbstbeherrschung ab. ❖ *Ich wandte mich von Zdenka ab, um das Grauen, das mir ins Gesicht geschrieben stand, zu verbergen. Dann blickte ich aus dem Fenster und sah die satansgleiche Gestalt von Gorcha, der auf einem blutigen Pfahl lehnte und mich mit den Augen einer Hyäne ansah. Gegen das andere Fenster waren die wächsernen Züge von Georg gepresst, der in diesem Moment ebenso erschreckend aussah wie sein Vater. Beide beobachteten jede meiner Bewegungen, und ich wusste, dass sie sich auf mich stürzen würden, wenn ich zu fliehen versuchte. Daher nahm ich von ihrer Anwesenheit keine Notiz und mit unglaublicher Selbstbeherrschung umarmte ich Zdenka genauso leidenschaftlich, wie ich es vor meiner entsetzlichen Entdeckung getan hatte. Ich zerbrach mir verzweifelt den Kopf nach einer Fluchtmöglichkeit. Ich bemerkte, dass Gorcha und Georg wissende Blicke mit Zdenka austauschten und allmählich die Geduld zu verlieren schienen. Dann hörte ich von irgendwoher den Schrei einer Frau und das Weinen von Kindern wie das Heulen wilder Katzen.*

Ich fühlte einen kalten Hauch am Ohr und ahnte, dass sich Zdenka von hinten meinem Pferd genähert hatte. »Mein Herz! Meine Seele!«, klagte sie. »Ich sehe und höre dich allein! Ich bin nicht mehr Herrin meines Geschicks. Eine höhere Macht fordert meinen Gehorsam. Verzeih mir, mein Liebster, verzeih!« ❖ *Während sie mich mit den Armen umfing, versuchte sie, ihre Zähne in meinen Nacken zu schlagen und mich vom Pferd zu reißen. Ein grässlicher Kampf entbrannte. Eine Weile hatte ich die allergrößte Mühe, mich ihrer zu erwehren, doch dann gelang es mir, einen Arm um ihre Taille zu schlingen und sie mit der anderen Hand bei den Haaren zu fassen. Aufrecht in den Steigbügeln stehend schleuderte ich sie zu Boden.*

LINKE SEITE *Statue im Sommergarten von St. Petersburg, Russland*

Das Geistergrab

Landsitz Stepanovskoye-Pavlicevo, Oblast Kaluga, Russland

Im September 2009 war ich in Russland und fotografierte für ein neues Buch, in dem es um die Überreste der prächtigen Landsitze der Romanow-Ära vor der russischen Revolution von 1917 ging.

Zusammen mit einem Fahrer und einem Übersetzer reise ich drei Wochen lang durch die wilde und verarmte Landschaft rund um Moskau. Dann kamen wir zu einem der stimmungsvollsten und gleichzeitig unheimlichsten Orte dieses außergewöhnlichen Projekts: dem Landsitz der mächtigen Familie Stepanow aus dem 18. Jahrhundert. Wir parkten vor den Relikten der Steintore des Anwesens, und meine Dolmetscherin Marsha und ich gingen die überwucherte Auffahrt empor. Wir näherten uns einigen relativ gut erhaltenen Gebäuden einschließlich der Stallungen sowie des ehemaligen Verwalterhauses. Sie waren jetzt von anderen, moderneren Bauten umgeben, was den ursprünglichen Eindruck vergangenen Glanzes verdarb. Daher beschlossen wir, einen anderen Weg einzuschlagen, da sich das Hauptgebäude offensichtlich etwas entfernt in den Wäldern befand. Nach etwa 200 Metern sahen wir massive, bröckelnde Säulen und Mauern, von denen der Putz herabfiel und die gegen den Himmel wie ein riesiger verwundeter Raubvogel aussahen. ❖ Während ich fotografierte, sah ich Marsha mit ein paar Arbeitern sprechen, die sich auf den Stufen zum Haupteingang ausruhten. Später erzählte sie mir verwundert, dass diese dort seit vier Jahren angestellt seien, aber keine Ahnung hätten, wer ihren Lohn bezahle oder wem überhaupt das Anwesen gehöre. Über dessen Geschichte wussten sie nur, dass es ursprünglich von den Stepanow-Bojaren in der zweiten Hälfte des 18. Jahrhunderts erbaut worden war und dass die Tochter des letzten Eigentümers Elizaweta Stepanowa hieß und den reichen Eisenbahningenieur Wassili Jaroschenko geheiratet hatte. Gemeinsam hatten sie zwischen 1895 und 1899 Haus und Park im eklektischen Stil renoviert und erweitert. Die Arbeiter wussten nicht, wieso die Gebäude verfallen waren, meinten aber: »Die Revolution hat es wahrscheinlich für das Volk erobert.« ❖ Ich betrat das Haus, fühlte mich aber zwischen all dem Staub und Schutt aus vergangener Zeit sofort unwohl – irgendetwas an dem Gebäude ängstigte mich. Später kam Marsha mit dem ältesten der Arbeiter, einem Einheimischen, zu mir. Sie hatte ihm eines meiner Bücher über Geister gezeigt, und er wollte mir nun eine Geschichte erzählen, die sich hier zugetragen hatte. Gegen Ende des 18. Jahrhunderts wurden viele der Arbeiter und ihre Familien im Dorf von einer Krankheit heimgesucht. Dies war zur Blütezeit der Vampirhysterie, die damals in ganz Osteuropa verbreitet war. Die Dorfbewohner hielten einige der Toten für *Upyrs* oder Bluttrinker, gruben ihre Leichen aus, köpften sie und trieben ihnen einen Pflock durchs Herz. Trotz dieser drastischen Maßnahmen griff die Krankheit weiter um sich, die Bewohner litten weiter und starben. Schließlich fiel der Verdacht auf die Familie der Stepanows, insbesondere auf einen Sohn – einen jungen Soldaten, der im Krieg gegen das Osmanische Reich gefallen war. Sein Leichnam lag in der Kirche des Landsitzes, aber niemand wagte es, das verzierte Familiengrabmahl zu öffnen, um herauszu-

Rechte Seite *Gut Stepanovskoye-Pavlicevo, Russland*

finden, ob er einer der »Untoten« war. Viele schworen jedoch, dass er ihnen mitten in der Nacht außerhalb der Kirche und in der Nähe des Anwesens erschienen sei. ❖ Marsha erklärte mir, dass die Russen im Zusammenhang mit Untoten eher an Vampire als an Geister glaubten. Orthodoxe Russen glauben, dass sich die Seele vierzig Tage nach dem Tod in der Nähe ihres Erdenheims aufhalte. Während der ersten Tage könnte – in sehr seltenen Fällen – die verstorbene Person wieder lebendig werden, aber nicht als normaler Mensch. Besonders solche Wesen würden Vampire werden, die sich vom Blut der Menschen und des Viehs ernährten. Die Unglücklichen, die dieses Schicksal ereilte, waren entweder sehr jung gestorben oder auf gewaltsame Weise durch Ermordung, Selbstmord oder Unfall zu Tode gekommen. Der plötzliche gewaltsame Tod des jungen Soldaten Stepanow hatte daher die Ängste der Dorfbewohner geschürt. Ich bat Marsha, den alten Mann zu fragen, wo wir die Kirche mit dem Grab der Stepanows finden könnten. »Das gibt es nicht mehr«, antwortete er. »Es wurde im 2. Weltkrieg während der Offensive der Deutschen auf Moskau zerstört.« Warum hatten die Nazis eine böse Kraft zerstört, die ebenso grausam war wie ihre eigene teuflische Herrschaft?

OBEN *Löwenskulptur, Landgut Marino Andrianovo, Tosnenskij-Distrikt, Russland*
RECHTE SEITE *Marmorbüste im Sommergarten, St. Petersburg, Russland*

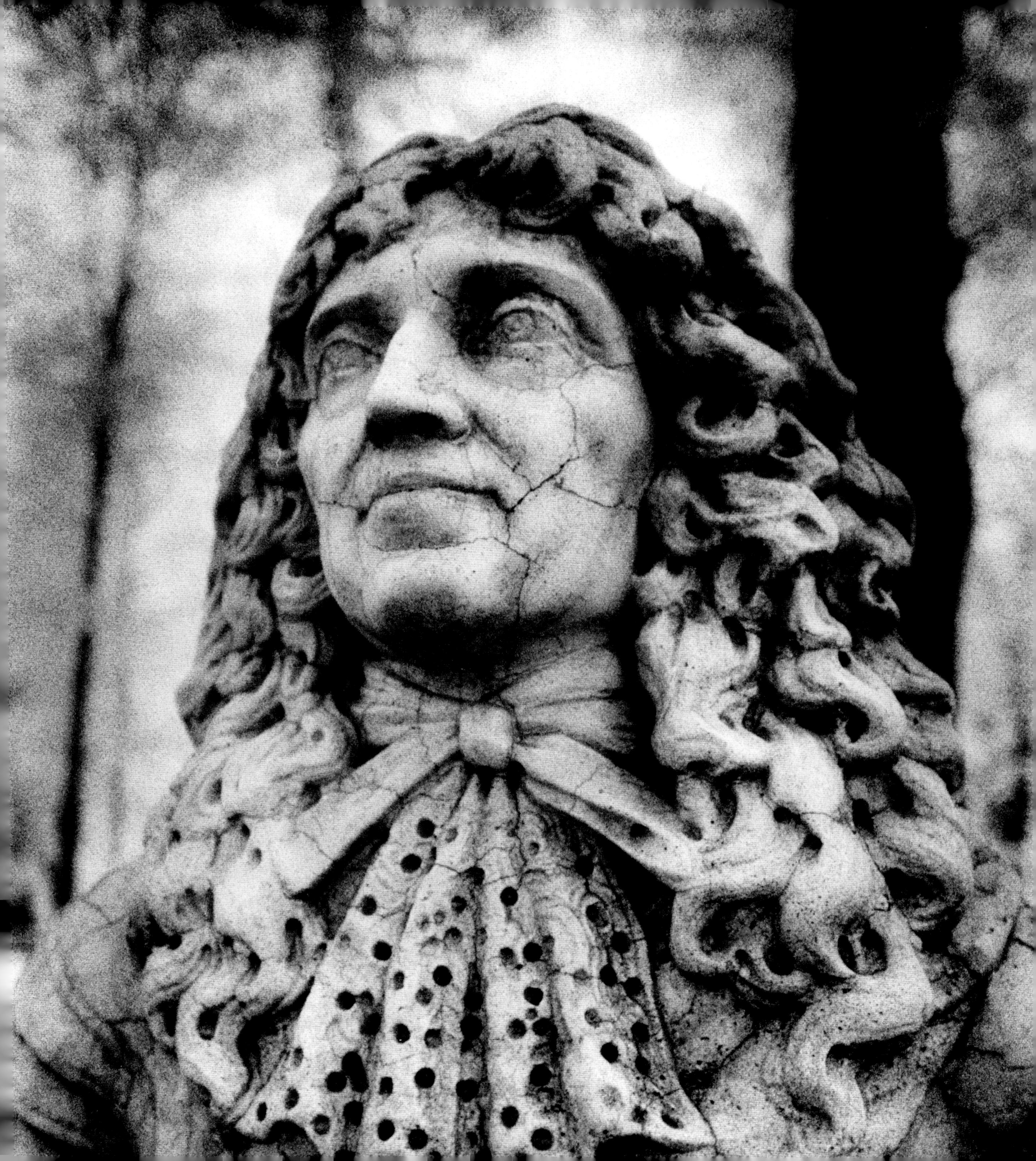

Die Chronik der Vampire

New Orleans, Louisiana, USA

1791 war das Jahr, als es geschah. Ich war vierundzwanzig, jünger als du heute. Aber die Zeiten waren anders. Ich war damals bereits ein Mann, Besitzer einer großen Plantage südlich von New Orleans. Meine Frau war bei der Geburt unseres Kindes gestorben und beide waren kaum ein halbes Jahr unter der Erde. Ich hätte mich nur zu gerne zu ihnen auf den Weg gemacht. Ich konnte ihren Verlust nicht ertragen. Ich sehnte mich danach, davon erlöst zu werden. Ich wollte alles verlieren ... mein Geld, meinen Besitz, meinen Verstand. Ich verlangte regelrecht nach dem Tod. Heute weiß ich das. Ich lud ihn ein. Eine Erlösung vom Schmerz des Lebens. Meine Einladung galt jedem: der Hure an meiner Seite; dem Zuhälter, der ihr folgte; aber es war ein Vampir, der sie annahm.
Anne Rice, *Louis de Pointe du Lac, Gespräch mit einem Vampir*

DIE »CHRONIK DER VAMPIRE« (1976–2003) IST EINE REIHE VON VAMPIRROMANEN DER SCHRIFTSTELLERIN ANNE RICE, DIE IN NEW ORLEANS SPIELEN. DIE HAUPTFIGUR IST LESTAT DE LIONCOURT, EIN FRANZÖSISCHER ADELIGER UND VAMPIR AUS DEM 18. JAHRHUNDERT.

Rices Vampire unterscheiden sich auf verschiedene Weise von den klassischen Vampiren wie Dracula: Sie haben keine Aversion gegen Knoblauch oder Kreuze und können auch nicht mit einem Pflock durchs Herz vernichtet werden. Vielmehr zeichnen sie sich durch eine überaus große emotionale Sensibilität und Sinnlichkeit aus. Sie können sich weder in Fledermäuse noch in Wölfe verwandeln, aber sie bewegen sich so schnell, dass man es mit dem Auge nicht wahrnehmen kann. ❖ Der erste Band dieser Serie – und aufgrund der erfolgreichen Verfilmung von 1994 auch der bekannteste – ist *Gespräch mit einem Vampir*. In diesem Roman verliert Louis de Pointe du Lac, ein junger Plantagenbesitzer, auf tragische Weise seine Frau und seine Tochter im Kindbett und mit ihnen seinen Lebenswillen. Er ertränkt seinen Kummer in den Bars von New Orleans, wo er dem Vampir Lestat de Lioncourt begegnet. Louis beschließt, sich Lestat als »Untoter« anzuschließen. Sie adoptieren ein junges Mädchen, Claudia, die sie ebenfalls in einen Vampir verwandeln. Später erzählt Louis einem jungen Reporter in San Francisco von den düsteren Abenteuern seiner 200-jährigen Existenz, während der es Claudia und ihn auch nach Europa verschlägt. Obwohl sich Louis letztendlich eingesteht, dass er seiner Unsterblichkeit überdrüssig ist, weil er so viel Leid und Schmerz sehen und aushalten musste, sieht der Journalist nur die übernatürlichen Kräfte des Vampirs. Louis ist außer sich, als dieser ihn bittet, auch Vampir werden zu dürfen. ❖ Ich kenne für diese schaurigen Vampirgeschichten keinen geheimnis- und stimmungsvolleren Schauplatz als New Orleans und das Mississippi-Delta. Alles an diesem Ort hat eine bedrohliche und mystische Aura, von Geistergeschichten und Voodoo bis hin zu den alten indianischen Begräbnisstätten am Bayou, wo sich gefährliche Alligatoren in den Sümpfen verstecken. Das schwülheiße Klima, die Gefahr von Tornados und Überflutungen machen das Szenario noch unbehaglicher. ❖

RECHTE SEITE *Gemälde, House of Wax, Louisiana, USA*

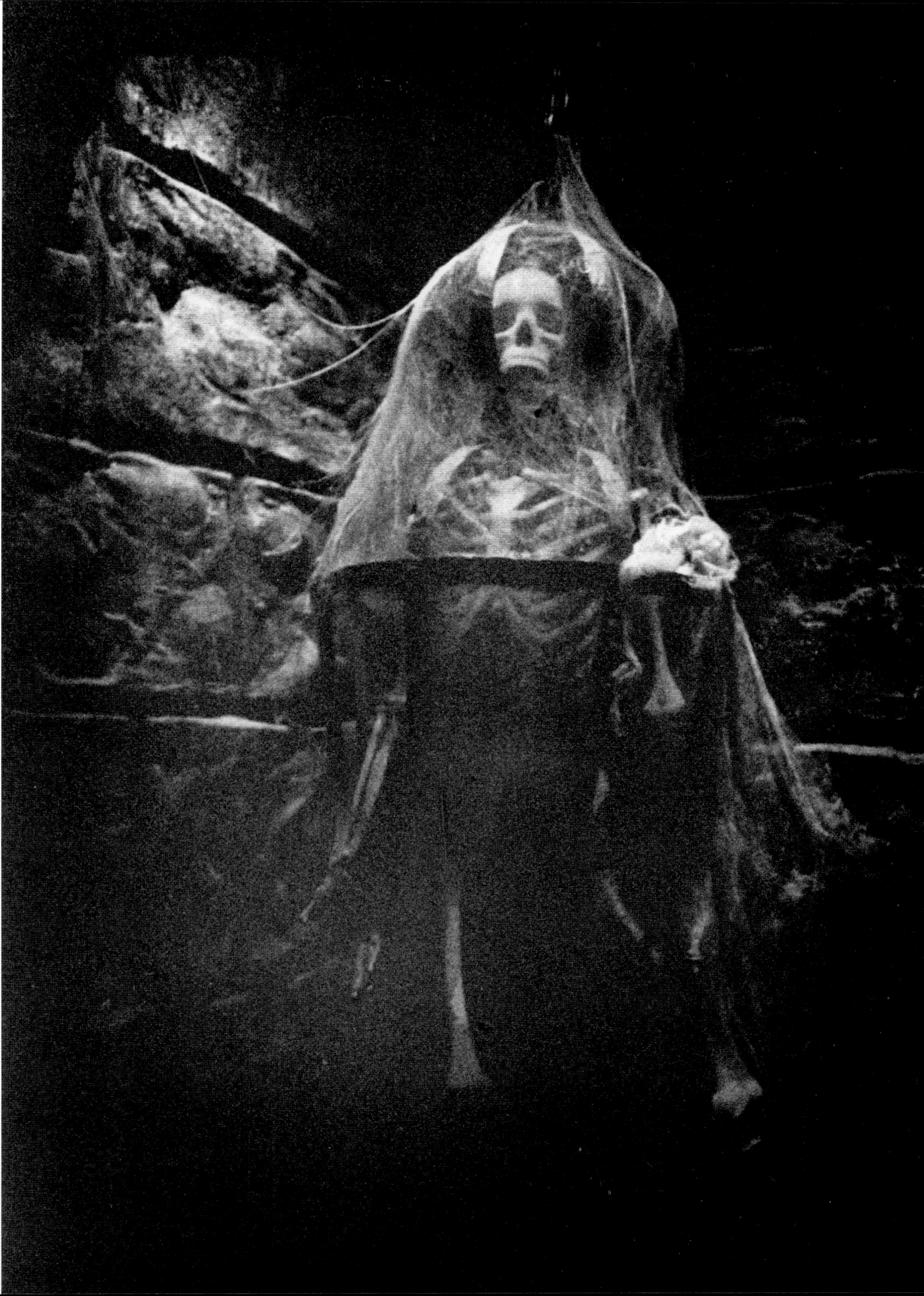

Die Geschichte von New Orleans ist eigentlich noch viel merkwürdiger als alles, was sich ein Schriftsteller ausdenken kann. Die Stadt wurde 1718 von Jean Baptiste le Moyne gegründet. Die Franzosen schickten Arbeiter aus ihren überfüllten Gefängnissen, um den Aufbau voranzutreiben. Mörder, Diebe, Vergewaltiger und Prostituierte bevölkerten die Straßen der von Seuchen heimgesuchten Stadt. Als später französische Adelige einwanderten, um Plantagen zu gründen, wurden Sklaven aus Afrika eingeführt. Diese Zeit der Wohlstandes rief wiederum Piraten auf den Plan. Sie brachten die Handelsschiffe auf, die den geschäftigen Hafen anliefen. 1763 übergab Frankreich die Kolonie Louisiana an Spanien, doch 1800 fiel sie wieder an Frankreich. Es war Napoleon, der sie vier Jahre später an die USA verkaufte. Zu jener Zeit bestand die Bevölkerung aus einem Gemisch von Franzosen, Spaniern, Afrikanern und Amerikanern, die alle unterschiedliche Idiome sprachen. Die berauschende Mischung aus Kulturen, Musik und Sex machte New Orleans zur dekadentesten Stadt der USA. ✣ Ich besuchte sie 1972 zum ersten Mal. Die Arbeiten des amerikanischen Fotografen Clarence John Laughlin hatten mich sehr beeinflusst. Seine surrealen Bilder von verfallenen Gutshäusern im tiefen Süden und die verfallenen Gräber auf dem französischen Friedhof waren ein Zeugnis dieser vergangenen Zeit und regten mich zu dieser Reise an. Ich fand alles so vor, wie er es so wundervoll porträtiert hatte. ✣ Anne Rice lebt heute nicht mehr in New Orleans, sondern seit 2004 in Kalifornien. Sie sagt jedoch, dass ihr Herz noch immer an dieser geheimnisvollen Metropole hänge. Da sie tief religiös ist, haben alle ihre Vampirromane auch starke moralische und spirituelle Aspekte, und nie wird darin das Böse verherrlicht.

Gespräch mit einem Vampir ist ein Buch über die Verzweiflung eines fremden Wesens, das nach einem Sinn für seine einsame Existenz sucht. Ihr Vampir ist eher eine Metapher für menschliches Empfinden und moralisches Bewusstsein.

Das Böse ist Ansichtssache. Wir sind unsterblich, und was vor uns liegt, sind die prunkvollen Feste, die das Gewissen nicht gutheißen kann und Sterbliche nicht ohne Bedauern wahrnehmen. Gott tötet und macht dabei, ebenso wie wir, keinen Unterschied. Er nimmt die Reichen und die Armen, so wie wir; denn keine Kreatur unter Gott ist so wie wir, keiner gleicht Ihm so wie wir. Dunkle Engel, die nicht auf die Grenzen der Hölle beschränkt sind, sondern auf Seiner Erde und in Seinem Reich wandeln.

Lestat de Lioncourt, *Gespräch mit einem Vampir*

OBEN *St.-Louis-Friedhof, New Orleans, Louisiana, USA*
RECHTE SEITE *Ruine eines ausgebrannten Herrenhauses, Mississippi, USA*

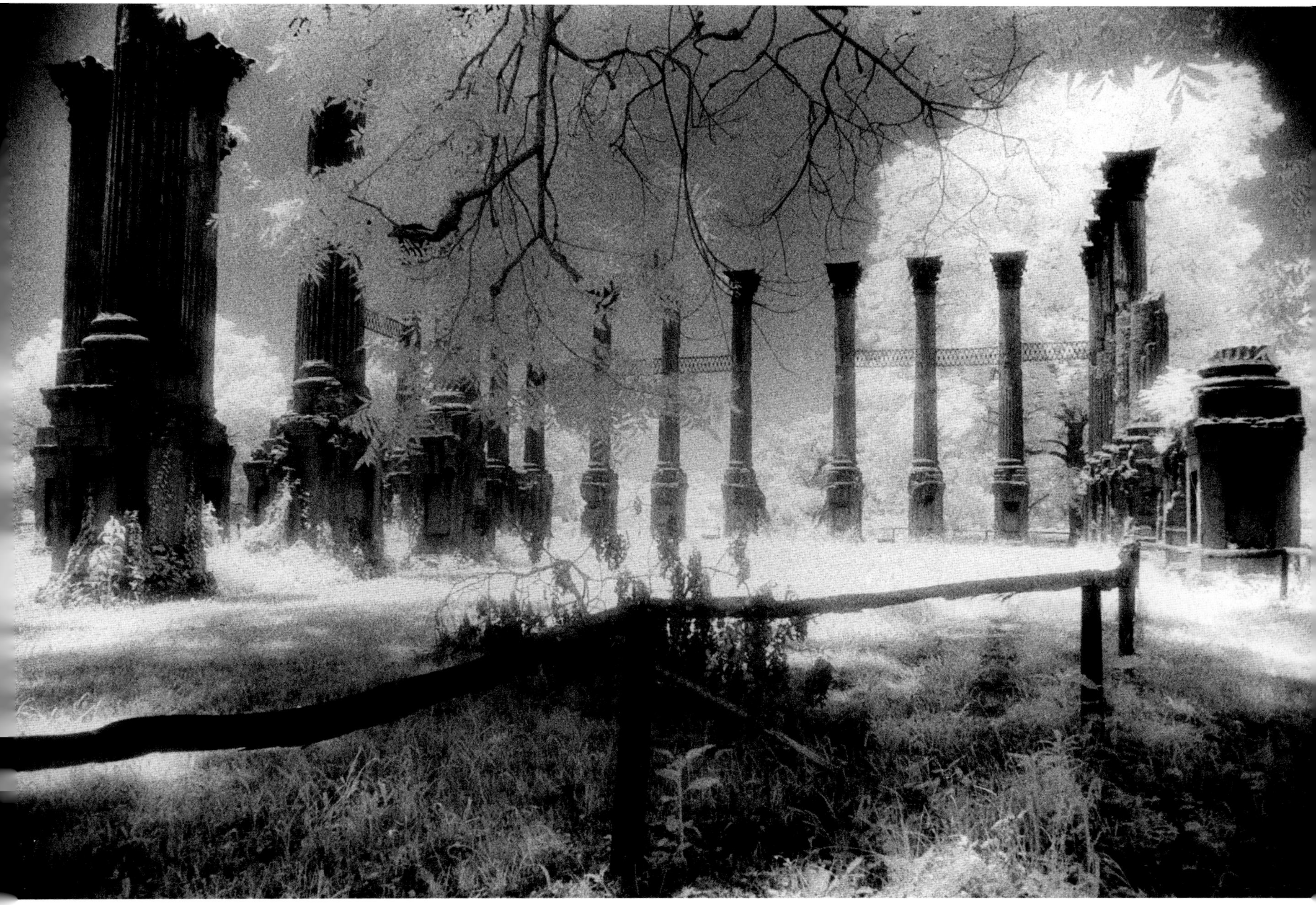

Berenice

Edgar Allan Poe (1809–1849)

Ich war zehn, als ich die beklemmenden Geschichten dieses Autors zum ersten Mal las. Die seltsamen Bilder seiner Fantasiewelt verfolgten mich über Jahre, vor allem während meiner Fotoreisen zu alten, verfallenen Häusern.

Erst später wurde ich gebeten, ein Buch über seine Werke zu bearbeiten und zu illustrieren (*Visions of Poe*, 1990). Dies brachte mir die Tragik seines kurzen Lebens näher. Poe war ein unverbesserlicher Romantiker, doch fast jede Frau, die er liebte, starb jung, auch seine Mutter. Diese schrecklichen Erlebnisse trieben ihn ebenso wie sein sensibles und kunstsinniges Wesen in Trauer und Verzweiflung. ✤ Poe schuf sich eine Fantasiewelt, in der er lebte – eine Welt freilich, die von noch schlimmeren und beängstigenderen Bildern heimgesucht wurde als seine Realität. In seinen Werken schrak er niemals vor der Wahrheit zurück, drang stets vor bis zu den düstersten Winkeln seiner Seele. Er wagte sich immer vor bis zu den Grenzen, die nur wenige zu suchen wagten – und das war es, was seine Werke so vollkommen macht. Obwohl er in Lyrik und Prosa viele Bereiche des Horrors erforschte, schrieb er nie eine echte Vampirgeschichte. Zeitgenössische Kritiker haben jedoch die metaphorische Bedeutung vampirähnlicher Gestalten in manchen Geschichten erkannt. Diese saugen Lebenskraft und geistige Energie aus anderen Menschen, vor allem aus ihnen nahestehenden. In zwei dieser Geschichten, *Morella* und *Ligeia*, tragen die weiblichen Protagonisten vampirartige Züge: kalte Hände, vorstehende Zähne, hypnotisierenden Blick, blutleere Gesichter. In *Der Untergang des Hauses Usher* findet dieser vampirähnliche Austausch von Energien zwischen Geschwistern statt. In *Das ovale Porträt* bemerkt ein Maler, der seine schöne Frau porträtiert, nicht, dass diese immer schwächer wird. Beim letzten Pinselstrich stellt er fest, dass sie tot ist. ✤ In *Berenice* tritt das Vampirthema am deutlichsten zutage. Poe erzählt darin die Geschichte von Egaeus, dem Erzähler, der an einer Zwangsvorstellung leidet, und der schönen Berenice, seiner Verlobten. Diese wird allmählich von einer ungenannten Krankheit so geschwächt, dass einzig ihre Zähne gesund bleiben. Egaeus ist bis zu ihrem Tod auf diese fixiert und gerät danach in einen tranceähnlichen Zustand. Eines Nachts weckt ihn ein Diener, um ihm zu sagen, dass ihr Grab geschändet wurde; ihr entstellter, aus dem Leichentuch gewickelter Körper wurde gefunden – lebendig, doch ohne Zähne. Zu seinem Entsetzen stellt Egaeus fest, dass seine Kleidung mit Erde und Blut befleckt ist. Neben sich findet er eine Schachtel mit Zahnarztwerkzeugen und »zweiunddreißig weißen Zähnen«. Hier ein Auszug:

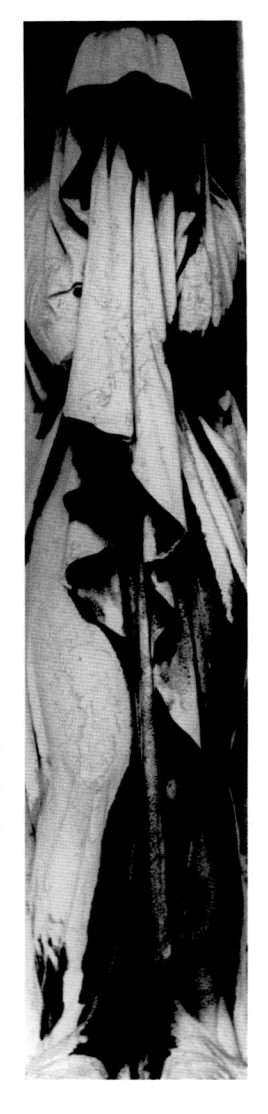

Oben *Grabfigur, Friedhof Père Lachaise, Paris*
Rechte Seite *Berg und Vögel, New Mexico, USA*

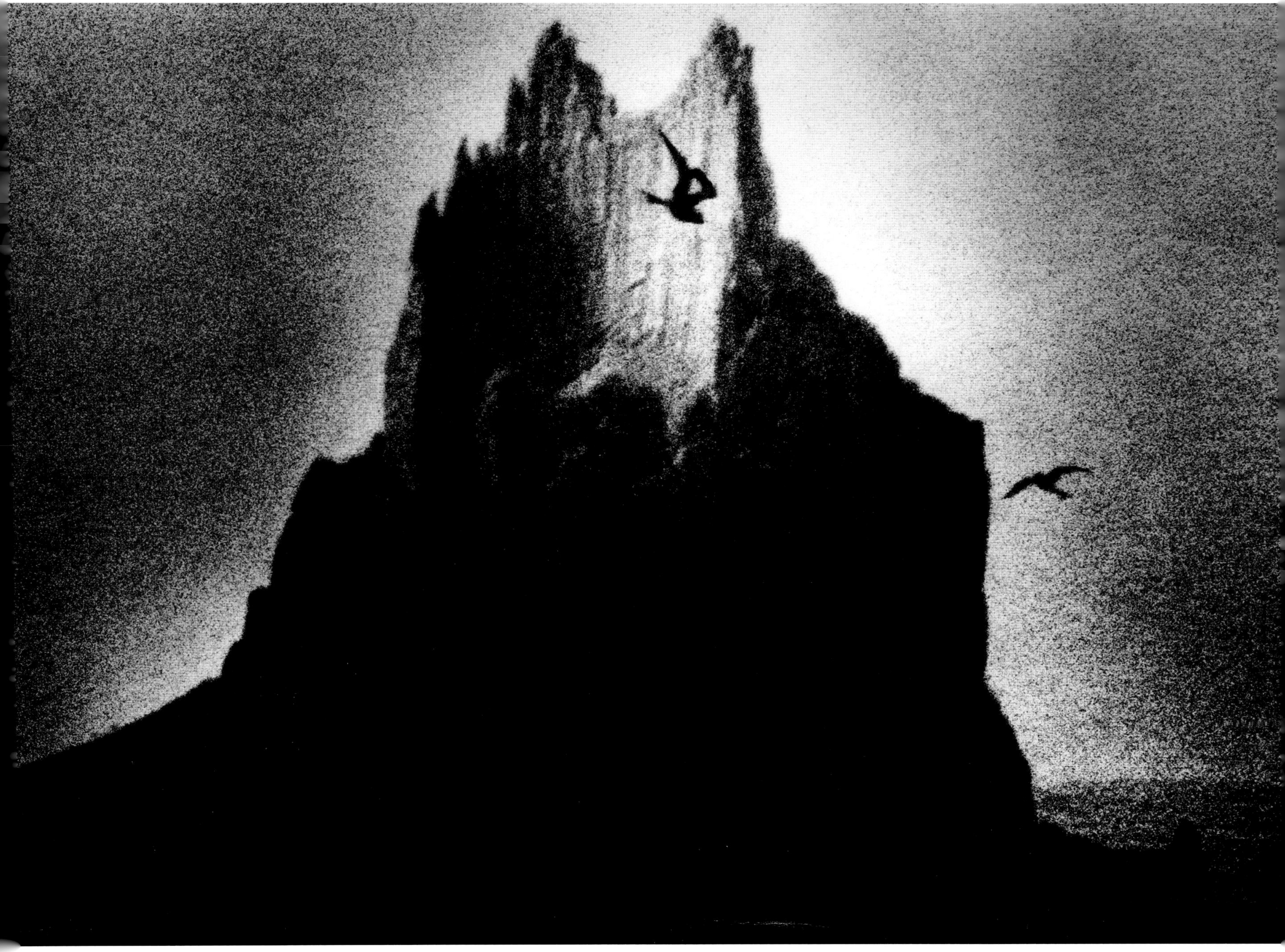

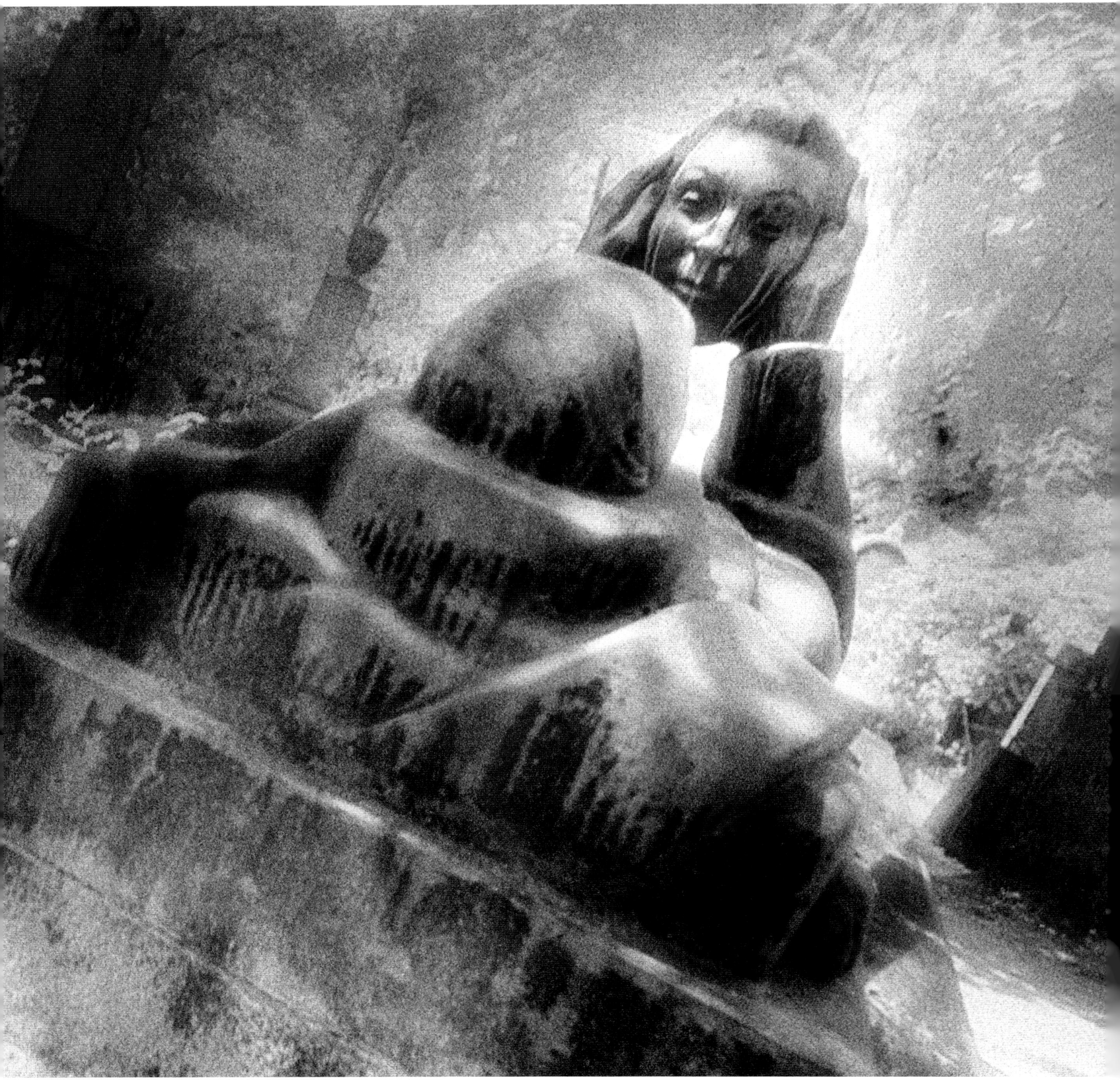

Lag es an meiner übererregten Phantasie – oder an dem Einfluß der Nebelluft, an der unbestimmten Dämmerung im Zimmer, an der dunklen Kleidung, die sie in langen Falten umhüllte, daß mir ihre Umrisse so schwankend und deutlich erschienen? Ich vermag es nicht zu entscheiden. Sie sagte kein Wort, und ich – hätte nicht für die Welt eine Silbe sprechen können. Ein Schauder durchfuhr meinen Körper; ein Gefühl unerträglicher Angst bedrückte mich; eine verzehrende Neugierde rang sich in meiner Seele hoch; ich sank in meinen Stuhl zurück und verharrte eine Zeit lang regungslos, atemlos, die Blicke fest auf Berenice gerichtet. Ach, wie erschreckend abgemagert sie war! Ich konnte keine Spur des früheren Wesens auch nur im flüchtigsten Umriß wiedererkennen. Meine wilden Blicke fielen endlich auf ihr Gesicht; die Stirn war hoch, sehr bleich und sonderbar ruhig. Ihr früher pechschwarzes Haar fiel zum Teil über die Stirn und beschattete die hohlen Schläfen mit zahllosen Locken von schreiend gelber Farbe, deren phantastischer Anblick grausam gegen die müde Trauer ihrer Züge abstach. Die Augen waren ohne Leben und Glanz und scheinbar ohne Pupillen, und unwillkürlich schraken meine Blicke vor ihrem gläsernen Starren zurück und betrachteten ihre dünnen, zusammengeschrumpften Lippen. Sie teilten sich, und mit einem besonderen, bedeutsamen Lächeln enthüllten sich die Zähne der also veränderten Berenice. Wollte Gott, daß ich sie nie gesehen hätte oder daß ich nach ihrem Anblick gestorben wäre! … ❖ Man klopfte leise an die Tür des Bibliothekszimmers, und bleich wie ein dem Grabe Entstiegener kam ein Diener auf Zehenspitzen herein. Seine Blicke waren schreckverwirrt, und er sprach mit leiser, zitternder, erstickter Stimme. Was sagte er mir? – Ich vernahm nur Bruchstücke. Er sprach von einem gräßlichen Schrei, der das Schweigen der Nacht unterbrochen hatte – sagte, daß die Dienerschaft zusammengelaufen sei und in der Richtung des Tones gesucht habe. Dann wurde seine Stimme gellend deutlich – er redete von der Schändung des Grabes, von dem entstellten, aus den Leichentüchern gerissenen Körper, der noch stöhnte, noch pulsierte, noch lebte! ❖ Er deutete auf meine Kleider; sie waren mit Kot und Blut besprizt. Er sprach nicht, sondern ergriff sanft meine Hand, sie trug die Male menschlicher Nägel. Er richtete meine Aufmerksamkeit auf einen Gegenstand, der an der Wand lehnte – es war ein Spaten. Mit einem Schrei stürzte ich zum Tisch und ergriff die Ebenholzkiste. Ich hatte nicht die Kraft, sie zu öffnen, sie glitt aus meiner zitternden Hand, fiel schwer zu Boden und sprang entzwei; mit Gerassel rollten einige zahnärztliche Instrumente heraus und zweiunddreißig kleine, weiße, wie Elfenbein schimmernde Gegenstände, die sich auf dem Fußboden verstreuten …

LINKE SEITE *Gruft von Fernand Arbelot, Friedhof Père Lachaise, Paris*

Die Schattenwelt

Der Vampir bei den Indianern

Die indianischen Bräuche enthalten zahlreiche Legenden über Geister und das Jenseits, in dem sie wohnen. Die Indianer selbst sind eng mit der Natur und der Welt der Geister verbunden.

Wie bei den alten Kelten in Europa wird bei vielen Stämmen die Verbindung zwischen Menschen und Geistern als normaler Bestandteil des Lebens angesehen. In ihrer Mythologie kennen die Indianer verschiedene vampirähnliche Gestalten. Die Cherokee fürchten einen Dämon mit Eisenfingern, der in einer Höhle lebt und sich von menschlichen Lungen und Lebern ernährt. In der Gestalt eines Familienmitglieds schleicht er nachts ins Haus, und nachdem er alle in den Schlaf gewiegt hat, sticht er seinem Opfer die Eisenfinger in die Seite und entnimmt die Organe. Die Wunde heilt sofort, ohne Spuren zu hinterlassen. Das Opfer bemerkt den Angriff erst, wenn es allmählich schwächer wird und stirbt. ❖ Die Sagenwelt der Navahos kennt »Skinwalker«, Hexen und Zauberer, die sich in Wölfe, Kojoten und andere Kreaturen der Nacht verwandeln können und Menschenblut trinken, bevor sie mit dem Tageslicht wieder ihre natürliche Gestalt annehmen. Wie die Vampire meiden sie das Sonnenlicht, können Gedanken lesen und ihre Opfer mit Blicken hypnotisieren. Sie haben keine Geschlechtsteile, und ihre Haut ist hart wie Stein – unverwundbar für Äxte und Pfeile. ❖ In den Romanen der *Twilight Saga* von Stephenie Meyer vermischen sich die Vampir- und Werwolfsagen aus Osteuropa mit dem Geisterglauben der Indianer. Der Stamm der Quileute ist verfeindet mit den »Kalten Wesen«, den Vampiren. Einigen Stammesmitgliedern wird die Eigenschaft zugesprochen, sich in Geisterwölfe – ähnlich den Werwölfen – verwandeln zu können. Nach den Mythen der Quileute stammt ihr Volk direkt von Wölfen ab und verfügt über große spirituelle Fähigkeiten. Junge Krieger wurden ausgeschickt, um ihre übernatürlichen Kräfte zu entdecken, und sie führen noch heute in ihrem Reservat den geheimnisvollen Wolfstanz auf. ❖ Für die nomadisierenden Indianer ist der Mensch Bestandteil der Natur, und jeder Hügel, Berg, Fluss oder See hat seinen Namen. Es ist, als habe die Erde eine heilige Kraft, und diese Harmonie mit der Natur führt zu einem mächtigen übersinnlichen Wissen. Dieser überlieferte Glaube existiert noch immer im Bewusstsein der Ureinwohner, eine Weisheit, die wir vergessen haben, die für sie aber realistischer ist als unsere materialistische Existenz – ein Wissen, das die Zeit überdauert.

Oben *Mittelalterliche Fratzen am* Haus der Konsulen, *Mirepoix, Pyrenäen, Frankreich*
Rechte Seite *Monument Valley, Arizona, USA*
Folgende Doppelseite *Verlassenes Auto in der Wüste von Arizona, USA*

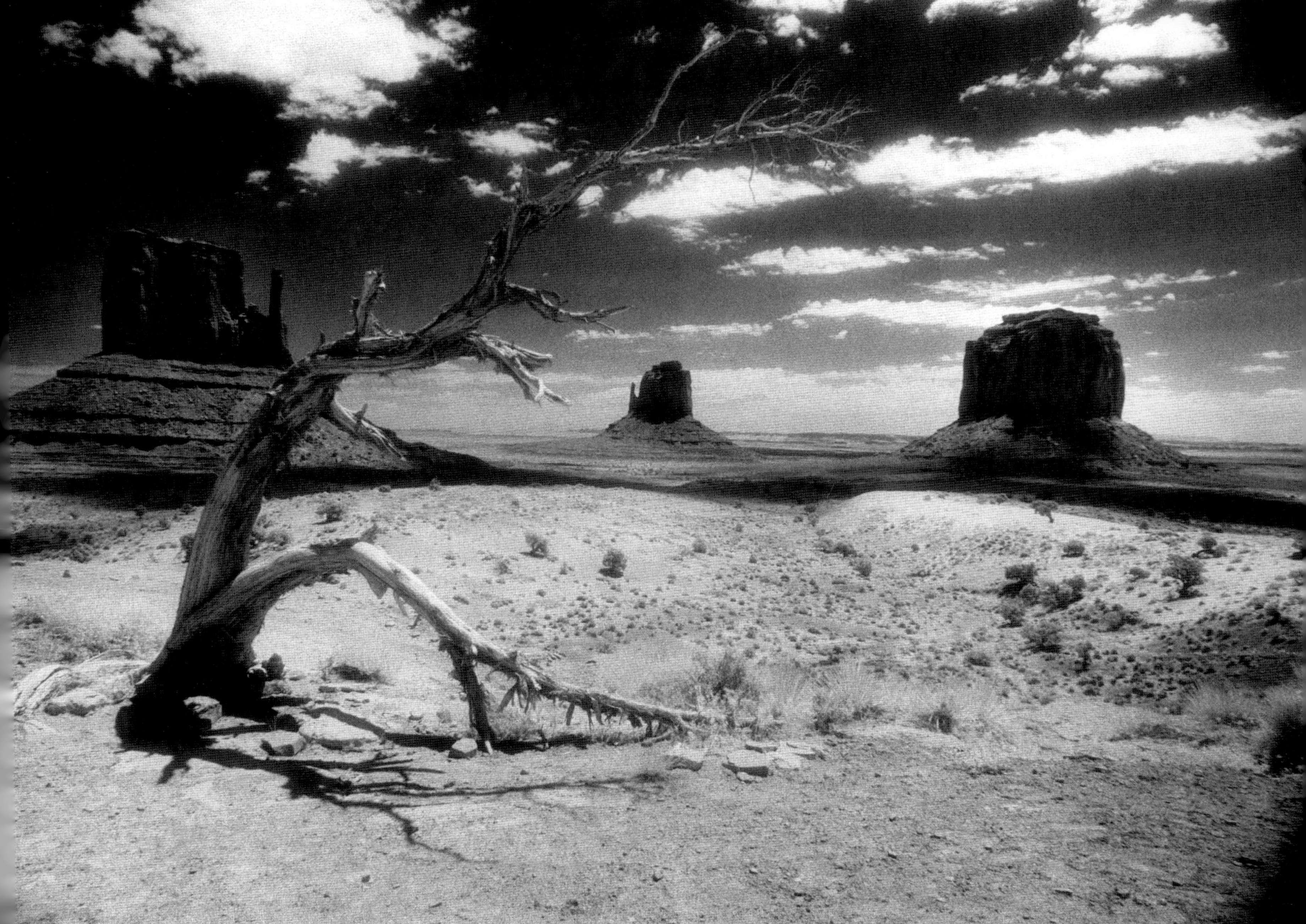

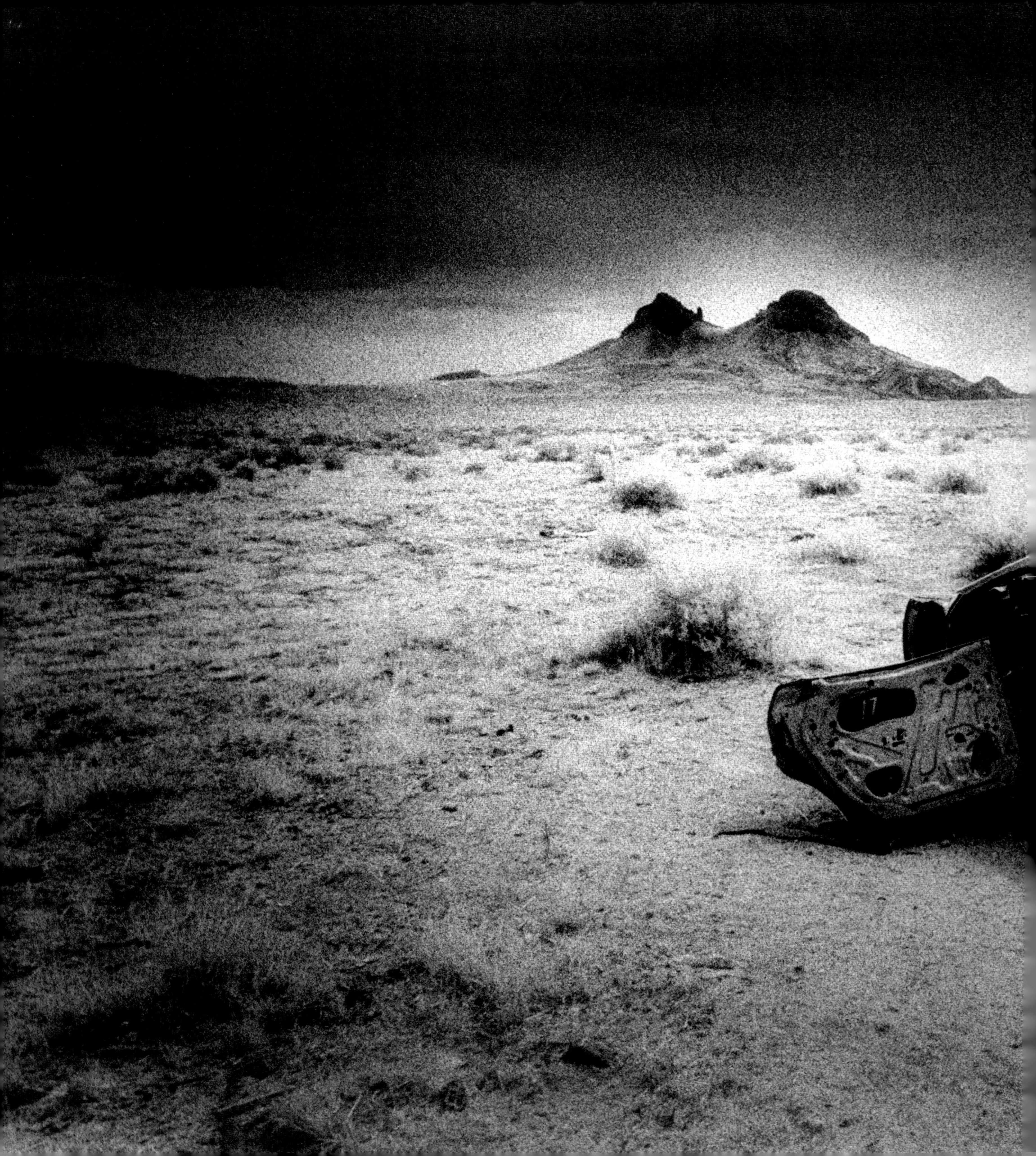

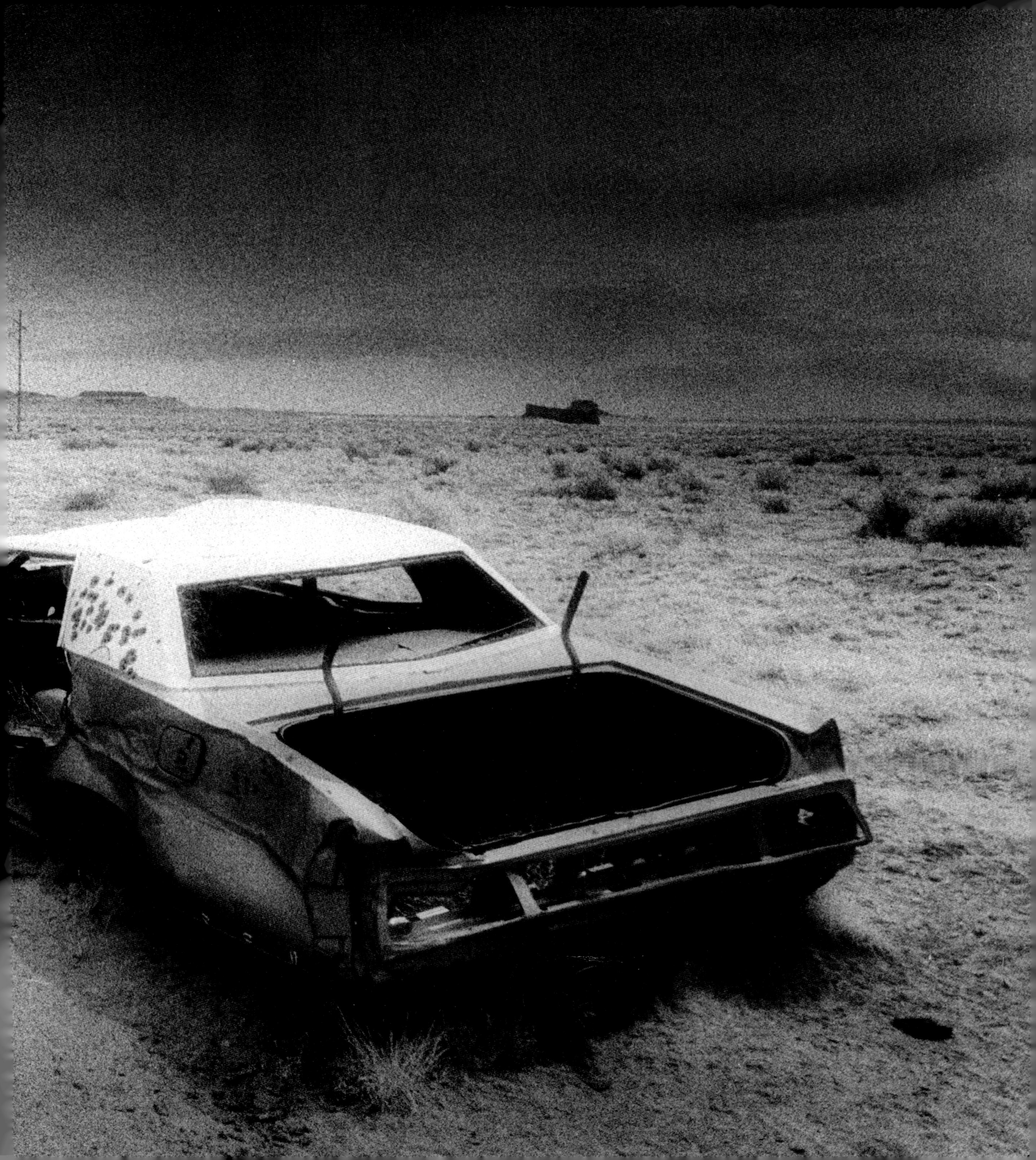

Literatur

Alexander, Marc, *Haunted Castles* (Frederick Muller Ltd., London, 1974)

Ashley, Leonard R. N., *The Complete Book of Vampires* (Barricade Books, New York, 1998)

Borrmann, Norbert, *Vampirismus: Der Biss zur Unsterblichkeit* München, (Diederichs 2011)

Borrmann, Norbert, *Vampirismus oder die Sehnsucht nach Unsterblichkeit* München, (Diederichs 1999)

Davies, David Stuart, *Children of the Night: Classic Vampire Stories* (Wordsworth Editions Ltd., Hertfordshire, 2007)

Florescu, Radu R. und Raymond T. McNally, *Auf Draculas Spuren* (Ullstein 1986)

Frayling, Christopher, *Vampyres: Lord Byron to Count Dracula* (Faber & Faber Ltd., London, 1978)

Guiley, Rosemary Ellen, *Vampires, Werewolves and Other Monsters* (Facts on File Inc., New York, 2005)

Holland, Tom, *Der Vampir* (Econ, Düsseldorf 1996)

Kührer, Florian, Vampire: Monster – Mythos – Medienstar (Butzon & Bercker 2010)

Lecouteux, Claude, *Die Geschichte der Vampire: Metamorphose eines Mythos* (Ostfildern, Albatros 2009)

Ludlam, Harry, *A Biography of Dracula: The Life Story of Bram Stoker* (W. Foulsham & Co. Ltd., London, 1962)

MacCarthy, Fiona, *Byron: Life and Legend* (John Murray Publishers Ltd., London, 2002)

Mackenzie, Andrew, *Dracula Country: Travels and Folk Beliefs in Romania* (Arthur Barker Ltd., London, 1977)

Masters, R. E. L. und Eduard Lea, *Perverse Crimes in History* (The Julian Press, Inc., New York, 1963)

Skal, David J., *Vampires: Encounters with the Undead* (Black Dog & Leventhal Inc., New York, 2006)

Summers, Montague, *The Vampire: His Kith and Kin* (E. P. Dutton & Company, New York, 1929)

Trow, M. J., *A Brief History of Vampires* (Constable & Robinson Ltd., London, 2010)

Crede Byron: Byron & Newstead Abbey www.praxxis.co.uk/credebyron

Crawford, Francis Marion et al., *Denn das Blut ist Leben. 22 Geschichten der Vampire* (Leipzig, Festa-Verlag 2007)

Hoffmann, E.T.A, *Die Serapionsbrüder* (Berlin Deutscher Klassiker-Verlag, 2008)

James, Montague Rhodes, *A Thin Ghost and Others* (Edward Arnold, London, 1919)

Lord Byron, *Sämtliche Werke* (Mannheim, Artemis & Winkler 1996)

Maupassant, Guy de, *Der Schmuck/ Der Teufel/ Der Horla* (Ditzingen, Reclam 1986)

Poe, Edgar Allan, *Das gesamte Werk in zehn Bänden* (Herrsching, Pawlak 1980)

Sheridan Le Fanu, Joseph, *Carmilla, der weibliche Vampir* (Zürich, Diogenes, 2011)

Stevenson, Robert Louis, *Dr. Jekyll und Mr. Hyde: Der seltsame Fall* (Zürich, Diogenes, 1996)

Stoker, Bram, *Draculas Gast: Sechs Gruselgeschichten* (Zürich, Diogenes 2011)

Tolstoi, Alexei Konstantinowitsch, *Die Familie des Vampirs* (Düsseldorf, Albatros 2008)

Dank

Für Skye and Tadgh, meine Musen

Ich danke Eric Fearson und Rob Calleja für ihre Empfehlungen zu Orten und Geschichten, ebenso Mr. und Mrs. Watson für die Erlaubnis, in ihrem Heim zu Croglin Low Hall zu fotografieren. Piers Rogers sei gedankt für seine Fahrkünste und seine Kameradschaft, Duncan McLaren für zahllose Anregungen und unermüdliche Unterstützung und nicht zuletzt meiner Frau Cassie für ihr Verständnis und ihre Tapferkeit.

Großer Dank gebührt Colin Webb und den Mitarbeitern von Palazzo Editions, die dieses Buch möglich gemacht haben.

Besondere Erwähnung verdient Andrew Barron, dessen graphisches Geschick, Geduld und gute Laune so viel zum Gelingen nicht nur dieses Buches beigetragen haben, sondern auch der anderen, die ich in all den Jahren herausgegeben habe.

Hinweis
Einige der in diesem Buch beschriebenen Anwesen befinden sich in Privatbesitz. Eventuelle Besucher werden dringend gebeten, die Privatsphäre der Eigentümer zu achten.

Alle Abbildungen stammen aus dem Marsden Archiv mit folgenden Ausnahmen:
Seiten 60, 68, 78 und 124: Mary Evans Picture Library;
Seite 75: akg-images;
Seite 128: Giraudon/Bridgeman Art Library;
Seite 131: Winterpalast Eremitage-Museum, St Petersburg, Russland/Bridgeman Art Library;
Seite 166: The Stapleton Collection/Bridgeman Art Library.

Besuchen Sie Sir Simon Marsden im Internet unter: www.simonmarsden.co.uk

OBEN *Verfallene Bar, Louisiana, USA*